现代
财务管理

孙 湛 主编

清华大学出版社
北 京

内容提要

本书科学地、创造性地将内容复杂且广泛的公司财务管理知识总结为对一张资产负债表的讲解。公司财务管理实质上就是资产负债表的运营和管理。本书内容与实际工作无缝衔接，学以致用。通过本书的学习，读者可以迅速将国际顶尖的财务管理知识和技能运用到实际工作中，从而显著提升企业效益以及自身价值。

本书适合企业财务工作者阅读，也可作为高等院校财务管理课程教材。

图书在版编目(CIP)数据

现代财务管理/孙湛主编. —北京：清华大学出版社，2020.5
ISBN 978-7-302-54443-2

Ⅰ.①现…　Ⅱ.①孙…　Ⅲ.①财务管理—高等学校—教材　Ⅳ.①F275

中国版本图书馆 CIP 数据核字(2019)第 264297 号

责任编辑：刘士平
封面设计：傅瑞学
责任校对：李　梅
责任印制：杨　艳

出版发行：清华大学出版社
网　　址：http://www.tup.com.cn，http://www.wqbook.com
地　　址：北京清华大学学研大厦 A 座　　**邮　　编**：100084
社 总 机：010-62770175　　**邮　　购**：010-62786544
投稿与读者服务：010-62776969，c-service@tup.tsinghua.edu.cn
质量反馈：010-62772015，zhiliang@tup.tsinghua.edu.cn
课件下载：http://www.tup.com.cn，010-83470410
印 装 者：小森印刷霸州有限公司
经　　销：全国新华书店
开　　本：185mm×260mm　　**印　　张**：21　　**字　　数**：443 千字
版　　次：2020 年 6 月第 1 版　　**印　　次**：2020 年 6 月第 1 次印刷
定　　价：80.00 元

产品编号：084346-01

前　言

财务管理的全称是公司财务管理。作者对公司财务管理进行了多年潜心研究，编写了本书。本书的主要特色如下。

(1) 作者科学地、创造性地将复杂且内容广泛的公司财务管理学科精练地总结为简单的一张资产负债表。本书按照资产负债表科目的顺序科学、有条理地进行讲解，大幅降低了学习者理解和吸收财务管理理念的难度。公司财务管理实质上就是资产负债表的运营和管理。

(2) 作者将公司财务管理形象地定义为“以钱生钱”，以实现投资者财富最大化这一公司最根本的目标和使命。资产负债表右侧是融资(以钱)，资产负债表左侧是投资(生钱)，包括投资流动资产和非流动资产。这一创新思路打开了公司财务管理学科的大门，有利于促进企业效益的提升。

(3) 作者科学地、创造性地将企业运营分成公司资本运营(又称公司财务管理，或者公司理财)和常规企业运营。这一划分好比一个人或一个家庭一方面挣钱(体现在损益表中)；另一方面进行财务管理、理财(体现在资产负债表中)。有的人薪水一直很可观，但忽略了理财，因为通货膨胀等原因而导致财富缩水，甚至有些人工作多年后仍无力购买属于自己的房产，日子过得很窘迫；相反，不少既注重挣钱又关注理财(即资产负债表的运营管理)的人，虽然薪水可能只是前面所说的那些人的一半，甚至更少，但多年后可能房产数套、财力雄厚。

同样的道理，企业必须同时注重常规运营和资本运营(财务管理)。企业在运营时必须“两条腿”走路，但遗憾的是目前很多中国企业仍然是“一条腿”走路，经常会出现效益低迷、内部频繁出问题等现象。

(4) 本书提供了专业的金融、国际贸易以及财务英语术语表，以英译中以及中译英两种方式呈现。在越来越全球化的时代，精通金融、国际贸易和财务英语至关重要。本书作者精通金融、国际贸易、财务管理，同时拥有出色的英文功底，因此本书的财务英语术语表避免了市面上很多资料中专业英语错误百出的问题，例如：

- 营业利润(operating income)被翻译成营业收入。
- 采购周期(purchasing lead time)被翻译成晦涩难懂、偏离本意的采购前置时间或采购提前时间。
- 公司财务管理(corporate finance)出现了很多不同且不太能反映本意的翻译，如公司金融、公司财务等。
- 偿债基金(sinking fund)被翻译成沉淀资金。
- 美国存托凭证(American Depository Receipt)被翻译成美国存款收据。

通过本书，可对不恰当的翻译予以纠正。

(5) 本书配备了大量精选习题及详细解析，对读者巩固和吸收知识有很大的帮助，而且可以非常有效地帮助学习者通过多种权威的会计认证考试，从而在职业上获得更大的成功。这类考试如特许金融分析师(CFA)、国际注册会计师(ACCA)、美国注册管理会计师(CMA)、中国注册会计师(CICPA)、美国注册会计师(AICPA)、高级会计师等。上述考试都包含了财务管理部分,本书从内容到习题都是CFA、ACCA、CMA、CPA等考试的绝佳辅助教材。编者是全国知名的CMA、ACCA课程讲师,教过的学生数次取得全球、全国最高分数等优异成绩。

(6)作者以国际化的视角汇集了全球最新锐的财务管理知识。

(7)作者在欧美顶尖公司做财务总监等管理职位十余年。本书内容与实际工作无缝衔接,解决了学以致用的问题。学习本书后,读者可以迅速将世界顶尖的财务管理知识和技能运用到实际工作中,从而显著提升企业效益以及自身价值。学习此书也会对高校毕业生找到心仪的工作提供非常大的帮助。

作　者

2020年1月

目　录

第 1 章

现代财务管理概述

1.1　公司运营概述

科学的企业运营应该分成两部分：资本运营（又称公司财务管理，或者公司理财，或者资产负债表的运营和管理）和常规企业运营。

但是，很多企业过于重视传统常规运营的细节，每天忙碌于采购、生产、销售等，而忽略了系统的公司财务管理，结果如下。

(1) 忽略了对不增值资产的合理最小化，比如应收账款、存货的最小化。省钱即赚钱。

(2) 丧失了一大块有价证券投资收益。

(3) 没能更科学、更严谨地控制和促进大型固定资产投资的回报，没有使之超出股东的要求回报率，结果没有达到股东财富最大化的目的。

(4) 没能建立广泛且合理的融资渠道，从而造成企业资金“供血”不足。

(5) 没能实时把控企业的短期流动性和长期流动性，从而使企业成为“风中的蜡烛”，随时出现债务问题，甚至破产倒闭等。

公司最根本的目标是公司投资者财富最大化，即公司投资者给企业投资最重要的目的是产出的现金最大化，即最大化营运现金流。注意，并不是利润最大化，因为

营运现金流＝净利润 ± 不影响现金的费用或收益（如折旧费用等）

＋ 非人为融资（如银行贷款、发行商业票据等）的流动负债的增加额（即期末金额减期初金额）

－ 非现金的流动资产的增加额（即期末金额减期初金额）

因此公司财富（营运现金流）的来源主要分两部分，一是常规运营带来的利润；二是公司财务管理，即资产负债表的运营和管理带来的财富。有些时候公司财务管理带来的财富远大于常规运营带来的利润，比如，适时生产制存货系统的零存货机制和传统的存货系统相比，对于一些大企业，可以节省或创造几亿元的现金流，同时减少存货相关的巨大管理成本，从而增加利润。又比如，将暂时富余的现金投资到有价证券也能带来可观的收益等。因此，所有企业必须同时重视常规的企业运营（如同损益表）和资本运营（即财务管理，如同资产负债

表)，可以形容为所有企业必须“两条腿”走路。

但遗憾的是，目前很多中国企业只是“一条腿”走路，只注重常规的生产、销售运营，而没有完善的公司财务管理或又称资产负债表的运营和管理机制，从而失去创造大量财富的机会，企业效益因此相对低迷，而且因为没能在公司理财中实时把控企业的短期流动性和长期流动性，从而造成一些企业随时出现债务危机。

1.2　公司财务管理概述

公司财务管理(financial management)是欧美国家重要而且非常实用的财经类课程之一，其内容基本上是欧美顶尖企业中财务部项下 Treasury Department 部门的工作内容。本书认为 Treasury Department 应该翻译成财务管理部，简称财管部。国内有些书籍将它翻译为司库。注意，在此书中，我们统一称为财务管理部(简称财管部)。

财务管理部的主要职责(也基本上是本书的主要内容)是：融资(资产负债表的右边)、流动资产的投资管理(资产负债表的左上)、长期投资管理(资产负债表的左下)。根据上面的表述，实际上我们可以将一本厚厚的财务管理书浓缩为简单的一张资产负债表的管理和经营(厚厚的一本书浓缩为一张纸)。

在财务部项下，和财管部相对应的其他职能主要是会计核算、预算计划、经营分析、风险管控等，它们都属于财务部下面的重要职能。

公司财务管理的最终目标是通过财务管控，“以钱生钱”，实现投资者财富最大化。企业的最根本目标也是使投资者财富最大化，公司财务管理是企业财富最大化创造之引擎。

公司财务管理的路径和概述如下。

1) 融资及融资定律(资产负债表右边)

(1) 保障资金的充足性。必须提前建立多种融资渠道(如银行贷款、发行债券、租赁融资、上市、私募、获取朋友圈援助等)，保证随时用钱，随时到账。不要缺钱时临时再建立融资渠道，缺钱好比人急着要输血抢救，临时建立渠道后果不堪设想。

(2) 财务风险可控。保持合理的长期流动性(总负债和权益的比例)和短期流动性(速动比率、现金比率等)。此项工作非常重要。财务风险的成本巨大，甚至可以导致企业倒闭破产。

(3) 最低成本。融资成本应合理地最低化。

2)"以钱生钱"投资之法则(资产负债表左侧)

(1) 融到的资金首先支持企业的常规运营,即采购、生产、销售等,具体如下。

① 合理但尽可能最低的存货投资。占压一部分资金(也叫投资)在存货上:原料存货用以支持生产,使其顺畅进行、不缺料,产成品存货用以支持销售,使其顺畅进行、不缺货。但需考虑尽可能合理最大化使用适时生产制模式等,使得存货最小化。存货的相关成本巨大,因此压缩存货可以节省成本。省钱就是赚钱。另外存货占压资金,压缩存货可以增加现金流。现金为王(对应着资产负债表左侧之存货科目)。

② 合理但尽可能最低的应收账款投资。占压一部分资金在应收账款上是为了对外营销有竞争力,因为很多客户都要求信用期。竞争对手提供信用期,我们也要有这方面的竞争力。但需考虑通过提高产品性能、质量等竞争力以及通过提高客户服务水平等,使信用期处于合理、尽可能低的水平。

应收账款的维护和坏账成本巨大,合理的省钱就是赚钱,就是创造财富。而且应收账款占压资金,因此压缩应收账款可以增加现金流(对应着资产负债表左侧之应收账款科目)。

③ 充足但合理最低的现金(是现金和银行存款的统称)储备以支持营销、生产、采购、财务等部门的正常开支(如办公费、人员工资等)、未来购买存货等。但需考虑部分现金投资到有价证券赚取收益,这样既不影响用钱,又能赚得收益(对应着资产负债表左侧之现金科目)。

(2) 投资非常规业务运营,包括以下两种。

① 投资其他公司股票(资产负债表左侧之非流动资产)。目前全世界范围内投资其他公司甚至竞争对手股票的行为很常见。主要目的是:

- 寻觅回报率高的公司股票从而赚取收益。在广大市场上找"猎物",赚取较高收益。
- 分散常规运营的风险(即万一企业常规运营业务有闪失)。
- 通过持股增加对目标公司的影响力,以达到公司的目的,例如控制原料高质量并及时地供应、未来伺机兼并等。

② 投资债券等业务(资产负债表左侧之非流动资产)。赚取收益、分散风险。

(3) 为未来寻找可持续创造财富增长点。

① 并购其他公司(资产负债表左侧之非流动资产)。

② 研发投资等(资产负债表左侧之非流动资产及损益表中费用化的大型研发支出)。

③ 固定资产更新或扩建(资产负债表左侧之非流动资产)等。

资金支持非常规业务运营以及兼并等长期投资的终极目标：以钱生钱、投资者财富最大化。具体而言，净现值(NPV)>0 且 NPV 最大化。

在公司财务管理方面，目前美国是发展最成熟、最先进的。因此本书主要介绍美国的公司财务管理，这样大家可以学到更为先进、成熟的财务管理机制，以提高国内企业在此方面的竞争力，更快地提升企业效益。

资产负债表见表 1-1。

表 1-1　ABC 公司资产负债表(样表)　(单位：美元)

资　产	2010	2009	负债与所有者权益	2010	2009
流动资产：			流动负债：		
现金及现金等价物	140	107	应付账款	213	197
应收账款	294	270	应付票据	50	53
存货	269	280	预提费用	223	205
其他	58	50	总流动负债	486	455
总流动资产	761	707			
			长期负债：		
固定资产/非流动资产：			递延所得税	117	104
固定资产/PPE	1 423	1 274	长期负债	471	458
减：累积折旧	(550)	(460)	总长期负债	588	562
净固定资产	873	814			
无形资产及其他	245	221	所有者权益：		
总固定资产/非流动资产	1 118	1 035	优先股	39	39
			普通股($1 面值)	55	32
			资本公积	347	327
			留存收益/未分配利润	390	347
			减：库藏股	(26)	(20)
			总权益	805	725
总资产	1 879	1 742	总负债及权益	1 879	1 742

附注资料 1 财务部组织结构

参考欧美大公司财务部的组织结构和岗位细分，建议总公司层面的财务部的职能划分如下。

（1）会计部。负责人称作会计总监（controller）。

① 财务会计包括：

- 总账会计；
- 明细账会计（如应收、应付等会计）；
- 税务会计。负责税务会计核算及税务管理。

② 成本会计。负责成本会计核算及成本控制与管理。

（2）财务管理部。负责资产负债表的运营和管理。负责人称作财务管理总监。

① 现金管理部。现金最优化、收益最大化管理（包含有价证券投资管理）。

② 营运资本管理部。营运资本最优化控制。

- 信用及存货控制。从独立角度进行信用控制（应收账款）和存货控制。应收账款和存货是企业至关重要而又最容易出问题的资产。
- 应付账款控制。从独立角度控制应付账款，既合理最大化现金流，又不能要求过分长的信用期甚至恶意拖欠账款。应付账款经常因贪婪和没有合理控制而出问题，而且此问题经常会导致企业形象受损以及公关危机。企业和供应商是平等、合作伙伴关系，而不是尔虞我诈的关系，供应商也需要生存。应付账款如果管理控制不好，非常容易使企业遭受重创。

③ 长期投资管理部。长期投资（包括债券、股票、并购、固定资产投资等）最优化、收益最大化管理，包含长期投资建模及风险性分析等。

④ 融资部。包括上市、发行股票、债券、银行贷款等。融资部需要在风险可控的前提下做到融资成本最小化以及资金到位及时化。

⑤ 投资者关系管理部等。

（3）预算计划部。制订预算、展望预测等计划。

（4）风控部（风险管理及内部控制部）。进行企业风险管理和内部控制建设。

(5) 财务及企业经营分析部。定期进行财务分析以及企业经营分析。

注意：不同公司可以根据公司规模的大小以及其他具体情况灵活构建上述财务部的组织结构，例如，对于规模较小的公司，根据实际情况可以将财务管理部其中两个或两个以上职能合并。

附注资料 2　如何诠释投资者财富最大化

投资者财富最大化有很多种定义，推荐下面的定义：投资者权益回报率(return on equity，ROE)最大化，同时营运现金流最大化(现金为王)，财务风险合理(即合理的短期流动性和长期流动性)。

附注资料 3　世界公司理财的十大定律

世界公司理财(corporate finance)的十大定律应该是财务总监、首席执行官以及其他公司高层管理者进行企业日常管理、决策必备的基础，它有很强、很实用的参考指导价值，可帮助大家增强对企业管理运作的理解和分析。

(1) 风险和回报对等(risk-return trade-off)。增加的风险要有增加的回报，否则便不去冒险。比如因风险增大而提高项目的要求回报率。

(2) 货币的时间价值(the time value of money)。今天收到的一元钱比将来收到的一元钱更值钱(因为早收钱可早投资赚取回报，至少可赚取利息)。广泛应用在涉及年限超过一年的决策上。

(3) 现金(而非利润)为王(cash，not profit，is king)。现金比利润更有意义，持有现金可以投资，而利润不能，利润只是个数字。不少企业利润不错但最终出现了财务危机甚至倒闭。所以要重视现金流。资本预算等决策一般都用现金流而不是损益表之利润。

(4) 增加的差额现金流才是决策真正应该用的。例如，在做资本预算时，一定要使用做这个项目比不做这个项目额外增加的现金流。

(5) 很难发现特别赚钱的项目或市场。这被称为市场竞争的规律产物(有人称为市场竞争的咒语)。

① 现实中评估一个赚钱的项目很容易，但寻找赚钱的项目很难，是因为市场定律是，当一个企业赚钱较多时，马上会吸引很多企业涌入，从而造成价格战、产能过剩、回报率低等。在竞争的市场环境下，

一般来讲特别赚钱的项目不会太长久。

② 企业需要做的不但是不停地寻找赚钱的新市场，而且要提高自身竞争力，比如说产品差异化、成本低的领导者等。

(6) 效率资本市场。市场反应迅速，金融产品价格是对的。有效市场假设(efficient market hypothesis，ERM)认为股票的市场价格会迅速反映所有相关的信息，一般有3种形式：强有效市场、半强有效市场、弱有效市场。本书后文会详细介绍。

(7) “代理商”问题。这是由于公司的管理者和拥有者经常是分开的，管理者需要被监督，如被审计等。另外，可以通过期权、奖金等方式使管理者和拥有者利益一致。

(8) 税收影响商业决定。在很多地方税负都是需要考虑的重要因素，比如资本预算、转移价格、政府吸引投资等，这是因为税负是企业一块很大的支出。

(9) 风险不都一样。有些风险可以分散，因此企业要做好分散风险的工作，比如企业多元化经营，又如不同特点的资产投资组合等。相反，有的风险不能分散，如市场风险。虽然市场风险不能通过分散的方法予以消除，但企业应想办法尽可能地规避市场风险，例如，通过套期保值规避利率风险、汇率风险等；通过产品持续改进的机制尽可能减少技术变革的风险，通过跨国经营规避特定国的市场风险/宏观风险等。后文将详细讲述投资风险以及企业风险管理。

(10) 职业道德操守是指将事情做对。财务管理中有很多职业道德操守难题。职业道德操守越来越被更多的企业高度重视，因为现在企业竞争日趋激烈，而且面临的难题越来越多，没有很好的职业道德操守规范员工的行为，企业很难在竞争中存活，很多不道德的行为会给企业带来重创。

第 2 章

融　资

2.1 融资概述

企业需要以钱生钱，首先要融资。企业的资产都是通过融资获得的，融资包括：①股东投的钱；②赚的利润未进行分配而产生的留存收益（也叫未分配利润）；③长期负债，如债券等；④租赁；⑤短期负债，如短期银行贷款、应付账款等。

融资又可分为永久性/长期融资来源（permanent source of financing）和短期融资。永久性/长期融资来源包括长期负债、优先股和普通股、租赁等。短期融资又可分为人为短期融资来源和自然融资来源。人为短期融资来源如短期银行贷款、商业票据等；自然融资来源如应付账款、预提费用等，即日常经营所自然产生的短期负债。

2.1.1 对冲法融资

对冲法（也叫到期日配比法）是指每项资产都有与它的到期日大致相同的融资工具对应的融资方法。短期或季节性的流动资产通过短期负债融资，永久性的流动资产（是指满足企业长期最低需求的那部分资产，例如，安全现金库存、最低赊账的应收账款、存货的安全库存等）和固定资产通过长期负债或（长期）权益资本融资。可总结如下。

（1）短期/临时性资产＋短期融资：适度的风险和适度的获利能力。

（2）短期/临时性资产＋长期融资：低风险和低获利能力。

（3）长期/永久性资产＋短期融资：高风险和高获利能力。

（4）长期/永久性资产＋长期融资：适度的风险和适度的获利能力。

注意：一般情况下适度的风险和适度的获利能力更受企业青睐。

2.1.2 金融/金融市场

金融/金融市场相当于一个桥梁或中介，将有余钱的个人或机构与缺钱、需要融资的个人或机构连接起来，从而各取所需，即有余钱的人可以通过借出钱或将钱进行投资从而得到适当的回报，而融资的一方得到钱后去完成事业梦想、赚取更多利润，将其中一部分利润回赠给出借钱或投资钱的人作为相应的回报。同时这些金融中介收取相应的费用。金融中介机构包括商业银行、保险公司、养老金公司、基金公司、投资银行等。

金融市场可分为资本市场和货币市场。资本市场是指到期日在一年以上的证券交易市场，如长期债务证券、权益类证券的交易市场，而货币市场是指到期日在一年以下的证券（如商业票据、支票等）的交易市场等。

投资银行，简称投行，是与商业银行相对应的一种类型的金融机构，是主要从事证券发行、承销、并购、企业重组顾问、投资分析等业务的非商业银行金融机构。投行相当于一个中介公司。很多情况下，首次公开招股或增发股票都会借助于投行，投行给企业提供相关方面的建议和协助，帮助企业在证监会进行注册登记，帮助企业为股票定价，进行股票承销，股票发行后稳市等。

投行的证券承销业务一般分两种，第一种方法是包销，即购买公司所有新发行的股票，再将钱支付给股票发行公司，然后自己向机构投资者、个人投资者进行股票销售。承销商是否能将股票最终全部销售出去和股票发行公司已经没有关系。这样股票发行公司可以较快地完成融资，但承销商提出的购买价格一般较低，从而使其能从包销中获利，这样对发行股票的企业不利。第二种方法是最佳努力销售或叫代销，即代理尽最大努力推销，从而收取一定的费用，但承销商并不承诺将股票全部销售出去。这样股票发行企业完成融资的速度较慢，当然融资金额（因不像包销那样承销商以低价收购股票）也会较多。另外，如果股票发行数量大，不同的承销商（投行）经常会联合起来一起行动，其中分主承销商和其他分销商。

2.1.3 公募与私募

融资又可以分为公募和私募。

公募是指公开向社会大众募集资金，包括发行股票或债券等。

公募的优点如下。

（1）以众多投资者为发行对象，不限定于特定投资者，因此募集资金范围广而且金额大。

（2）股票初次公募后可申请上市，从而建立稳定的融资渠道，融资潜力大。

（3）公募可提高公司的声誉并扩大公司的影响力，相当于做了一次广告。

（4）公募的证券流通性好，对投资者有利。

(5) 募集资金的资金使用成本(给投资者的回报,比如支付的利息、股息等)相比私募较低。因为对于投资者而言,公募的风险比私募低,所以要求的回报相对也较低。

(6) 公募募集的资金用途相对私募来讲,受投资者限制的程度小。

公募的缺点如下。

(1) 公募发行成本一般比较高。

注意:发行成本和资金使用成本概念不同,发行成本指和发行相关的费用,如审计费、律师费等,资金使用成本指股利、利息支付等。

(2) 融资速度慢,因为程序复杂。

(3) 只有有一定条件的规模相对大的公司才可公募,一些条件差的小公司受限。

(4) 公募信息公开,容易暴露公司运营机密等。

私募是指向少数投资者募集资金,不公开面向大众,投资者往往是机构投资者或资金充裕的个人投资者。很多不够上市条件的中小企业选择私募,而且私募的综合成本较低。

私募的优点:①融资速度快,相对公募来讲手续简单,急需用钱时可迅速让资金到位;②融资成本低;③融资条件灵活,资金供需双方可以较灵活地协商和制定相关条款;④私募操作较保密,可更好地维护商业机密;⑤对于不能达到上市条件的小企业可能是一个较好的融资渠道;⑥可以引进战略投资伙伴,帮助改善企业经营等。

私募的缺点:①私募只能面向少数投资者募集,不面向大众,因此募集资金有限;②虽然融资成本低,但资金使用成本高,因为私募风险较大,因此投资者要求的回报率也高;③资金使用的限制条件较多,私募募集来的资金的用途往往受到提供方的一些限制,以保护投资者的利益;④私募悄无声息,无法像公募那样提高公司声誉并扩大公司的影响力;⑤私募后,企业并不能挂牌上市,从而不能建立一个稳定的融资渠道等。

注意:有私募融资就有私募的投资者。私募股权投资(private equity,PE)在中国一度很流行,PE包括风投(venture capital,VC)和一般私募股权投资。风投是指投资有潜力的高新小企业,投资后帮助其经营、改进,将来上市增值后套现。一般的PE是投资成熟企业进行经营、改进,然后考虑退出机制从而获利。

下面按照资产负债表的科目详细讲解融资，先从权益类融资开始，从资产负债表的右下到右上。

2.2 权益类融资

权益类融资主要包括以下内容。

1. 外部资金

上市公司的外部资金包括普通股、优先股及其他。

- 普通股。代表公司最终所有权和风险的有价证券，由两部分组成：普通股的面值和附加实收资本（又称资本公积，发行价格与面值的差额）。
- 优先股。一种固定股利的股票。优先股在股利支付和财产请求权方面优先于普通股，优先股可以说是债券和普通股的混合体。
- 其他。优先认股权、认股权证（warrants）、可转换优先股等。

非上市公司权益类的外部资金主要是指投入的注册资本。

2. 内部资金（上市和非上市公司）

内部资金通常来自由企业运营产生的但没有分配给股东的利润，即留存收益。其优势在于：内部资金不会产生融资发行发生的成本。

2.2.1 上市

现在很多私有公司选择上市。公司发行股票是在一级市场，所谓一级市场是指投资者可以购买公司新发行的证券，如股票、债券等。之后拥有股票或债券等的投资者可以在二级市场上进行买卖转手。所谓二级市场是指投资者之间相互买卖以前已发行的证券，此时和证券发行公司已没有关系。

注意：新发行的股票包括首次公开招股（initial public offering，IPO）和增发。

欲上市公司编制并向证监会提交注册登记表（registration statement），证监会需对提交的注册登记表进行审准。注册登记表主要包括以下4点。

（1）上市申请者的经营业务和特点的介绍。

（2）供销售的证券的关键说明。

（3）最近被审计过的财务报表。

（4）管理层的信息等。

首次公开发行股票完成后，公司挂牌上市。

上市的优点如下。

（1）增加融资渠道，可面对广大投资者筹集更多的资金。

（2）增加了公司股份的流动性（相比之下，私有业主不容易转让股份）。

（3）提高企业声誉（因为一般来讲，只有达到一定条件的较优秀的公司才可上市）。

（4）引进优秀的战略投资者，帮助企业改善运营和管理。

（5）增加客户（众多股东也很可能成为公司产品的客户）。

（6）可能会更快速地增加投资者财富（相对于私营），因为上市公司因资金更充足等原因可能发展得更快。

上市的缺点如下。

（1）各种报告及披露成本很高而且费时。

（2）竞争对手可以查阅公司的经营数据。

（3）来自股东要求增加企业利润的压力很大（很多大股东是一些保险机构、养老金机构等，它们本身对回报的要求的压力非常大）。

（4）财富被别人分享。

（5）原企业主可能会对公司失去控制（因为其他人可以购买股份）。

（6）增加了被恶意收购的风险等。

股票最经常的分类是普通股股票和优先股股票，下面进行详尽介绍。

2.2.2　普通股

普通股代表公司最终所有权的有价证券，普通股股东是公司的所有者。股东所承担的责任是以股票面值为限，面值股本不能进行分红。在公司清算时，普通股股东在公司全部清偿完债权人与优先股股东之后，对公司剩余资产（如果还有）享有追索权。普通股股票没有到期日，但股票持有者可以在二级市场买卖股票。对于普通股股票，没有人承诺未来会赚钱。

普通股股东的权利如下。

（1）投票权。因为普通股股东是公司的所有者，他们有权对公司的重大事项进行投票，例如，选出公司董事会等。当然也可以授权别人投票。

(2) 收益权。只要公司发放普通股股利,普通股股东就有权收到股利。注意,法律没有规定普通股股东每年都可以收到股利,因此每年收取股利并不是普通股股东的权利。只有公司决定发放普通股股利,普通股股东才有权利收取相应金额的股利。

(3) 剩余资产分配权。如果公司进入清算程序,在清偿完所有债权人及优先股股东等之后,普通股股东有权获取剩余的资产。

公司股票市值,又称公司市值(market capitalization),是指当前的普通股股票的每股市价乘以当前在市场流通的普通股股票的数量。例如,一个公众公司有0.2亿元在外流通的普通股股票,现在每股市价为40元,则该公司市值为0.2亿元×40元=8亿元。公司市值简称为CAP。公司市值经常用来进行大公司之间的排名,例如,按照市值谁是世界上最大的公司。

在美国,公司分为以下4种。

(1) 大型市值公司:大于或等于150亿美元。

(2) 中型市值公司:介于20亿~150亿美元。

(3) 小型市值公司:介于3亿~20亿美元。

(4) 微型市值公司:在3亿美元以下。

大型市值公司经常会定期发放红利。公司失败的风险相对较低。一般来讲,市值较小的公司发展机会更大,但风险也更大。

普通股股票的主要类别如下。

(1) 蓝筹股(blue-chip stocks)。指最大型而且系统盈利的公共交易公司股票。

(2) 成长股(growth stocks)。指有强劲的增长潜力,在销售收入、利润以及市场份额等方面的增长速度比一般公司快的公司股票。

(3) 周期性股票(cyclical stocks)。指利润非常依赖于宏观经济状况(如经济萧条、经济复苏等)的公司股票。例如一些高科技公司股票。

(4) 防御股票(defensive stocks)。指股票相对稳定、一般不受宏观经济状况(如经济萧条、经济复苏等)影响的公司股票。例如一些农业、食品公司的股票。

(5) 价值股票(value stocks)。指就对比利润和其他业绩指标来讲,股票价格看起来不贵、较便宜的公司股票。

(6) 收入股票(income stocks)。指业绩一贯表现不错、稳定发放红利的公司股票。

(7) 投机股票(speculative stocks)。指投资于还未证明其真正价值的公司的风险较大的股票。

2.2.3 优先股

优先股：一种固定股利的股票。它是介于债券和普通股之间的一种证券。

优先股与债券的相似点如下。

(1) 没有投票权。

(2) 每年固定的股息。

(3) 在清算时，优先于普通股股东。

(4) 股息发放优先于普通股股东。

(5) 类似于债券的其他一些特征：可赎回、可转换、偿债基金等。

优先股与普通股相似之处如下。

(1) 在公司财务困难期，无须支付股利。

(2) 以税后利润支付股利。股利不能抵税。

(3) 在清算时，在清偿了债权人之后才能分配剩余的资产。

优先股共有以下 3 种。

(1) 可累积股利优先股和非累积股利优先股。可累积股利优先股：当年未支付的股利可以累积结转到下一年，如果公司根本不打算向普通股股东支付股利，就没有必要付清优先股的积欠股利。但公司若要发放普通股股利，则必须先发放累积的优先股股利。若是非累积股利优先股，当年如果没有发放股利，则以后也不会发放股利了。

(2) 可赎回优先股。发行人可以回购，赋予了企业财务上的灵活性。

(3) 可转换优先股。有些优先股发行时规定：根据持有人的选择，优先股可转换为公司的普通股。

2.2.4 股票估值(即如何给股票定价)

所有资产(包括实物资产和金融资产)都涉及如何估值/定价。实际上所有资产的估值有以下几大类方法。

(1) 公允价值法，未来现金流折现(又称贴现)。

(2) 相对估值法(又称类比法)。

(3) 账面价值法。

(4) 市场价值法，供求博弈。

(5) 清算价值法等。

评估一个公司的股票价格在股票发行、股票买卖、公司并购时很常用。股票估值方法介绍如下。

1. 股票股价计算之折现法(公允价值法)

股利折现模型(dividend discount model,DDM)的基本原则是股票的价格根据该股票未来所产生的所有的现金流进行折现计算。

2. 普通股的股价计算

$$\text{固定恒等增长股利的普通股股票定价}=\frac{\text{下一期普通股股息}}{\text{要求回报率}-\text{股息增长率}}$$

非固定恒等增长股利的普通股股票定价方法如下。

例如,最初 1 至 T 年是一个增长率($A\%$),T 年后是另外一个增长率($B\%$)。这种情况下股价计算如下。

(1) 计算 1 至 T 年股利的现值,有两种算法:①分别计算每年的股利然后折现(原则上超过一年的现金流按照货币时间价值原理需要折现);②利用增长年金法计算(请见下面的公式)。例如,1 至 T 年股利增长率为零,每年股利 1.5 美元,即等额股利,这样查年金现值系数表即可。如果 1 至 T 年不发股利,就不用计算了。另外,鉴于增长年金法公式较复杂,如果 1 至 T 年时间不长,比如只有两三年,则分别计算每年的股利,然后查复利现值系数表即可。

(2) 用股利折现模型计算 T 年年底(因为 1 至 T 年年底的现金流在上面已计算)的股票价格,即

$$\text{第 }T\text{ 年年底股利}=\text{第 }T\text{ 年的股利}\times\frac{1+T\text{ 年后的股利增长率}}{\text{要求回报率}-T\text{ 年后股利增长率}}$$

然后把由此计算的第 T 年年底的股价再折成零年的现值。其中“第 T 年的股利×(1+T 年后的股利增长率)”相当于下一期的股利。

(3) 将前两步计算结果相加。

3. 不同股利增长的股票股价

不同股利增长的股票股价计算公式如下。

(1) 第 1 至第 T 年股利每年的增长率为 g_1,则

$$P_A=\frac{C}{R-g_1}\left[1-\frac{(1+g_1)^T}{(1+R)^T}\right]$$

式中,C 为第 1 年的股利;R 为要求回报率;g_1 为 1 至 T 年的股利增长率。

另一种方法是将第 1 至第 T 年每年的股利折现然后相加。

(2) T 年年底的股票股价(注：$g_2 = T$ 年后的股利增长率)：

$$P_B = \frac{\dfrac{\mathrm{Div}_{T+1}}{R-g_2}}{(1+R)^T}$$

式中，Div_T 为第 T 年的股利；R 为要求回报率；g_2 为 T 年后的股利增长率。

(3) 股价 $= P_A + P_B$，或合并公式为

$$P = \frac{C}{R-g_1}\left[1-\frac{(1+g_1)^T}{(1+R)^T}\right] + \frac{\dfrac{\mathrm{Div}_{T+1}}{R-g_2}}{(1+R)^T}$$

Div 就是股利。上面第 1 至第 T 年的股利计算公式中的 C 实际上是将要发放的下一期的股利，一定不是已经发放过的股利。

4. 不同股利增长的股票股价

【例题 2-1】 一家公司刚支付了普通股股利每股 2 美元。在未来的 3 年股利预计每年递增 8%，3 年后递增 4%，要求回报率为 12%，计算该股票的股价。

解答：

$$P = \frac{2\times 1.08}{0.12-0.08}\left(1-\frac{1.08^3}{1.12^3}\right) + \frac{\dfrac{2\times 1.08^3\times 1.04}{0.12-0.04}}{1.12^3}$$

$$P = 54\times(1-0.8966) + \frac{32.75}{1.12^3} = 5.58 + 23.31 = 28.89\text{(美元)}$$

第二种方法：1 至 3 年每年的股利折现然后相加。

$2\times1.08\times0.8929 + 2\times1.08\times1.08\times0.7972 + 2\times1.08\times1.08\times1.08\times0.7118 = 1.9287 + 1.8597 + 1.7933 = 5.58$

1 至 3 年的股利计算等于 5.58，然后加 3 年以后的 23.31，结果为 5.58+23.31=28.89(美元)。结果一样。

【练习题 2-1】 公司 5 年内不发股利，5 年以后 8% 的股利增长，要求报酬率是 12%，预计 6 年年末将发每股 2 元股利，问：现在股票价格是多少可接受？

解答：这是一道典型的不规则股利计算题型。股利发放可分为两个阶段，第一阶段：1 至 T 年股利是零；第二阶段：T 年后开始发放股利并有一个恒定的增长率。此题 $T=5$。解题思路是：分清两个阶段，计算第一阶段的股利的现值，再计算第一阶段最后一年年末的股票价格，然后折现到零年，最后两个阶段的现值相加就可以。此题第一阶段是 1～5 年，但股利是零，因此现值也为零，第二阶段是 5 年以

后，即第 6 年开始，因此需要计算第 5 年年末的股价，然后折算到零年。因此，5 年年末的股票价格 = 2 ÷ (12% − 8%) = 50(元)，注意：2 元是下一期的股利。股票价格折成零年现值，则 = 50 × 0.567 4(第 5 年年末的折现系数) = 28.37(元)。

5. 优先股的股价计算

优先股的股价计算非常简单，公式如下。

$$\text{优先股股价} = \frac{\text{规定的优先股股利}}{\text{要求回报率}}$$

6. 股票股价计算之相对估值法（又称类比法）

具体步骤如下。

(1) 寻找一个影响企业股价的关键变量（如盈利额、现金流、净资产、销售收入等），从而确定计算股票股价需使用的市场倍数(market multiple)。较常用的市场倍数为市盈率$\left(\frac{\text{每股市价}}{\text{每股收益率}}\right)$、市净率$\left(\frac{\text{每股市价}}{\text{每股净资产}}\right)$、市销率$\left(\frac{\text{每股市价}}{\text{每股销售收入}}\right)$等（其中，市盈率是最常用的）。企业可以同时用市盈率、市净率、市销率等进行计算，然后确定一个股票价格范围。

(2) 找到同类或近似的可比企业（包括现在的上市公司或最近出售的公司）。同类或近似的可比企业一般考虑：企业经营业务的近似性、地域、规模、财务结构等。然后获取可比企业的市场倍数。如果没有在近似度方面非常突出的企业，可以选用几个同类或近似的企业，列出每种市场倍数的最低值和最高值。例如，有 3 个类似的企业，在用市盈率时，列出这 3 个企业中最高的市盈率值和最低的市盈率值。

(3) 市场倍数指标有一个共同的特点，即分子 = 每股市价。假设找的可比企业的平均市盈率 = A，$A = \frac{B(\text{每股市价})}{C(\text{每股收益率})}$，因此 B(每股市价) = $A \times C$。保留 A，然后用目标企业的 C（而非可比企业的 C），从而目标企业的股票股价 = A × 目标企业本身的 C。另外，如果企业需要，可根据目标企业和可比企业风险的差异，来调整可比企业的市场倍数指标，从而反映目标企业的风险状况。确定目标企业的每股股票价格后，用此每股股票价格乘以目标企业的股票数量则可计算出目标企业的整体估值。

注意：目标企业的相关财务数据应该是一段时期的财务报告的平均数，而且要剔除非常项目等非正常（偶发的）的收入和支出。

下面通过案例讲解相对估值法的股票价值的计算以及各种市场倍数的优缺点等。例如，MNO 公司欲购买 FMC 公司的股票，甚至考虑将来收购 FMC 公司，因此 MNO 公司找到了 5 家和 FMC 公司非常近似的可比企业。简单起见，假设有一个企业的近似度很突出，则下面的计算量只需计算一个企业就可以了。当然实际工作中，有多个企业，则都要进行相应的计算。MNO 公司决定同时使用 3 种市场倍数，即市盈率、市净率和市销率。

7. 市盈率法

市盈率(price earning ratio，P/E)是股票估值最常用的市场倍数。盈利能力是决定股票价值至关重要的因素。目标公司的每股股价＝目标公司的每股收益率×可比公司的市盈率。

市盈率有以下两种选择。

(1) 历史市盈率(trailing P/E)，即每股市价除以最近 12 个月的每股收益率。

(2) 预期市盈率(leading P/E)，即每股市价除以预计的下 12 个月的每股收益率。假设 FMC 公司现在有 1 000 万股流通股票。FMC 可比公司去年的 EPS＝1，预计未来 12 个月的 EPS＝1.1，另外股票市价为 12 元。则历史 $P/E=\frac{12}{1}=12$，预期 $P/E=\frac{12}{1.1}=10.9$。假设企业选择使用历史的 P/E，即 12，另外，FMC 公司正常的每股收益率为 0.5，则 FMC 每股股票的估值＝0.5×12＝6(元)。另外，FMC 公司整体的估值＝10 000 000×6＝0.6(亿元)。

使用市盈率法的优点：①在投资界很常用；②调查研究表明不同市盈率和长期平均股票的回报存在重大关联，股价等于市盈率乘以每股收益率是有一定道理的。

使用市盈率法的缺点如下。

(1) 如果利润是负数，即亏损，则市盈率比率就没有用处了。

(2) 利润的经常变化使得对市盈率的解读很困难。

(3) 管理层的不同会计方法选择会生成不同的利润数字等。

8. 市净率法

$$市净率=\frac{每股市价}{每股账面净资产}$$

市净率是代表着市场愿意对公司每股账面净资产(又称每股账面权益)支付多少比例的钱。这里的账面净资产是不包括优先股的，账

面净资产等于总的账面净资产减优先股，因此

$$市净率=\frac{每股市价}{每股账面除优先股净资产}$$

$$每股账面除优先股净资产=\frac{账面除优先股净资产}{流通的普通股总数量}$$

即使某期利润是负数，EPS是负数，账面净资产一般是正数，否则企业资不抵债就倒闭了。

目标公司的每股股价＝目标公司的每股账面除优先股净资产×可比公司的市净率

例如，假设FMC公司现在有1 000万股流通股票。FMC可比公司市净率为3.9。FMC公司正常的每股账面除优先股净资产为1.4元，则FMC每股股票的估值＝1.4×3.9＝5.46(元)。另外，FMC公司整体的估值＝10 000 000×5.46＝0.546(亿元)。

使用市净率法的优点如下。

(1) 即使EPS是负数，账面净资产一般也是正数。

(2) 账面净资产一般比EPS更稳定，在EPS高低变化大时使用市净率比使用市盈率可能更好。

(3) 市净率可以用来评估将要进行清算的公司的价值等。

使用市净率法的缺点如下。①市净率忽略了像客户的商誉、人力资本等非实物资产的价值，因为账面净资产里并不包含这些。②技术变更和通胀等原因可能会使得资产的账面价值和市场价值相差很大。③如果公司之间资本结构差异大从而造成净资产的较大差异，会导致每股净资产额的不可比，从而影响股价估值的有效性。④股东的投资可能会被公司采用的不同会计方法影响，因为不同的会计方法会影响利润和净资产，从而影响股票的股价等。

注意：账面净资产对于持有的资产大部分是流动性较强的资产的公司(如保险公司、银行等)来说，较适当地反映了其净资产额，这是因为流动资产的账面价值和公允价值差异较小，而非流动资产的账面价值和公允价值可能会存在较大差异。

9. 市销率法

$$市销率=\frac{每股市价}{每股销售收入}$$

市销率是代表市场愿意对每股的销售收入支付多少比例的钱。

$$每股销售收入=\frac{全年总的销售收入}{流通的普通股的总数量}$$

$$\text{目标公司的每股股价}=\text{目标公司的每股销售收入}\times\text{可比公司的市销率}$$

例如，假设FMC公司现在有1 000万股流通股票。FMC可比公司市销率为0.58。FMC公司正常每股销售收入是10.2，则FMC每股股票估值＝10.2×0.58＝5.92(元)。另外，FMC公司整体的估值＝10 000 000×5.92＝59 200 000(元)。

使用市销率法的优点如下。

(1) 销售收入数字比EPS和账面净资产更可靠，因为销售收入数据不像EPS和账面净资产那样容易被扭曲。销售收入确认的方法相对客观。

(2) 市销率对于那些没有利润的企业更有用。

(3) 即使对于处于困难之中的公司，也是一个比较有意义的指标，因为此时公司利润可能出现负数，另外净资产也可能接近或达到负值。

使用市销率法的缺点为高销售收入并不一定意味着利润和现金流也多。销售收入和企业股票股价的关系，不如利润与企业股票股价的联系更直接。

因此，通过市盈率、市净率和市销率方法的计算，FMC公司的股价估值在5.46～6元。公司的整体估值在0.546亿～0.6亿元。

相对估值法的优点：①相对现金流折现法而言操作较简单；②明确企业关键量(如EPS、销售收入、净资产值等)和企业股价以及企业整体价值的关系；③同类企业比较可让企业更了解其他企业的运作。

相对估值法的缺点：①同类可比企业不一定好找；②相对估值法计算的价值是相对值而非企业的内在价值等。

10. 股票股价计算之会计估价法

股票股价计算之会计估价法(账面价值调整法)是指：在账面净资产价值基础上，考虑相关资产和负债的公允价值以及企业自身多年培育的无形资产商誉，从而在账面净资产基础上调整到公允价值，然后再加商誉，得出企业价值。最终定价取决于买卖双方的协商。

11. 其他股票估价方法

(1) 股票市价调整法，即根据现在的股票市价进行相应的调整。

(2) 清算价值法，即假设企业要清算变卖资产从而计算其清算价值，此方法只适合目前运转有严重问题的企业。

注意：企业股价的估值或者整体企业的估值一般联合使用以上多个方法。

2.2.5 股利发放

股利又称股息、红利。普通股股利的发放是不受法律约束的，没有法律硬性规定企业必须发放股利以及发放股利的具体金额。发放股利的形式有以下几种。

(1) 现金股利。以现金的形式发放股利(一般是通过银行转账)，现金股利经常是按季度发放的。

(2) 股票股利。比如10％，发放股票股利，股票数量会变为：原来的数量乘以(1＋10％)。股票股利的发放一般是为了一些好项目保留现金，但同时也起到了给予股东回报的目的。股票股利不用纳税。注意，股票股利不会影响总所有者权益，只是其内部科目之间调整。

(3) 财产股利。为了保存现金以用在其他项目上或为了保持分红的连续性等，将财产作为红利分给股东，如固定资产、存货等。

(4) 清算股利。是指红利超过了留存收益的余额，因此被迫减少资本公积。这种红利被认为资本的退回或减少，而不是资本的回报。清算股利不用交税。

注意：公司的股本面值不能用于分红。

影响分发股利政策的因素如下。

(1) 红利的稳定性。一般来说，企业希望保持较稳定的红利发放，即使企业利润可能有起伏。因为股民都希望年年能得到红利。如果企业的利润不稳定，企业往往在好的年份不分发太多的红利，因为这样在不好的年份也可以有积攒而发放红利，以保持稳定的红利发放。

(2) 考量分红和企业未来的发展。一般来说，企业在快速增长时不分发太多红利，因为企业发展需要资金，企业不断发展对股民有好处，这样股票可以快速增值。

(3) 债务协议上的限制。比如，在很多债券的契约上会限制红利的发放额。

(4) 法律限制。股票面值的股本不能用于分红。

(5) 税负影响。红利和股票出售所得之间的纳税情况可能不一样，因此要具体看，是分红对股民好，还是不分红而出售股票对股民好。

(6) 现金状况或流动性状况。有留存收益没现金也无法分发红利。

(7) 通胀。如果通胀率很高,公司可能会对留存收益进行再投资,因为如果发股利,钱在手里会迅速贬值。

(8) 借债能力。如果借债能力低,企业可能考虑对留存收益再投资而不是分红。

(9) 公司如果已破产不能再分红等。

股利政策的方法或基本类型有以下几种。

(1) 稳定的股利金额政策。无论好年景还是差年景,企业一般保持相对固定金额的股利发放。如果企业发展较好而且确定能在未来较长的一段时间内维持较高的股利,公司则会多发股利,然后在未来一段时间内又平稳地股利发放。目前很多企业采取此方法。

(2) 平常低股利+额外股利政策。平常发放稳定的股利,但股利金额相对较低,企业年景发展好时,额外派发股利,相当于年终奖,美国一些大公司用此方法。

(3) 剩余股利政策。留存收益优先满足公司那些回报率超过公司要求回报率的投资项目上,剩下的考虑发放股利。优点:①以最低成本的内部融资来进行企业扩大发展;②企业重视未来的发展规模和可持续发展;③这样的企业 PE 可能大,资本利得机会可能大等。缺点:因为优先满足企业发展,股利会很少或很不稳定。

(4) 固定股利支付比率的政策。每年的税后利润按固定的股利支付比例提取以支付股利,利润多盈多分,少盈少分,股利金额随当期利润上下波动。股利波动容易给投资者造成公司经营不稳定、投资风险大的不良印象。

注意:企业一般采取第(1)种或第(2)种,但结合第(3)种和第(4)种方法。

在美国,现金股利的发放步骤如下。

(1) 股利宣布日。董事会宣布发放股利的日期,会计此时应做会计分录如下。

借:留存收益

　贷:应付股利

最终在股权登记日时,根据最后的名单可能还要对应付股利的金额进行微调。

(2) 除息日。在这一天及以后买到股票的股票持有者将不能得到刚宣布的股利,在这一天之前持有股票可以获得股利,当然在这天及后来买的股票的价格因不能收红利,因此价格也相应便宜。在除息日及之后的卖方仍可享受股利,因为他是除息日之前就持股。根据SEC规则,除息日通常是在股权登记日的前2～4个交易日。除息日是股票登记日的一个缓冲,因为企业需要几天的时间去更新股东花名册。

要选择一天作为截止日,以便出具一张表作为到底谁应该得到红利的依据,如果股权登记日和除息日合成一天,即股票登记日就是截止日(除息日),但之前一两天刚交易的股票很可能在这一天不能完全完成更新登记,因此SEC规定提前2～4天截止。

(3) 股权登记日。宣布的股利只分配给在这一天出现在最终股东花名册上的股东。

(4) 股利支付日。股利转账给登记在册股东的日期。做会计分录如下:

借:应付股利

  贷:现金

2.2.6 股票分割

股票分割(stock split)或称股票拆分,是指股票数量按照规定的比例增加。比如,股票分割比例为2∶1,意味着原来的股票数量假设是100万股,股票分割后变为200万股,即100万股×2;又如,若是股票分割比例为3∶1,则股票分割后股票数量为300万股,即100万股×3;再如,股票分割比例为3∶2,则股票分割后的数量为原来的数量除以2,然后用得出的数乘以3,续用此例则为$\frac{100\text{万股}}{2}\times 3=$150万股。

股票分割同时增加已批准的股票数量、已发行的股票数量、库藏股股票数量和在流通的股票数量。另外,股票分割后,股票的面值正好和股票数量的计算相反,例如,刚才例子中的股票分割比例为2∶1,股票数量乘以2,但面值是除以2。股票的市场价格一般也随之减半,但因为股票数量翻倍,所以公司股票的整体市值是一样的。另外,股票分割后,公司的资本结构、股东权益总额都保持不变,而且股票分割对税负没有影响。

公司进行股票分割的目的/好处:①在股票价格太高时,降低股票的价格,使得股票价格更有吸引力,以刺激股票交易量。股票价格太高时,投资者一般不太愿意买此类股票,一方面是因为购买股票的支出太大；另一方面是因为投资者认为股票价格可能已经到达巅峰，没有升值空间。②股票分割后，虽然股票整体市值基本不变（因为股票价格降低了，股票数量增加了），但等股票价格上升后，投资者就可以从股票分割这一行为中获利。

反向分割（reverse split），又称作并股。和股票分割相反，反向分割是减少股票数量、提高股票价格。例如，反向分割比例为1∶2，则续用上例，股票数量由原来的100万股变为50万股。在股票价格非常低的情况下，可以通过反向分割提高股票价格以提升股票的吸引力。股价过低，可能被认为是公司的竞争力和吸引力不够。股票反向分割也可能是为了能让公司股票价格满足股票市场要求的最低股票价格。股票反向分割对税负没有影响。

2.2.7　股票回购/库藏股

库藏股（又称库存股），由公司回购自己的股票而形成。股票回购目的如下。

（1）给员工激励报酬、员工储蓄计划、可转换证券的持有者等提供股票，或用于未来收购别的公司时置换股票使用。

（2）减少公开市场上股票的数量以抵御被恶意收购，另外减少股票数量从而造成股票快速升值而抵御被恶意收购。

（3）当公司认为目前股票估值偏低时进行投资，从而赚取回报。

（4）减少权益对负债的比重。

（5）通过回购股票暂时活跃市场，提高投资者对股票的信心等。

2.2.8　内幕交易

内幕交易是指对公司有义务进行相关非公开信息保密的个人或机构在知晓重大非公开（内幕）信息后进行相应的股票等有价证券的销售或购买以获取利益。这些个人或机构包括公司高管、员工、顾问、银行、记者、政府官员等。SEC可能会对进行内幕交易的人采取相应的惩罚措施。

2.2.9　证券市场效率

市场效率（market efficiency）假设或市场效率理论一般将证券市场分为3种形式，即强有效市场、半强有效市场和弱有效市场。

（1）强有效市场。股票的市场价格反映了所有相关信息，无论是公开信息还是内部信息。广大投资者可以迅速、同时知晓：①过去公司股票交易的信息;②公司公开的信息,比如年报和各种披露;③公司内部人才可知道的公司内幕信息。因此,内幕交易没有了舞台。强有效市场认为股票都是以公允价值交易,即股票的价格等同于它未来的现金流,即净现值=0。投资者无法购买到估值低的股票,也无法以高于公允价值的价格出售股票。这意味着投资股票的回报只有它未来的现金流,而没有投机赚钱的机会。

(2) 半强有效市场。广大投资者可以迅速、同时知晓:①过去公司股票交易的信息;②公司公开的信息,比如年报和各种披露等。内幕交易因此有可能获利。

(3) 弱有效市场。广大投资者可以迅速、同时知晓过去公司股票交易的信息。

2.3 长期债务类融资

目前长期债务类融资最主要的形式就是发行债券。债券是融资方(又叫借款方,如公司、政府等)面对广大个人以及机构发行的一种债务类票据。债券到期日在一年以上。融资方得到融资后按规定定期向债券持有人支付利息,并到期归还本金。

债券的基本要素包含面值、票面利息、发行日、到期日、付息日期等。票面利率和市场利率一般都是指全年的。利息支付很多是半年付息。

债券按发行方基本可分为以下几种。

(1) 公司债券(corporate bond)。由大小公司发行,一般用来融资以支持企业增长及其他活动。

(2) 政府债券(government bond)。由一个国家政府的信用担保,一般用来维持政府工作运营、为国债支付利息等。美国政府债券包括:①美国长期国库券(treasury bond),又叫长期国债或财政公债;②美国中期国债(treasury note);③储蓄债券(saving bond)等。

(3) 市政债券(municipal bond)。由各州或城市发行,用来支付建筑工程或其他活动。市政债券并不是纯公债,因为市政债券一般包括以地方政府税收为基础的债券(注:这一部分可以称为地方政府公债)以及以地方企业收益为基础的收益债券。

(4) 代理机构债券(agency bond)。由联邦政府代理机构、州政府代理机构、当地政府代理机构发行。

(5) 国际债券(international bond)。同时在好几个国家上市,通常由国际银行伦敦分支机构和证券商发行。

2.3.1　债券契约/债券条款

债券契约/债券条款,又称信托契约,是指债券发行方与债券持有人之间签订的法律文件。债券契约内容包括面值、票面利率(通常叫作息票率,coupon rate)、到期日、付息日等。另外,债券契约可能包含额外的一些条款,比如:

(1) 约束性保护条款。大部分公司发行债券都包含偿债基金条款,要求公司定期向受托人支付偿债基金以确保能到期偿还本金。

另外,还可能有保护性契约,限制企业某些行为。保护性契约分为两类。第一类,消极保护条款:限制或禁止公司的一些行为,如不能将资产再抵押给别人;限制分红;限制更多的债务融资;限制出售主要资产;限制和其他公司兼并等。第二类,积极保护条款:是指按合同规定应负有的那些义务和责任。如定期付利息,到时候付本金,保持一定的负债率,维护好抵押资产的状况等。如果债券发行者不能遵守积极保护条款,可能导致债券发行者违约。

(2) 赎回条款。它是指债券发行企业可以在债券到期之前回购债券。赎回条款赋予企业融资灵活性。如果利率大幅下降,企业可以赎回旧债券而以更低的利息成本再筹资,从而使企业不必等到最后的到期日再重新筹资。

(3) 可转换债券。是一种可让债券持有者把债券转换成固定数量的普通股股票的期权。

(4) 界定违约的条件。

(5) 次级信用条款。它是指对于企业在清算时的资产的索取权低于其他优先级债权,但在清算时仍排在优先股和普通股股东前面。

2.3.2　债券融资的优缺点

债券融资的优点如下。

(1) 债券的利息费用可以税前抵扣。

(2) 资金使用成本(即利息费用)相对较低,一般来讲比优先股和普通股都要低。

(3) 相对来讲,融资成本(是指发行相关的成本)较低并且手续相对简单,融资速度较快。

(4) 不会丧失股东所有权。

(5) 债券的成本是有限和已知的(长痛不如短痛,而股票没有到期日)。

(6) 由于很多债券是公司可赎回的(提前收回),因此这种灵活性使得企业能够在利息下降时收回债券再发行从而减少利息支出等。

债券融资的缺点如下。

(1) 需要按约定的时间还本付息,否则面临倒闭的风险。

(2) 债券必须定期支付固定利息并在到期日支付本金。即使现金流不好,也必须支付,因此容易造成现金流问题。

(3) 债券发行企业必须严格遵守债券的各种限制条款,如分红限制、公司兼并限制等。

注意:企业在进行任何形式融资时都应该保持合理的短期流动性,即流动资产和流动负债的相关配置,以及长期流动性,即总负债和权益的比率,以把控风险。

债券其他分类(除了上面按发行方的分类以外)如下。

(1) 抵押/担保债券。以企业资产为担保的债券,风险较低,利息率较低。

(2) 信用债券。无担保的债券,以企业自身信用为基础,其利息率一般比有担保的债券高,因为风险更高。

(3) 从属/次级信用债券。企业在清算时资产的索取权低于其他优先级债券,但在清算时仍排在优先股和普通股股东前面。其风险比信用债券高。

(4) 收益债券。企业有足够的利润时才能支付利息的债券。

(5) 投资级别债券与垃圾债券。按照评级级别,债券分为投资级别债券(即高质量债券)和垃圾债券。垃圾债券是指投资级别以下的高风险、高利息率的债券,垃圾债券往往用在杠杆或管理层收购上。

注意:债券按风险排序(从低往高)为抵押/担保债券—信用债券—从属/次级信用债券—收益债券等。

2.3.3 债券信用评级

标准普尔、穆迪是目前美国最大的两家债券信用评级机构,而且闻名于世。信用评级机构对发行债务证券的企业或者政府的信用进行评估,然后给其评定相应的信用级别。债券信用评级可以让投资者在购买债券前对债券的风险程度有一个评估。对债券发行的评级考虑的因素有:①发行者现在的财务状况;②发行者未来的财务展望;

③债券有无抵押，如果有抵押，对抵押物的评估等。

标准普尔和穆迪对债券的评级如下(括号里代表穆迪的评级)。

(1) AAA and AA(Aaa and Aa)：偿债能力非常强，违约的可能性非常低。

(2) A and BBB(A and Baa)：投资级别债券，偿债能力很强，违约风险很小，相对来讲收益较高，适宜投资。

(3) BBB 到 AAA(Baa 到 Aaa)：被认为是高质量的债券。

(4) CC 及以下(Ca 及以下)：垃圾债券，收益率很高，但违约风险也很高。

(5) 中间的，即从 BB 到 CCC 的债券，介于高质量债券和垃圾债券之间。

注意：标准普尔的整个评级为 AAA、AA、A、BBB、BB、B、CCC、CC、C、D，穆迪的整个评级为 AAA、AA、A、Baa、Ba、B、Caa、Ca、C。基本区别是，多个 B 和多个 C 的评级中，穆迪的评级在第一个 B 或 C 后相应的 B 或 C 用 a 代替，比如，标准普尔的 BBB、BB 分别相当于穆迪 Baa、Ba，标准普尔的 CCC、CC 分别相当于穆迪 Caa、Ca。债券评级越低，违约的风险越大，利率就越高。

了解债券信用评级的一些主要事项如下。

(1) 债券信用评级是针对公司发行的债券的评级，而不是给整个公司综合评级。债券发行只是公司众多运营行为里的一种，债券信用评级不是针对公司的所有运营行为，或者说不是针对公司整体综合情况的评级。

(2) 美国长期国债的评级是 AAA，因为它依靠的是整个美国政府的信用。

(3) 在债券的整个有效期内，债券信用评级可能会针对现实情况调高或调低。评级调低意味着未来要发行的债券要给投资者提供更高的利率以吸引投资者。

(4) AAA and AA(Aaa and Aa)级别的债券因其风险最低从而支付的利息也最低。

(5) 因为垃圾债券风险高，因此其利率也高。

2.3.4 债券管理

债券一般由合格的信托机构进行管理。第三方的信托机构(trustee)作为债券持有者的正式代表。信托机构的责任如下。

（1）核实债券发行的合法性。

（2）保证所有合同规定的义务和责任得到履行。

（3）保证偿债基金和利息付款准确及时。

（4）如果借款人（即债券发行方）未能履行其义务，负责采取相应的行动。

（5）在法律诉讼过程中，代表债券持有者们。

（6）管理债券赎回事项等。

债券发行方须支付信托机构信托费用，这些费用包含在债券发行方融资成本里。

2.3.5 债券的利率

债券的利率分为固定利率、浮动利率和零利率。零利率债券即零利息债券。目前，绝大部分债券都是固定利率债券。债券发行后，会在二级市场进行买卖交易。债券的价格会随着市场利率波动而反向变化，即市场利率增长时债券价格下降；相反，市场利率下降时债券价格提高。

注意：利率的期限结构（term structure of interest rate）是指不同期限资金的收益率和到期期限的关系。其中，债券利息期限结构是指债券的收益率和债券期限的关系。一般来讲，到期日越长，利率或债券收益率越高。因此利率期限结构就是长期利率与短期利率之间的关系。利率期限结构图是指 x 轴是到期期限，y 轴是利率/收益率。

2.3.6 债券收益率

$$当期收益率(\text{current yield of bond})=\frac{年票面利息额}{债券现在的市价}$$

例如，10 年期债券，年利息为 50 美元，若现在债券价值为 1 250 美元，则当期收益率为 4%（50÷1 250）。

到期收益率（yield to maturity）：是计算债券从购买日到到期日的实际收益率。具体计算很像资本预算里的内部回报率（IRR）的计算，即购买价（即初始现金流出额）等于债券未来直至到期日产生现金流（即利息和本金）时的折现率或回报率。例如，30 年期债券，面值 1 000 美元，票面利率为 8%，半年付息，现在卖 1 276.76 美元，则 1 276.76＝（8%÷2）×1 000×年金现值系数（r，60 期）＋1 000×现值系数（r，60 期），用财务计算器或 Excel 软件，到期收益率 r＝3%。

这是手动无法算出的，只能借助财务计算器或其他软件计算。实际上，到期收益率就是有效市场利率。到期收益率是债券定价的变异形式：债券发行价是正推，即通过市场利率对未来现金流进行折现，计算出发行价，具体见债券定价公式，而到期收益率是倒推，如上。

注意：在有通胀的情形下，比较债券的回报率（收益率）和通胀率得出债券的真实回报率。例如，债券的回报率是8%，而通胀率是3%，则债券的真实回报率为5%(8%－3%)。又如，债券的回报率是6%，而通胀率是9%，则债券的真实回报率是－3%(6%－9%)。

2.3.7 债券久期

久期(duration)又称债券存续期，可以用来量化债券的风险。久期越大，债券价格对利率的敏感性越高，因而债券的风险就越大。债券久期的计算有几种方法，下面介绍两种较为常见的方法：①麦考利久期(Macaulay duration)；②修订版久期(modified duration)。

1. 麦考利久期

麦考利久期只适用于固定现金流的债券，不适用于非固定现金流的债券。麦考利久期的计算步骤如下。

(1) 计算债券的发行价。

(2) 将每期支付现金流（利息或利息加本金）按照市场利率进行折现，然后除以市场发行价，从而计算出权重。注意：每期的债券现金流的现值相加就等于债券的发行价。

(3) 每期如上计算权重，然后乘以该期期数（第一期的期数是1，第二期的期数是2，以此类推）。

(4) 每期都如上计算，然后相加等于久期。

例如，假设某两年期债券，债券面值为100元，票面利率为5%，每年付息一次，市场利率为6%，请计算债券的久期。计算如下：

先计算债券的发行价。通过计算，发行价＝98.17元。6%第一期的折现率＝0.943，第二期的折现率＝0.889。第一期支付的现金流＝100×5%＝5，第二期支付的现金流＝100×5%＋100＝105，因此久期＝5×0.943÷98.17×1＋(105×0.889÷98.17)×2＝0.048＋1.902＝1.95(元)。

注意：如果此例子中的债券是半年付息，则重新计算发行价，而且现金流变成4期了，每期的数字由1，2变成0.5，1，1.5，2。每期乘的数也变为0.5，1，1.5，2，而不是上面乘以1，乘以2。

上面计算的久期表示了债券的平均还款期限，相当于投资债券的实际回收期。久期是在0与债券期限之间。

2. 修订版久期

修订版久期并不代表麦考利法是错的，修订版久期主要是指：①它不是用年限来表达，而是用百分比来表达，即年利率每1%的变动（如年利率从6%降到5%，或年利率从4.25%升至5.25%），而带来债券价格的百分比的变化；②它既适用于固定现金流的债券，也适用于非固定现金流的债券。

修订版久期的计算非常复杂，只能使用专业软件。但对于以期间利率来表达的债券（即年利率 $N\%$，半年利率 $M\%$，金融市场一般债券都是这样的表达方式），修订版久期＝[麦考利久期÷(1＋市场年利率÷频率)]÷100，公式中的频率是指一年中利息支付频率，例如，1是指一年付息一次，2是指一年付息两次，如每半年付一次利息。续用上例，假设某两年期债券，债券面值为100元，票面利率为5%，每年付息一次，市场利率为6%，请计算债券的久期。用麦考利法计算如下：

先计算债券的发行价。通过计算，发行价＝98.17元。6%第一期的折现率＝0.943，第二期的折现率＝0.889。第一期支付的现金流＝100×5%＝5，第二期支付的现金流＝100×5%＋100＝105，因此久期＝(5×0.943÷98.17)×1＋(105×0.889÷98.17)×2＝0.048＋1.902＝1.95(元)。

修订版久期＝[1.95÷(1＋6%÷1)]÷100＝1.84%，即市场利率每1%的变化，比如从6%降到5%，债券的价格将上升1.84%，增加的金额＝98.17×1.84%＝1.81(元)。

因此久期数值越大，则因利率变化而引起的债券价格变动的幅度就越大。

注意：如果忽略百分号，麦考利久期数值和修订版久期数值会差不多，比较接近。例如，某10年期的债券的麦考利久期是8.5，则修订版久期也差不多是8.5%。

3. 久期的特点或属性

久期的特点或属性如下。

(1) 债券期限越长，久期就越大，风险也越大。

(2) 债券票面利率越大，久期就越小，风险也越小。

(3) 市场利率越大，久期就越小，风险也越小。

(4) 不支付利息的债券(如零息债券)的久期等于该债券的到期时间。通过麦考利久期计算公式计算就可以得出此结论。带利息支付的债券的久期短于债券的期限。

注意：基点经常用来表达利率，100 个基点 = 1%，从基点换算成百分比的窍门是：基点数先除以 100，然后冠以百分比就可以了，如 35 个基点：$\frac{35}{100}=0.35$，因此 0.35%。

债券久期在实际工作中有一定用途，它帮助债券投资者了解债券品种的价格波动的风险，从而采取相应的措施。

【练习题 2-2】　A、B 两个债券的面值都是 1 000 元，票面利率 12%，A 还有3 年到期，B 还有 10 年到期，如果市场利率提升，A 的价值变化为(　　)。

A. 比 B 增加的多　　B. 比 B 增加的少

C. 比 B 减少的多　　D. 比 B 减少的少

解答：首先债券的价值和市场利率变化正好相反，因此两个债券价值都会减少，只是看谁比谁减少的多或少，根据债券久期的规律，到期日越长的债券其久期越大，因此每变化 1% 的利率，其价值变化也越大。因此选 D。

2.3.8　债券估值(债券定价)

债券发行定价：债券先注册、后发行。注册、审批需要一段时间，可能出现发行时的市场利率和当时注册时制定的利率已经有变化。如果票面利率和发行时的市场利率有区别，发行价则和债券的面值会有区别。债券具体的发行价的计算公式为

债券发行价 = 每期债券的利息支出(债券的面值乘以票面利率)以市场利率折现计算的年金现值 + 债券到期后偿还的面值用市场利率折现计算的现值

市场利率也叫投资者要求回报率。融资方发行债券时，确定的市场利率是指对比市面上同等风险证券的利率或回报率而得出的利率。

例如，某公司在 2015 年 7 月 1 日发行 800 股债券，每股面值为 1 000美元，债券期为 10 年，票面利率为 6%，每年 7 月 1 日付利息，市场利率为 8%，则发行价计算如下。

利息现金流的年金现值为 1 000×6%×6.710 1(8%，10 年期的年金现值系数) = 402.6(美元)，本金的现值为 1 000×0.463 2

(8%,10 年期的期末现值系数)=463.2(美元),所以发行价为 402.6+463.2=865.8(美元)。

注意:债券经常是半年付息,因此利息现金流会由每年付一次利息变成了每年付两次,计算发行价时就完全不同了,变为:折现时市场利率及票面利率都除以 2,而折现期(无论利息的还是本金的)要随之乘以 2。例如,上例改成半年付息,则发行价——利息现金流的年金现值为$1\,000\times3\%\left(即\frac{6\%}{2}\right)\times13.590\,3\left[4\%\left(即\frac{8\%}{2}\right),20(即\ 10\times2)年期的年金现值系数\right]=407.7$(美元);本金现值为1 000×0.456 4(4%,20 年期)=456.4(美元),所以发行价为 407.7+456.4=864.1(美元),和每年付息一次的发行价 865.8 美元不同。

总结:票面利率大于市场利率,说明公司给的回报比市场的回报多,(有资格)所以溢价;若票面利率小于市场利率,说明公司给的回报少,(心虚)则折价。

零息债券:不发利息,发行价深度折扣,发行价计算公式和普通债券一样,但因为利息费用是零,因此发行价等于面值按市场回报率及具体期间计算的现值。例如,某公司在 2018 年 7 月 1 日发行800 股债券,每股面值为1 000美元,债券期为 5 年,票面利率为 0%,平常不发放利息,市场利率为 8%,则此零息债券的发行价=0+1 000×0.680 6(8%,5 年期的现值),即1 000×0.680 6=680.6(美元)。

债券价格除了受上述的债券面值、债券期限、票面利率、利息支付周期、市场利率等影响外,实务中,债券的发行价还受以下因素影响。

(1) 供求关系。如果此时正好企业大量发行债券或者国家的货币政策趋紧从而大量发行债券(目的是将钱收回国库)等,债券供大于求,则债券价格会下降;反之,债券价格会提高。

(2) 债券发行公司的资信程度。发债者资信程度高,其债券的风险小,因而其价格就高;相反,资信程度低的公司的债券价格会较低。所以在债券市场上,对于其他条件一样的债券,一般国债的价格高于金融债券,金融债券的价格高于企业债券。

(3) 投机因素。在债券交易中,一些实力较为雄厚的机构大户可能会利用手中的资金人为地拉抬或打压债券价格,从而引起债券价格变动。

(4) 对未来一段时间的市场利率的预期。发行时的市场利率有可能只是非常短暂的停留。例如,票面利率是 6%,发行时市场利率是 7%,按照理论应该折价发行,但如果预期 7%的市场利率已经见顶,参考当时的低迷的宏观经济状况，市场利率可能很快跌到5%，则债券的价格将会出现一定的博弈。

另外，当债券发行后流通到二级市场，那时债券的价格也是理论上遵守现金流折现法则，但具体的定价也像债券发行定价一样受上面提到的其他诸多因素的影响。

2.3.9 不规则本金和利息支付的债券估值

这里通过案例对不规则本金和利息支付的债券估值进行讲解。

【例题 2-2】 债券面值为1 000元，票面利率为10%，年付利息，10年期。因企业目前在破产重组，支付条件改为前5年不付息，从第6年开始正常付息，第10年支付本金及拖欠复式利息。市场利率16%。问债券现在的价格是多少？

解答：和正常债券定价的总体思路是一样的，即计算未来现金流的现值。

从第6年开始正常付息的现金流现值＝1 000×10%×3.274×0.476 1。3.274是16%、5年(6～10年)的利息的年金现值，0.476 1是16%、第5年的年末现值，意味着折到零年(现在)。第10年支付的拖欠的复式利息＝1 000×10%×6.105 1。6.105 1是5年、10%的未来值/终值。因此第10年支付本金及拖欠复式利息的现值＝(1 000＋1 000×10%×6.105 1)×0.226 7。0.226 7是16%、第10期的期末现值系数。

因此债券现在的价格＝1 000×10%×3.274×0.476 1＋(1 000＋1 000×10%×6.105 1)×0.226 7＝155.88＋365.1＝520.98(元)。

注意：若例题中的拖欠利息不按复式利息计算，而只是简单每年的利息相加，则答案为1 000×10%×3.274×0.476 1＋(1 000＋1 000×10%×5)×0.226 7＝155.88＋340.05＝495.93(元)。

遇到其他不规则支付本息的情形，道理是相同的，即分别计算现金流的现值就可以。

2.3.10 债券价格规律总结

(1) 债券的价格和市场利率(又称到期收益率)呈反方向变化，即市场利率下降，债券价格增高；市场利率上升，债券价格降低。因此，债券投资者如果预期市场利率会下降，可以提前买入债券，因为如果市场利率真下降了，债券价格就会提高，则可从中获益。

(2) 债券的期限越长，债券价格对市场利率波动的敏感性越强，即债券价格波动越大,风险也就越大;相反,债券的到期日越短,则债券价格受市场利率波动的敏感性越低,风险也就越小。

(3) 债券票面利率越高,债券价格受市场利率变化的影响就越小,债券风险越小。

(4) 市场利率越高,债券价格受市场利率变化的影响就越小,债券风险越小。

(5) 市场利率变化幅度越大,债券价格变化的幅度也越大。

(6) 无论债券溢价发行还是折价发行,到期时价值都会变为面值,此现象又称为趋同。最终债券发行方在债券到期时以面值支付投资者本金。

(7) 债券在二级市场买卖时,如果买卖时的市场利率和最初发行时一样:若当初是折价发行,则后来卖价比当初要高,高的差额是这几年折价的已摊销额的合计,折价发行在市场利率不变的情况下,价值会不断增加直至等于面值。若当初是溢价发行,则后来的卖价不断降低,直至面值本金额。债券无论折价或溢价发行,随着时间推移到期时都变成面值。另外,如果后来的市场利率和面值利率一样了,则无论后来的哪一年买卖,价格都是面值。

(8) 遇到其他不规则支付本息的债券的股价,分别计算现金流的现值就可以。

2.3.11 可转换债券

可转换债券,简称可转债(又称作混合证券),是指在未来一段时间内可转债的持有者可以(但不是必须)将债券按最初约定的股票价格转成普通股。可转债是普通债券加上可转换成普通股股票的期权。此处的期权一般被称作权证或又叫认股权证(warrant)。

期权的价值(或称纯债溢价)=购买可转债的价格-如果没有"可转换"条款的纯债券的价格

例如,债券面值为1 000美元,如果没有"可转化"条件,债券现在的价格为 990 美元,而可转债的价格为 1 100 美元,则期权价值=1 100-990=110(美元)。

可转债里约定的股票价格一般比可转债发行时的股票市价高15%~30%。约定的可转换股票价格按规定不能比当时市价低。

注意:可转债一般都是信用,又称无担保债券。

可转债的优点如下。

(1) 一般来讲,可转债因为有潜在的期权好处,利息费用相对其他普通债券要低。

(2) 可转债可增加融资的灵活性,即如果一个公司想发行股票融资,但考虑当时发行价较低,可考虑发行可转债。随着股票价格的上涨,一般可转债很快就转换成股票了,这样就增加了融资金额(因为转换的股票价格比可转债发行时的股票价格高)。可转债通常也称作递延股票融资或递延权益融资。

(3) 可转债可避免发行股票的巨大发行成本。

(4) 融资速度更快,因为相对普通债券更具吸引力,而且相对于发行股票而言手续更简单。

2.3.12 可转债的转换溢价

当可转换债券持有者发现,转换成股票更赚钱时,可转换债券持有者可以将债券按当初合同约定的股票价格转换成普通股股票。

(1) 转换价格。指可转换债券用来交换普通股时的每股普通股的价格(当初发行可转换债券时就已定好)。转换价格可用来计算转换时债券的面值可以转换成多少股普通股股票,即等于面值除以约定好的转换成普通股股票的股票价格。

(2) 转换比率。每份可转换债券能转换的普通股股票的数量,这是在当初发行可转换债券时已定好的,它也可以通过可转换债券面值除以上述可转换价格来计算。

(3) 转换价值。等于按规定的转换比率乘以目前的普通股每股市价。

注意:这里的"目前的普通股每股市价"是指当前的普通股每股市价,并不一定是可转债转换成普通股当时的普通股每股市价。转换价值可以在可转债转换成普通股之前的任何时间点计算,因为它会用于下面的转换溢价的计算,而转换溢价及转换溢价率的计算会对利益相关方有重要的分析意义,比如是否该转换成普通股股票。

(4) 转换溢价。又称转股溢价(这是对于可转债的持有者而言),等于可转换债券(债券或优先股)的市价减转换价值。

(5) 转换溢价率。又称转股溢价率,等于转换溢价除以转换价值。转换溢价如果是负数,往往暗示着投资者将可转债转换成普通股可能会取得收益,因为投资者获得的股票的价值大于"牺牲"的可转债的价值。否则,如果转换溢价是正数,投资者可能会继续观望。

注意:可转债的市价有可能高于债券的面值,因为我们前面讲过，可转债发生溢价很正常。因此，不能只用目前普通股股票的市价和转换价格对比来分析可转债转换成普通股的可能性(除非可转债的市价等于或小于面值)，因为有可能虽然目前股价高于最初发行可转债时规定的转换价格，但整体的转换溢价有可能是正数，那样投资者就不合算了。例如，可转债面值为1 000元，可转债的市价为1 100元，发行时股价为30元，约定的可转换价格为50元。现在股价为52元，超过了约定的转换价格50元，此时的转换溢价＝1 100－(1 000÷50)×52＝1 100－1 040＝60(元)。即使现在股价超过了约定的可转换股价，此时投资者将可转债转换成普通股也亏了。只有转换溢价为负值时，才表明投资者将可转债转换成普通股可以取得溢价收益。

【例题2-3】 可转债面值为1 000元，可转债的市价为1 100元，发行时股价为30元，现在股价为40元，约定的可转换价格为50元。某投资者计算此可转债的转换溢价＝1 100－(1 000÷50)×40＝1 100－800＝300(元)，转换溢价率＝300÷800＝37.5%。此时表明如果投资者将可转债转换成普通股不会取得溢价收益。只有转换溢价为负值时，才表明投资者将可转债转换成普通股可以取得溢价收益。

续用上例：可转债面值为1 000元，可转债的市价为1 100元，发行时股价为30元，约定的可转换价格为50元。但假设现在股价为60元，投资者看是否可以将可转债转换成普通股股票，此时的转换溢价＝1 100－(1 000÷50)×60＝1 100－1 200＝－100(元)，转换溢价率＝－100÷800＝－12.5%。此时可转债转换成普通股股票会合算。投资者在将可转债转换成普通股股票之前肯定要计算转换溢价或/以及转换溢价率，才决定是否要将可转债转换成普通股股票。

金融市场上利益相关方会经常关注转换溢价及转换溢价率。转换溢价及转换溢价率的意义如下。

(1) 可转债的价值受转换溢价率影响。转换溢价率越高，越可能对可转换债的价值产生不利影响。例如，对于可转债A，目前股票的价格为20元，制定的转换价格为50元。与之相对比，可转债B，目前股票的价格为20元，而制定的转换价格为30元，可转债B的吸引力肯定更高。

(2) 转换溢价或转换溢价率越高，说明可转债价格对于当前正股价格虚高的成分越大(即泡沫成分越大)。泡沫成分越大，可转债后市价的不确定性越大。

(3) 一般来说，转换溢价越低，投资者将可转债转换成普通股的可能性越大。

(4) 转换溢价为负值时,无险套利机会也许很快出现,可转债转换成普通股的可能性非常大。

【练习题 2-3】 假定 A 公司的 9.75%的可转换债券(面值为 1 000美元)的转换价格为 43.75 美元,意味着每份可转换债券可转换成 22.86 股(1 000÷43.75)普通股,在转换时假设可转换债券的市值为 900 美元,当前普通股股票的市价为每股 50 美元,求转换溢价和转换溢价率。

解答:转换价值=22.86×50=1 143(美元),转换溢价=900-1 143=-243(美元)。转换溢价率是由-243 美元除以 1 143 美元,即-21.3%(注意,一定要除以转换价值而不是可转换债券的市价,即不是除以 900)。

【练习题 2-4】 面值总额为1 000万元,利率为 6%的可转换债券,每份债券面值为1 000元,每份债券可以转换成 30 股普通股,现在债券市价是1 000元,每股市价 28 元,转换后的溢价率是(　　)。

A. 10%　　B. 16%　　C. 19%　　D. 33.33%

解答:[1 000 万-(1 000 万÷1 000)×30×28]÷[(1 000 万÷1 000)×30×28]=19.05%,注意债券价值要用市价,因此选 C。

2.4 中期融资

中期融资是指到期日在 1～10 年,实际从广义上来讲它们也是长期融资的一部分,长期融资是指一年以上。中期融资主要有定期贷款、租赁等。

2.4.1 定期贷款

定期贷款(term loan)是指 1～10 年期的债务贷款。相对于短期贷款,定期贷款的金额比较大,但定期贷款比债券、权益类融资规模相对要小。定期贷款的提供者一般是保险公司、养老金公司、商业银行等。

定期贷款因为金额较大,贷款提供者为了防控风险,一般要求借款方采取分期等额本息还款的形式,从而避免到到期日借款者才一次偿还贷款总额的风险,因为万一到了到期日借款者出现问题则贷款提供方损失太大。而若采用分期等额本息还款,贷款提供方的本金每期都能收回一部分,等到到期日时,本金金额已所剩不多。等额本息还款可以是每年、每季度,甚至每月。

等额还款的计算很简单，每期的等额还款额等于贷款总额除以还款周期数和利率百分比的年金现值(假设贷款的等额还款发生在期末)。例如，假设定期贷款总额为 1 500 万美元，年利率为 8%，期限为 5 年，每年等额还款。每年等额还款数=1 500÷3.992 5(8%，5 年的年金现值系数)=375.7(万美元)。

在每期的等额还款中既包含了利息费用又包含了本金的偿还。具体计算为：先计算利息费用，利息费用=上期期末的贷款余额乘以利率。然后用等额偿还贷款额减去利息费用就是每期要偿还的本金。以此类推。

【例题 2-4】 注意为了节省空间，表 2-1 中的数额以千计。续用上面的案例，即假设定期贷款总额为 1 500 万美元，年利率为 8%，期限为 5 年，每年等额还款。相关数据见表 2-1。

每年等额还款数=1 500 万÷3.992 5(8%，5 年的年金现值系数)
=375.7(万美元)

表 2-1 (单位：千美元)

年份	利息费用	偿还本金	每期偿还额	期末本金净额 15 000
1	15 000×8%=1 200	3 757−1 200=2 557	3 757	15 000−2 557=12 443
2	12 443×8%=995	3 757−995=2 762	3 757	12 443−2 762=9 681
3	9 681×8%=774	3 757−774=2 983	3 757	9 681−2 983=6 698
4	6 698×8%=536	3 757−536=3 221	3 757	6 698−3 221=3 477
5	3 477×8%=278	3 757−278=3 479	3 757	3 477−3 479=−2*
合计：	3 783+15 002* =18 785			

注：(1) * 四舍五入的原因，数字略有出入。

(2) 利息费用随着贷款余额递减而相应递减。因为每期等额偿还贷款额不变，因此偿还的本金额不断递增。

(3) 如果还款频率是每月，则

每月的还款额=贷款总额÷A

A=年利率÷(12 和按年还款的周期乘以 12 的年金现值系数)。如果是按季度还款则是年利率除以 4，年周期乘以4……以此类推。年金现值系数的公式=$(1\div R)-1\div[R\times(1+R)^N]$，注意：是$(1+R)^N$ 而不是$[R\times(1+R)]^N$，另外在$1\div[R\times(1+R)^N]$中，1 是分子而$[R\times(1+R)^N)]$是分母。其中 R 代表的是利率，$(1+R)^N$ 的 N 代表还款次数。如果是按月等额本息还款则 R=年利率÷12，而 N=按年还款的次数×12，以此类推。

一般情况下，如果债权人提供金额较大的借款，都希望用上述定期(每月/每季/每年)等额本息还款的形式，因为这样可以规避平常只支付利息，但等到到期日一次性归还巨大总额本金的风险。比如，租赁费、按揭房贷还款等都是这样的形式。另外，虽然债券金额巨大，但债权人数量相对庞大，平均个体债权人提供的借款数额可能不会很大，但即使是这样，目前市场上也有等额本息还款的债券。

房屋按揭还款在生活中很常见，下面举例列示计算过程。假设张某房贷借款80万元，当时房贷年利率为6.5%，20年还清，请计算每月等额本息还款的金额。

解答：(1) 月利率=6.5%÷12=0.005 417。

(2) 还款周期次数=20×12=240。

(3) 0.541 7%、240期的年金现值系数=1÷0.005 417－1÷[0.005 417×(1+0.005 417)^{240}]=131.12(注：求 N 次方时，使用计算器中的科学计算器功能即可)。

(4) 每月的等额本息还款额=$\frac{1\ 000\ 000}{131.12}$=7 626.60(元)。

定期贷款一般是需要抵押担保的，而且定期贷款提供者可能会规定一系列约束条件，和债券类似，但具体条款可能不尽相同。

2.4.2　租赁

租赁在企业运营中甚至普通人的生活中很常见，租赁在企业中占有非常重要的地位。租赁的双方分别称为承租方和出租方。从承租方角度，租赁可分为资本性(融资性)租赁和经营性租赁。注意，现在很多国家都在探讨租赁的会计处理方法，请遵循最新的租赁会计处理方法。

1. 资本性(融资性)租赁和经营性租赁

租赁可分为资本性(融资性)租赁和经营性租赁两种。租赁符合以下任意一个条件就会被认定为资本性(融资性)租赁。

(1) 资产所有权租赁期末转移给承租方。

(2) 租赁协议中有廉价购置权条款。

(3) 租赁期等于或超过资产估计经济寿命期的75%。

(4) 最低租赁支付款总额的现值等于或超过资产公允价值的90%。

注意：资本性(融资性)租赁合约必须是不可撤销合约，如果合约可撤销，就不属于资本性(融资性)租赁，而属于经营性租赁。

资本性(融资性)租赁实质上是另一种形式的采购行为，其形式类似于分期付款采购，是一种融资性采购，支付款包含利息和本金。

其中，廉价购置权是指在租赁协议条款里表示：承租方可以在租赁期结束时以非常低廉的价格（相比资产的预估剩余价值）购置此资产。例如，租赁期结束时，资产账面价值100万元，但租赁合约上标注承租方可以10万元购买。

租赁期：是指不可撤销的租赁期加上租赁协议有非常吸引人的续约条款而很可能导致承租方续约的续约期。注：承租方如果想避开资本性租赁的界定而签订比较短的租赁合同是非常危险的，因为万一租赁期到了，出租方将设备收回不租了，会给承租方带来麻烦。

最低总租赁支付款：是指租赁费支出（但不包括履约成本，executory costs）加上保证资产的剩余价值。履约成本是指日常资产的维护费、税金和保险等。保证剩余价值是指有的协议规定承租方要保证租赁协议结束时资产的市场价值是预先定好的价值，如果少于这个价值，承租方要补齐。

最低总租赁支付款的现值：用利息率去折现租赁费。例如，租赁费每年65 000欧元，其中履约成本是5 000欧元。5年后保证残值是10 000欧元，折现率是12%。则现值＝(65 000－5 000)×2.402(年金现值)＋10 000×0.712(期末现值)＝151 240(欧元)。如果资产现在价值为160 000欧元，此租赁可界定为资本性（融资性）租赁，因为151 240÷160 000＝94.5%＞90%。其中折现利息率的选择：FASB规定要用租赁方和承租方融资利息率较低者。例如，租赁方的融资利息是12%而承租方是14%，应该用12%。一般出租方的利率会低一些，因为他们在融资方面具有规模经济。采用的利率越低，现值就越大，资本性（融资性）租赁的界定就更严格。

2. 租赁的优点或好处（对于承租方）

(1) 避免资产过时、跌价的风险。现在科技革新很快，机器设备很容易出现过时而造成快速贬值。相对而言，出租方抵抗这方面风险的能力会强一些。例如，他们可以转租到比较落后的地区（此优点主要针对经营性租赁，因为资本性（融资性）租赁是不可撤销的而且租期时间较长，这方面作用会弱）。

(2) 租赁可省去固定资产烦琐的审批手续以及拥有资产相关的麻烦，如记账、盘点等（主要针对经营性租赁）。

(3) 表外融资。表外融资可粉饰报表，让报表更好看（这主要是指经营性租赁，因为经营性租赁无须在资产负债表上体现相应的资产和负债额)。

(4) 相对于购买,租赁可能会更节省成本。因为①出租方在融资规模、大批量采购等方面会享受较大优惠,从而可以让利给承租方。②企业根据实际需要,租赁期可以比资产的经济寿命期短(适用于经营性租赁和资本性(融资性)租赁)。

(5) 相对于发行债券、贷款等常规融资形式,租赁融资手续更简单,因而融资更快速,融资周期上也更加灵活(指租赁期),并且租赁融资一般没有很多限制性条款(适用于经营性租赁和资本性(融资性)租赁)。

(6)(相对要花现金购买)租赁能更好地保留资金用于其他用途。因为租赁不需要支付一大笔资金,而且是分期支付(适用于经营性租赁和资本性(融资性)租赁)。

(7) 租赁能提供100%的融资。相对比,很多银行贷款都要求补充性余额,另外一些设备融资贷款,需要借款人先支付一笔预付款(down payment)等,这样就相当于实际融资额减少了,从而不是100%融资(适用于经营性租赁和资本性(融资性)租赁)。

租赁的缺点如下。

(1) 租赁在有些方面不灵活。例如,出租方可能不允许承租方改变租赁的资产;提前结束租赁可能要面临罚款等。

(2) 拥有较好信用的公司可能会感觉购买设备在综合成本上更合算。

(3) 租赁的资产可能不是全新的,安全性上容易发生问题等。

注意:以上缺点对经营性租赁和资本性(融资性)租赁都适用。

3. 出租方如何计算向承租方的租金报价

出租方计算租金报价的方法如下。利用这些方法,承租方也可验证租赁方租金报价的合理性。

(1) 计算租赁资产的基础价值,又称回收价值,此价值等于该资产的公允价值减租赁期对应的折旧费的税盾的现值(这是针对经营性租赁,若是资本性(融资性)租赁则无此项,因为若是资本性(融资性)租赁,出租方相当于售出资产从而不能再提折旧费),再减去租赁期结束时设备的市价的现值(若有)。

(2) 计算能取得公司规定投资回报率的年度税后租金(计算过程参见下面案例)。

(3) 将税后租金“税前化”,从而得出需向承租方收取的租金。注意,有些人误以为计算出第(2)步就可以了,其实不对,一定要除以(1－所得税税率)从而推算出税前的金额。

【例题 2-5】 MNO 公司想要租出一台价值 10 万欧元的设备给 PQR 公司,租期 5 年,每年年初支付租金。该设备预计使用寿命为 8 年,5 年后此设备预计市值为 2 万欧元。MNO 使用直线折旧法提取折旧,每年年底提取折旧,此设备 8 年后的残值为 1 万欧元,MNO 公司的投资回报率为 11%,所得税税率为 40%。请问 MNO 公司应该向 PQR 公司收取多少年租金?

解答:(1) 计算 MNO 公司需回收的价值。

此设备每年的折旧费＝(100 000－10 000)÷8＝11 250(欧元)

前 5 年的折旧费税后的现值＝11 250×40%×3.696(11%,5 年的年金现值系数)

＝16 632(欧元)

另外,5 年后残值的税后现金流的计算如下。

① 设备在 5 年后的账面价值为 100 000－11 250×5＝43 750(欧元)

② 5 年后设备残值的税后现金流＝20 000－(20 000－43 750)×40%＝29 500(欧元)

③ 其现值为 29 500×0.593(11%,5 期的期末现值)＝17 493.5(欧元)

则回收价值＝100 000－16 632－17 493.5＝65 874.5(欧元)

(2) 计算 MNO 公司满足规定的 11%的投资回报率的每年税后租金。

假设此数值为 A,因为是年初支付租金,则 A＋A×3.102[11%,4 期(即5 期减1 期)的年金现值系数]＝65 874.5(欧元),则 A＝16 059.12(欧元)。注意:如果是年末支付租金,则为 A×3.696(11%,5 期的年金现值系数)＝65 874.5(欧元),则 A＝17 823.19(欧元)。

(3) 因为租金收入需要缴纳所得税,因此 MNO 公司如果只收取在上面步骤计算的租金则无法收回在第(1)步骤计算的回收价值,那样 MNO 公司就不合算了。因此 MNO 公司最终向承租方收取的租金报价应该推算出税前价,即:

16 059.12÷(1－40%)＝26 765.2(欧元)

注意:如果承租方进行数据倒推,则能进一步验证,即:

26 765.2×(1－40%)＋26 765.2×(1－40%)×3.102(11%,

4 期的年金现值系数)=65 874.5(欧元)

这样和出租方的回收价值完全一样!

4. 采购与租赁的决策

很多企业经常需要做出是采购还是租赁的决策,看怎样更节省成本以及完成融资需求。采购与租赁的决策就是对比采购的成本和租赁的成本。用采购的成本减去租赁的成本,它们之间的差额称作租赁净收益(net advantage of leasing,NAL)。如果 NAL>0,采购的成本更高,此时应采用租赁;若 NAL<0,则采购的成本更小,此时应选择采购。

注意:采购与租赁的决策容易和自制与外购的决策混淆,它们的区别是:采购与租赁的决策是针对设备、设施的,而自制与外购的决策是针对企业的半成品、产成品或职能部门的。

相关 NAL 计算公式多达 15 种,而且相互之间可能会有差异,并且在学术界一直存在一些争议。下面介绍较常用的方法。

采购的成本(A):采购设备支出。采购设备支出包括设备本身的成本以及从购买直至使得设备达到可使用状态前发生的一切费用,比如运费、安装费、培训费等。

租赁的成本(B):包括租赁的显性成本以及机会成本。

(1) 租赁的显性成本。租赁费支出减去因租赁可能节省的履约成本(也叫经营费用(operating expenses)),比如维修费、财产税、保险费等。在有些租赁中,租赁方负责设备的修理费、财产税及保险费等。

(2) 租赁的机会成本。相对于采购而言,租赁因无法进行采购失去了以下机会收益(一般称作机会成本):①折旧的税盾;②残值收入。

注意:上述决策中是否考虑利息费用税盾的机会成本存在很大争议。

NAL=$A-B$,若 NAL>0,则租赁,因为采购的成本更大;若 NAL<0,则采购。

一般决策都要用(税后)现金流,无论成本还是收入都要用税后的现金流,因为现金流比利润更客观、更可比。但上面的税盾除外,因为税盾已经考虑了税务影响。另外,考虑到货币的时间价值,超过一年以上的现金流必须进行折现。

另外,在采购与租赁的决策中,当采购设备的使用寿命年限和租赁期限不一致时,应该以租赁年限为出发点去计算,因为租赁年限代表着企业打算使用设备的期限。例如，如果采购设备，该设备的经济寿命年限为10年，而企业只需使用该设备6年，则企业如果租赁，租期则为6年。采购与租赁的决策应以租赁的6年为基础进行相应的计算。若采购设备，设备的6年后的处理应有明确的说明，因为企业只打算使用设备6年。例如，企业打算6年年底后将设备卖掉，从而产生残值的计算，而且折旧方法及折旧年限要有明确的提示。当然也有很多时候，设备的预计使用寿命年限和租赁期是一致的：因为很多时候，企业想采购某种设备，然后一直使用到设备不能使用为止，此时企业想对比是否租赁更合算，租赁期和设备的使用年限是基本一致的，应具体情况具体分析。

【例题2-6】 MNO公司正在考虑是购买还是租赁一台设备。此设备的经济寿命年限为8年，但MNO对该设备的使用年限仅为5年，5年后公司预计不再使用此设备。采购设备的价值为15 000 000美元。如果采购该设备，折旧期为8年，直线折旧法，8年年底的预计残值为1 000 000美元，但因为企业只使用5年，因此将在第5年年底将机器出售，预计可售2 100 000美元。在未来5年每年可带来税前现金流5 000 000美元(不包含折旧)。如果采购，采购后每年的经营费用为1 000 000美元。若租赁，可节省每年1 000 000美元的经营费用。如果租赁，每年年末租赁费支出为4 200 000美元，公司加权平均资本成本是12%，所得税税率是40%。假设此租赁根据所有条件都属于经营性租赁。请问公司应该采购还是租赁该设备?

解答：计算NAL。

一般来讲在计算现值时，除了最后一年的残值收入外，其他现金流，因为风险很小，从而采用较低的折现率，即税后利息率：10%×(1−40%)=6%(折现的利率要用税后的，在计算加权平均资本成本时的利率就是税后的)。这是因为这些现金流(如租赁费、折旧费等)要么有合同保证，要么根据会计法计算，不像销售收入、残值等有那么大的不确定性。

残值要用12%去折现，因为残值的风险大，这是因为多年以后真正的价值非常不好确定。5年，6%的年金现值系数为4.212；5年，12%的期末现值为0.567。如果计算采购设备项目的净现值(NPV)，则要用12%折现，因为项目的NPV涉及的销售收入、成本、残值等都是不确定性较大的项目。

(1) 采购的成本：固定资产支出15 000 000美元。

(2) 租赁成本(现金流须为税后)如下。

税后租赁费开支的现值：4 200 000×(1－40％)×4.212＝10 614 240(美元)。5 年 6％的年金现值系数为 4.212。

减：5 年节省的税后经营费用的现值，1 000 000×(1－40％)×4.212＝2 527 200(美元)。

加：因租赁而不能采购设备从而不能发生折旧费的税盾的现值(机会成本)，[(15 000 000 － 1 000 000) ÷ 8] × 40％ × 4.212 ＝ 2 948 400(美元)。

加：因租赁而不能发生的残值收入的现值(机会成本)，第 5 年年末设备的账面价值＝15 000 000－[(15 000 000－1 000 000)÷8]×5＝6 250 000(美元)，因此残值的折现值＝[2 100 000－(2 100 000－6 250 000)×40％]×0.567＝3 760 000×0.567＝2 131 920(美元)(0.567 是第 5 期 12％的期末现值。)

(3) 合计开支为 13 167 360 美元。

(4) NAL＝15 000 000－13 167 360＝1 832 640(美元)，NAL＞0。

(5) 结论：采购的成本大于租赁的成本，因此采用租赁。

虽然此题是租赁费在期末交，但很多时候租赁费是先交，即期初交，所以计算现值时要特别注意，下面的案例是期初缴纳租赁费，另外一些数据也发生了变化。

【例题 2-7】 MNO 公司正在考虑是购买还是租赁一台设备。此设备的经济寿命年限为 8 年，但 MNO 对该设备的使用年限仅为5 年，5 年后公司预计不再使用此设备。采购设备的价值为15 000 000美元。如果采购该设备，折旧期为 8 年，直线折旧法，8 年年底的预计残值为1 000 000美元，但因为企业只使用 5 年，因此将在 5 年年底将机器出售，预计可售2 100 000美元。在未来 5 年每年可带来税前现金流4 000 000美元(不包含折旧)。如果采购，采购后每年的经营费用为1 000 000美元；若租赁，可节省每年1 000 000美元的经营费用。如果租赁，每年年初租赁费支出为3 000 000美元，公司加权平均资本成本是 12％，所得税税率是 40％。假设此租赁根据所有条件都属于经营性租赁。请问公司应该采购还是租赁设备?

解答：计算 NAL。

(1) 采购的成本：固定资产支出15 000 000美元。

(2) 租赁成本(现金流须为税后)。

税后租赁费开支的现值：3 000 000×(1－40％)＋3 000 000×(1－40％)×3.465＝8 037 000(美元)，3.465 是 4 年，6％的年金现值系数(假设租赁费支付和享受税盾是在同一时间，即都发生在年初)。

规律是：若年初支付，则税后支付额＋税后支付额×少一期的年金现值。

减：5年节省的税后经营费用的现值，1 000 000×(1－40%)×4.212＝2 527 200(美元)。假设均发生在年末。

加：因租赁而不能采购设备从而不能发生折旧费的税盾的现值，[(15 000 000－1 000 000)÷8]×40%×4.212＝700 000×4.212＝2 948 400(美元)。4.212是5年6%的年金现值系数。

加：因租赁而不能发生的残值收入的现值(机会成本)。

第5年年末设备的账面价值＝15 000 000－[(15 000 000－1 000 000)÷8]×5＝6 250 000(美元)

第5年的税后残值收入现值＝[2 100 000－(2 100 000－6 250 000)×40%]×0.567＝3 760 000×0.567＝2 131 920(美元)（0.567是第5期12%的期末现值系数。）

合计开支为：10 590 120美元。

NAL＝15 000 000－10 590 120＝4 409 880(美元)，NAL＞0。

结论：应租赁设备。

关于租赁费支出的计算：假设租赁费的税盾发生在年末，则上面题中租赁费支出的计算需将租赁费支出和税盾分别计算，然后减税盾，即租赁费支出的现值为300万美元＋300万美元×3.465，减税盾的现值300万美元×40%×4.212。因为租赁费的税盾在期末发生，因此计算税盾总额时用了5年的年金现值系数，即4.212，而租赁费是期初支付，因此是300万美元＋300万美元乘以4年的年金现值系数，即3.465。

注意：在考试中上述决策公式同时适用于经营性租赁和资本性(融资性)租赁。但在论述题中应写上：目前世界范围内有15种以上租赁与采购的决策公式，学术界也有一定的争论，在此使用的是较常用的一种决策公式。

准确来讲，采购与租赁的决策公式应该分为经营性租赁和资本性(融资性)租赁。经营性租赁的采购与租赁决策公式就是上面讲述的。下面讲述资本性(融资性)租赁的采购与租赁决策，可以考虑在实际工作中使用。当然如果未来会计准则发生了改变，即将租赁都定义为资本性(融资性)租赁，则建议使用下面的决策公式。

5. 资本性(融资性)租赁之采购与租赁决策分析

严格意义上来讲，资本性(融资性)租赁的决策公式和上述的经营性租赁的采购与租赁的决策公式不完全一样。资本性(融资性)租赁的采购与租赁决策的自然决策法如下。

采购净成本(A)=采购设备的成本+修理费等履约成本(也称为经营费用)

－折旧费的税盾－残值

资本性(融资性)租赁的成本(B)等于:

非税后的租赁费开支——因为此租赁为资本性(融资性)租赁,因此租赁费里包含了租赁负债和利息费用。租赁负债是不能抵税的,而利息费用的抵税在下面计算。

减——租赁费中利息费用的税盾。

加——修理费等履约成本(也叫经营费用)(如果有)。

减——折旧费的税盾。因为是资本性(融资性)租赁,因此承租方需要借记租赁固定资产,从而提取折旧。租入时,借:租赁固定资产,贷:租赁负债@最低租赁支付款总额的现值(若此现值超过资产的公允价值,则用资产公允价值记账)。在每个期间都要计提折旧:如果是符合所有权转移或廉价购置权,折旧年限用资产的经济寿命期,否则用租赁期。

减——残值(如果租赁期末所有权转移给了承租方)。

$$NAL=A-B$$

【例题2-8】 MNO公司正在考虑是购买还是租赁一台设备,设备价值为15 000 000美元,预计经济使用寿命年限为5年,企业计划使用4年。企业一律采用直线折旧法计提折旧,不考虑残值。若采购,第4年年底预计机器可售2 100 000美元。如果采购,采购后每年的经营费用为1 000 000美元;若租赁,可节省每年1 000 000美元的经营费用。如果租赁,租赁期为4年,每年年初支付租赁费3 000 000美元,租赁期结束后,租赁方收回设备。借款利息率为10%,公司加权平均资本成本是12%,所得税税率是40%。

问题:(1) 此租赁属于经营性租赁还是资本性(融资性)租赁?原因是什么?

(2) 计算租赁净收益。

解答:此租赁属于资本性(融资性)租赁,因为租赁期超过了资产使用年限的75%,即租赁期为4年,除以资产的使用寿命5年等于80%,大于75%。另外,租赁费现值=3 000 000+3 000 000×2.487=10 461 000(美元),2.487是3年10%的年金现值系数(注意,在此不用税后的折现率进行折现,即不用6%进行折现,否则不可比)。租赁费现值除以资产的公允价值：10 461 000÷15 000 000＝69.7%，并没有超过90%。

计算NAL。因为只使用4年，所以按4年计算。

采购净成本(A)计算如下。

固定资产支出：15 000 000美元。

加：4年的经营费用＝1 000 000×(1－40%)×3.465＝2 079 000(美元)。3.465是4年6%的年金现值系数。6%＝10%×(1－40%)。

减：4年折旧费用的税盾 $=\dfrac{15\ 000\ 000}{5}\times 40\%\times 3.465=$ 4 158 000(美元)。

减：残值的现值计算。

租赁结束时设备的账面价值 $=15\ 000\ 000-\dfrac{15\ 000\ 000}{5}\times 4=$ 3 000 000(美元)。

残值的现值＝[2 100 000－(2 100 000－3 000 000)×40%]×0.636＝1 564 560(美元)(0.636是第4期12%的期末现值系数)。

合计：11 356 440美元。

租赁成本(B)计算如下。

非税后的租赁费开支的现值＝3 000 000＋3 000 000×2.673＝11 019 000(美元)，2.673是3年6%的年金现值系数。

加修理费等履约成本(如果有)：0。因为如果是租赁，承租方不会发生修理费等履约成本，这些成本由租赁方负责。

减折旧费的税盾。因为不属于所有权转移或廉价购置权，因此折旧按租赁期4年进行计算，每年的折旧额等于10 461 000÷4＝2 615 250(美元)，因此折旧税盾的现值＝2 615 250×40%×3.465(第4期6%的年金现值系数)＝3 624 736.5(美元)。

减残值：0，因为租赁期结束后，租赁方将设备收回。

合计：7 394 263.5美元。

NAL＝11 356 440－7 394 263.5＝3 962 176.5(美元)，NAL＞0。

结论：因为采购的成本比租赁的成本更大，因此采用租赁。

实际上，如果不考虑货币的时间价值，上述资本性(融资性)租赁的决策公式和经营性租赁的决策公式计算的结果相差无几。

【练习题2-5】 购置设备价值200万美元。残值20万美元。计划使用5年，经济寿命是6年。折旧率是MACRS：33%，45%，15%，7%，如果采购，每年要支付：维修费7.5万美元，保险费2.5万美元以及财产税 5 万美元。如果租赁，每年要支付 60 万美元，年底支付。税率是 40%，税前资本成本 10%，2.5 万美元的保险费以及 5 万美元的财产税是出租方承担，7.5 万美元是承租方承担。

问题：(1) 应租赁还是应购买？

(2) 如果是租赁，应选择资本性(融资性)租赁还是经营性租赁？解释原因。

解答：(1) 因为计划使用 5 年，所以按 5 年计算，一般按租赁期算。另外，税前资本成本是 10%，要折成税后的，即 10%×(1−40%)=6%。

① 采购成本：200 万美元。

② 租赁的成本计算如下。

租赁费：60 万×(1−40%)×4.212 4(第 5 期，6%的年金现值系数)。

减：租赁节省了(2.5 万+5 万)×(1−40%)×4.212 4(第 5 期，6%的年金现值系数)。

加残值：[20 万−(20 万−0)×40%]×0.747 3(第 5 期，6%的现值)。注：此题没有说明残值是第 6 年年末发生的还是第 5 年年末发生的。题中说明了资产的寿命年限是 6 年，但使用年限为 5 年，因此设备使用 5 年之后再等 1 年，即第 6 年年末，才去处理设备不合乎常理，因为旧设备时间越长越不值钱，而且有设备闲置成本，如占用空间等。因此按照常理，将设备残值理解为第 5 年年末发生的。

加折旧费税盾：200 万×33%×0.943 4×40%+200 万×45%×0.89×40%+200 万×15%×0.839 6×40%+200 万×7%×0.792 1×40%

以上共计 2 131 149 美元。

因此租赁净收益为 2 000 000−2 131 149=−131 149(美元)，采购的成本小于租赁的成本，应选择采购的方式。

(2) 应选择资本性(融资性)租赁，因为符合资本性(融资性)租赁的两个条件。第一，租赁期占经济寿命期的 83%，即 $\frac{5}{6}$=83%，超过了 75%；第二，最低付款额的现值是机器原值的 60 万×3.790 8(5 年，10%的年金现值系数，注意此种情形不用税后折现率)÷200 万=114%，超过 90%。

假设租赁费是年初支付，则情形如下。

假设租赁费的税盾发生在年末，则租赁费支出=60 万+60 万×3.465 1−60 万×40%×4.212 4=1 668 084(美元)；因为租赁费的税盾在期末发生，因此计算税盾总额时用5年的年金现值系数，即4.212 4，而租赁费是期初支付，因此是60万加60万乘以4年的年金现值系数，即3.465 1。

如果题中告诉假设租赁费的税盾和租赁费支付是同一时间，即都是在年初，则变为60万×(1－40%)＋60万×(1－40%)×3.465 1(4年，6%的年金现值系数)。

6. 租赁与采购之自然决策法则

注意，上面讲述的NAL的决策公式较适合西方人的思维，对于很多中国读者来讲比较难理解，尤其租赁费支出后面加的一些机会成本。本书创制了另外一种更好理解的采购与租赁的决策公式，比较适合中国人的思维，叫作自然决策法则，即里面避免了难以理解的机会成本。自然决策法则同时会用在自制与外购等有关重大决策中。所谓自然决策法则就是顺其自然去考虑决策中的各种因素。采购与租赁的自然决策法则具体内容如下。

采购净支出(A)：

①采购设备的支出。包括相关的运费、安装费等；②减去(设备采购后产生的)折旧费的税盾；③减去(设备采购后最终带来的)残值；④减去(因设备采购而融资带来的)利息费用的税盾(如果一些考试中没有相关信息，请忽略利息费用的税盾)；⑤加修理费、保险等履约成本。

注意：①－②－③－④＋⑤＝采购净支出。以上决策的考虑因素都是自然而然地就想到了，很好理解，很自然。

租赁的成本/支出(B)：租赁费支出加相关的修理费、保险等履约成本(如果有)。

$NAL=A-B$，若$NAL>0$，因为采购的成本更大，因此采用租赁；若$NAL<0$，则采用采购。决策结果和机会成本法完全一样，只是将机会成本法的机会成本要素挪到了决策的另一侧，当然正负号正好相反。

建议：实际工作中用自然决策法则，简便，易理解，但在一些欧美证书的考试中不要用。

2.5 流动负债融资管理

流动负债是指企业的短期融资。短期融资主要包括有抵押银行贷款和无抵押融资形式。

2.5.1 短期融资的主要形式

1. 抵押银行贷款

抵押银行贷款是需要有一定资产作为抵押的一种银行贷款形式，抵押物一般是存货、应收账款、固定资产等，其中：

(1) 应收账款抵押贷款。银行需要先考察借款企业的应收账款收款情况、预期收款比例、坏账比例等，然后决定(未收)应收账款的一个比例作为贷款的基础。贷款额等于该比例乘以抵押的应收账款额。此后，客户一般会将款项直接支付给银行。

(2) 应收账款保理。从某种程度来讲，应收账款保理属于特殊的有抵押的贷款的一种。应收账款保理又称应收账款让售(factoring)，是指公司将应收账款出售给保理商(金融中间商)，从而公司可以立即从保理商那里得到现金，这样公司不用自己等到应收账款到期日才得到现金。公司进行保理的原因很多，比如当下急缺现金；或者保理公司在应收账款收款方面更专业、更高效等。保理是外包公司执行信用和收款责任的有效途径。公司出售的应收账款的质量不尽相同，有的是完好的应收账款，有的可能是回收困难的应收账款。

另外，存货也可以"保理"。拥有存货的公司在存货还未售出前就可以得到一笔贷款。一般是通过信托收据(trust receipts)的方式。具体机制为：公司(债务人)以特定的存货进行担保贷款，承诺此部分存货的销售收入用来还贷。只要此部分存货卖出，公司应立即用收到的款还贷。银行或保理机构可以随时检查担保的存货，确保企业没有隐瞒存货的销售收入。此种借款协议在汽车经销商、设备销售和家庭耐用品经销商那里广为使用。

2. 无抵押融资形式

无抵押融资形式包括以下几种。

(1) 商业信用(trade credit)。商业信用即应付账款。商业信用被称为自发性融资，因为只要采购时供应商授予了信用期，就可产生商业信用，即应付账款。商业信用最常见的一种形式是赊账。赊账又称记账贸易(有的资料直译成公开账户，即英文 open account，是指供应商允许购买者在一定时间之后付款)。

(2) 应计费用(又称预提费用)。债务已形成，但还未支付现金，比如应付工资、应付税金、应付利息、应付股利等。应计费用属于自发性融资。

(3) 预收账款。又称未实现收入(unearned revenue)。预收账款是指预收客户一定金额的款项。

(4) 无抵押短期银行贷款。即此种贷款没有抵押物,无抵押贷款是基于借款人的良好财务状况以及良好的信誉。具体贷款条款由借款人和银行商定,最终借款人需签署期票(promissory note)作为正式的履行相关还款、付息等义务的承诺。无抵押短期银行贷款主要有以下两种形式。

① 信用额度(line of credit)。它规定企业可以得到银行贷款的最高限额,企业可根据需要才去提取贷款,不需要的时候可以不提取贷款。利息按实际提取贷款的金额计算。时间一般为1年以内。

② 循环信用额度(循环贷款协议)。企业可以取得借款然后还上,若需要还可以再借。银行有可能要求借款者对额度中未使用的部分支付承诺费。例如,循环信用额度是100万美元,而该年度的平均借款是40万美元,则借款者可能被要求为没有使用(但可用)的60万美元部分支付承诺费。如果承诺费是0.5%,则承诺费=60万×0.5%=3 000(美元)。循环信用额度贷款时间较短,但也有很多时候时间相对较长,达1~5年。

(5) 商业票据。商业票据融资有以下优点:①利率一般会低于银行贷款的利率。银行要收取"中介"费。②无须补偿性余额。③相对于银行贷款等来讲,融资范围广,广大机构和个人都可以直接购买。④无须担保抵押等。

(6) 银行承兑汇票。关于银行承兑汇票,将在流动资产管理部分详细阐述。

注意:从融资角度来讲,当公司增加短期融资(相对于长期融资)的比例时,它不能支付本金和利息的风险就增大,因为短期融资到期日短,急促,容易出问题;从投资角度来讲,如果所投资的公司增加短期融资(相对于长期融资)的比例,同样道理,那么它不能支付本金和利息的风险就增大,因为短期融资到期日快,急促,容易出问题。

2.5.2 短期融资工具的融资成本

1. 普通银行贷款

普通银行贷款,贷款时得到100%全额本金,利息是在规定的每个付息日支付,本金在到期日一次性全额支付。例如,1 000万美元借款，年利率 12%，实际利率＝1 000 万美元×12%÷1 000 万美元＝12%。

2. 附有补偿性存款余额的银行贷款

附有补偿性存款余额的银行贷款，银行要求借款者在银行保持一定存款余额，该余额一般表达为所借资金的一定百分比。若此要求的余额高于公司在银行的日常正常存款数额，实际上是加大了公司的融资成本。这部分额外留在银行账户中的金额会减少实际的贷款金额。

$$\text{附有补偿性存款余额贷款的实际利息费用}=\frac{\text{贷款期间的利息费用}-\text{贷款期间的补偿性余额的利息收入}}{\text{减去补偿性余额后的净贷款额}}\times\frac{365}{\text{贷款期间的天数}}$$

有时候银行会对授信额度贷款收取承诺费，承诺费的表达形式可能是授信额度总额的一定百分比，或未使用额度的一定百分比。这样也会加大实际利息费用，从而公式变为

$$\text{附有补偿性存款余额贷款的实际利息费用}=\frac{\text{借款期间的利息费用}+\text{贷款期间的承诺费}-\text{贷款期间的补偿性余额的利息收入}}{\text{减去补偿性余额后的净贷款额}}\times\frac{365}{\text{贷款期间的天数}}$$

另外，若企业在补偿性余额之前已经有一部分资金在银行里，则分子的利息收入只用额外增加存款额的那部分的利息收入，另外作为分母的“减去补偿性余额后的净贷款额”等于只减掉需额外增加的那部分存款（补偿性余额减已有存款的那部分）的净贷款额。如果已有存款比要求的补偿性余额还大，则补偿性余额净额为零。

注意：贷款期间利息费用＝贷款总额（而非减掉补偿性余额的净贷款额）×规定利率。

【例题 2-9】 贷款金额为 100 万美元，贷款期限为 1 年，贷款年利率为 12%，补偿性余额为 15%；存款账户的年利率为 4%，银行现在已有 10 万美元存款，则

$$\text{实际利率}=\frac{100\text{万}\times12\%-(100\text{万}\times15\%-10\text{万})\times4\%}{100\text{万}-(100\text{万}\times15\%-10\text{万})}\times\frac{365}{365}$$

$$=12.42\%$$

【例题 2-10】 贷款金额 100 万美元，贷款期限为 5 个月，贷款年利率为 12%，补偿性余额为 15%；存款账户的年利率为 4%，银行现在

已有 10 万美元存款，则

$$实际利率=\frac{\left[100\text{万}\times12\%\times\frac{5}{12}-(100\text{万}\times15\%-10\text{万})\times4\%\times\frac{5}{12}\right]}{[100\text{万}-(100\text{万}\times15\%-10\text{万})]}\times\frac{365}{365\times\frac{5}{12}}=12.42\%$$

2.5.3 应收账款保理的成本

通过应收账款保理，企业可以立即得到现金，但保理是有成本的。保理成本包括佣金、利息费用，以及保证金或“剪发”费。

1. 佣金

佣金，又叫承购费。承购商会收取一定佣金，佣金一般是根据应收账款的金额和品质的不同而不同。

2. 利息费用

应收账款出售给承购商后，承购商立即支付现金，这相当于承购商给应收账款出售企业的贷款。因为此时应收账款还未收回，贷款就需要收取相应的利息费用。如果保理商放贷金额中已经减去了佣金，则利息费用的计算是：应收账款减去佣金，然后再减保证金或“剪发”费(解释详见后文)，然后按变卖应收账款时间到应收账款到期日之间的时间段计算利息。举例：如果出售 10 000 美元的应收账款，承购费为 2%，利息费用为 18%/年，应收账款到期日是在 1 个月以后，预留保证金(reserve)为 500 美元，则

$$利息费用=(10\,000-10\,000\times2\%-500)\times18\%\div12=139.5(美元)$$

$$企业收到的现金=10\,000-200-500-139.5=9\,160.5(美元)$$

注意：保证金有时候以百分比形式出现，如应收账款的 10%。

如果保理商放贷前扣除利息费用和佣金，则

$$\begin{aligned}应收账款让售企业收到的现金=&应收账款全额-佣金\\&-保证金或“剪发”费\\&-利息费用\end{aligned}$$

若保理商的放贷金额并不减去佣金，即佣金单独收取，则利息费用计算的基础并不减掉佣金。因此就上例而言，

利息费用＝(10 000－500)×18%÷12＝142.5(美元)

具体情况，具体分析。

3. 保证金或“剪发”费

有些保理商会向企业收取保证金，以防止坏账产生，如果最终没有坏账产生再退给企业。也有些保理商并不收取保证金，而是对应收账款进行打折，从而放贷金额会低于应收账款金额，这种方法也俗称“剪发”(haircut)。例如，假设应收账款金额为800万美元，剪发率为15%，则保理商放贷金额＝800万美元×(1－15%)＝680万美元。“剪发”费也是为了保障保理商的利益，从而若有些款项收不回来，可一定程度上进行弥补。“剪发”费属于保理成本。

总结：

企业的保理成本＝佣金＋“剪发”费(如果有)＋利息费用

但若企业因应收账款让售而节省应收账款管理费用，此部分节省应该从上述保理成本中扣除，从而得出应收账款保理的净成本。

注意：当然实际工作中或者考试中，承购费、“剪发”费、利息费用等可能有不同的规定和相应不同的计算，具体情况，具体分析。

2.5.4　应付账款的资本成本

一般来讲，应付账款的资本成本为零，因为没有利息产生。

2.6　资本成本

以上我们讲完了所有的融资形式：权益类融资、长期债务类融资(包含了中期)、短期负债融资。“天下没有免费的午餐”，资产负债表右边的所有融资都有融资成本(“代价”)。我们已经讲述了短期融资的成本，下面着重讲述非短期融资，又叫长期融资的资本成本。长期融资的资本成本通常简称为资本成本。因此，一般来讲，资本成本是指长期融资的资本成本。这是因为相对来讲，短期融资的资本成本非常低，比如应付账款等自发性融资没有融资成本，短期人为融资，比如商业票据、短期银行贷款，就其期限和利率而言成本都较小，因此一般情况下资本成本不包括短期融资的资本成本。

资本成本最常用的表达方式是加权平均资本成本(weighted average cost of capital，WACC)，即各自的融资方式的融资成本乘以各自的融资方式的权重然后相加。在决策中，当计算加权平均资本成本时，一般都要用边际的概念，需计算边际加权平均资本成本，即新的、未来的额外融资所产生的融资成本，而不能使用现在或者过去的融资成本。因为决策是面对未来的，对已成为事实的现在或者过去进行决策没有任何意义，因此决策中使用的 WACC 也是要针对未来。现在或过去的 WACC 没有意义，以下没有特殊说明，都是使用边际加权平均资本成本的概念。

为了促进企业长久平稳发展，企业必须从风险管控的角度建立合理的资本结构，即长期负债类和权益类的比例，并密切监控。一旦债务过多，很容易造成失控，届时债权人为了自身利息容易诉诸法律，而很多企业因此遇到严重的财务危机，甚至倒闭，因此一定要防患于未然，密切监控资本结构的合理性。

2.6.1 影响资本结构的因素

影响资本结构的因素如下(即如何组建合理的资本结构，即长期债务类和权益类的比例)。

(1) 税收。债务融资产生的利息费用可抵税，这对公司有利。

(2) 风险。债务较多，企业面临倒闭的风险也越大。

(3) 公司资产的组成情况。公司的长期资产应用权益类、长期负债类等长期融资来支持，而流动资产用短期融资来支持。

(4) 融资成本。融资成本要尽可能地最小化。相对而言，债务类的融资成本因为可以抵税，所以成本较低。

(5) 企业的前景和行业情况。一般发展前景特别好的、未来有很多好的投资机遇行业的企业的资产负债率较低，因为企业用负债去支持大的发展的风险太大而且力度不足。

2.6.2 资本成本的计算

资本成本的计算主要涉及普通股、优先股、留存收益、长期负债。下面分别进行详细讲解。

普通股的资本成本的计算有 3 种方法：①股利增长模型；②资本资产定价模型(CAPM)；③历史报酬率。

1. 股利增长模型

股利增长模型：适用于企业发放股利而且企业的股利呈现持续增长的情况。随着企业的不断发展，股民期望股利持续增长。

普通股的资本成本之股利增长模型的公式：$K_c=\frac{D_1}{P_n}+G$，即普通股的资本成本率(股利增长模型)=股利收益率+股利增长率。

(1) K_c 为普通股的资本成本率。

(2) D_1 为下一期的股利，即下一期要发的股利(已发的股利不能用)。不一定是指明年的股利。今年要发的股利也算作下一期的股利，关键看股利是否已发。

(3) P_n 为发行普通股的净收入。股价要减掉相关的发行成本，如审计费、律师费、证监会的费用、抑价损失(underpricing)等。普通股的价格要使用新发行普通股的价格。

(4) G 为股利增长率，或表达为企业经营增长率。其实股利增长率和企业经营增长率是相辅相成的。

【例题 2-11】 MNO公司现在的普通股每股市价为100元，该公司计划用普通股融资。公司预计明年的股利为7元，股利预计保持不变。股票发行需发生发行费每股5美元，发行抑价损失3美元。该公司普通股的资本成本为(　　)。

A. 7%　　B. 7.6%　　C. 7.4%　　D. 8.1%

解答：7÷(100−5−3)+0%=7.6%。因此选B。

留存收益的资本成本：和普通股的成本的公式几乎一样，除了留存收益没有股票的发行成本部分外，另外留存收益只用现行的股票价格，而不用未来的新发行的股票价格。留存收益虽然没有直接的现金支出，不像债券或股票会直接付出利息或股利，但留存收益成本代表的是机会成本，即股东因没有分红而丧失了拿分得的红利去投资到其他地方而获取的机会收益。另外，一般来讲，当公司要进行普通股权益融资时，应先用完留存收益，然后再考虑新发行普通股股票，因为留存收益成本相对较低。

2. 资本资产定价模型

资本资产定价模型(capital assets pricing model，CAPM)可用来计算普通股股票或留存收益的回报率，即普通股股票或留存收益的资本成本。尤其在股利贴现模型不适用的情形下，比如不发放股利，或发放股利不规则。

资本资产定价模型公式如下。

$$R_j=R_f+\beta(R_m-R_f)$$

式中，R_j 为某公司普通股的预期回报率；R_f 为无风险利率(一般以美国国库券的回报率或美国长期国债的回报率为代表，在资本预算中，使用美国长期国债回报率的较多)；R_m 为整体市场的期望收益率。整体市场一般是指一个国家，或一个国家的大型证券交易所；β 为贝塔系数，代表风险系数。

(1) $R_m - R_f$ = 市场风险溢价。

(2) $\beta(R_m - R_f)$ = 风险溢价。

风险溢价是指增加的风险相对应的收益的补偿部分。

【练习题 2-6】 使用资本资产定价模型，某企业的 β 系数为1.25，市场回报率为14%，无风险利率为6%，该企业的预期回报率应为(　　)。

A. 6.0%　　B. 7.5%　　C. 17.5%　　D. 16.0%

解答：6%+1.25×(14%−6%)=16%。因此选D。

(1) 资本资产定价模型中预期回报率和无风险利率的相互联系

当 β 值大于1时，无风险利率下降会增大预期报酬率。具体验证如下：假设无风险利率用 A 来表示，β 值用 B 来表示，整体市场回报率用 C 来表示，预期报酬率用 D 来表示，因此 $D=A+B\cdot(C-A)$。如果无风险利率下降 $N\%$，则

$$\begin{aligned}\text{新的预期回报率 } D &= A\cdot(1-N\%)+B\cdot[C-A\cdot(1-N\%)] \\ &= A+B\cdot(C-A)+B\cdot A\cdot N\%-A\cdot N\%\end{aligned}$$

因为 B 大于1，因此 $B\cdot A\cdot N\%-A\cdot N\%$ 的结果会大于零，因此新的预期回报率会提高。

另外推理，若 β 值大于1，则若无风险利率增加，预期回报率会降低。具体验证如下：如果无风险利率增加 $N\%$，则新 $D=A\cdot(1+N\%)+B\cdot[C-A\cdot(1+N\%)]=A+B\cdot(C-A)+A\cdot N\%-B\cdot A\cdot N\%$。因为 B 大于1，因此 $A\cdot N\%-B\cdot A\cdot N\%$ 的结果会小于零，因此新的预期回报率会降低。

同样道理，若 β 值小于1，规律和上面正好相反。

资本资产定价模型的假设如下。

① 影响投资决策的主要因素为期望收益率和风险两项。

② 买卖证券时没有税负及交易成本。

③ 在竞争市场里风险溢价和 β 值成正比的联动关系以及单一 β 值的影响。

CAPM 的用途如下。

① 很好地诠释了(证券)风险和(证券)回报的关系，即风险与回报对等，投资者如果想取得更多的回报，需接受更大的风险。如果用

图示,即证券市场线,下面会详细介绍。

② 用来计算投资的要求回报率/资本成本。

③ 用来给资产估值和定价。估值和定价依赖要求回报率,而CAPM提供了关键的要求回报率的数据。

CAPM$[R_j=R_f+\beta(R_m-R_f)]$中β值代表着对系统风险的度量,上市公司的β值一般在权威的出版物上可以查到。若β值$=0$,则此证券的要求回报率=无风险回报率;若β值$=1$,则此证券的要求回报率=市场整体的回报率。

β值是一把双刃剑,β值越大,会在经济向好的时候更大地推动该证券的回报率(比整体市场回报率还要高)。同样,在经济非常不好时,而且如果市场回报率小于无风险回报率时,β值越大则回报越低。

注意:一般来讲,一个较好的投资组合里,由于分散作用(diversification)将非系统风险减少了很多甚至完全去除,一般投资者都会建立一个较好的投资组合,因此证券的风险绝大多数都是系统风险即β,因此系统风险更重要,更值得重视和研究。

回报率是低估了还是高估了,具体规则为:如果通过CAPM预测的该证券的回报率高于该证券的实际回报率,则说明该证券的回报率是被高估了,否则被低估了。窍门是以实际回报率为准来对比(通过CAPM计算的)预期回报率是被高估了还是被低估了。

【例题2-12】 市场的无风险回报率为6%,市场平均回报率为11%,有3只股票A,B和C,实际的回报率分别为11%,12.5%和8.5%,β值分别为1,1.2和0.86,请问这3只股票的回报率是被低估还是被高估?

A. A股票和B股票都被高估

B. A股票和B股票都被低估

C. B股票被高估,C股票被低估

D. B股票被低估,C股票被高估

解答:选D。股票预期回报率=无风险回报率+β值×(市场报酬率−无风险回报率)

A预期回报率$=6\%+1\times(11\%-6\%)=11\%$,等于实际报酬率11%。

B预期回报率$=6\%+1.2\times(11\%-6\%)=12\%$,小于实际报酬率12.5%。

C预期回报率$=6\%+0.86\times(11\%-6\%)=10.3\%$,大于实际报

酬率 8.5%。

因此 A 股票回报率既不被高估也不被低估,B 股票的回报率被低估,C 股票的回报率被高估。

(2) 证券市场线

证券市场线(security market line,SML)是 CAPM 图示的表达形式。如图 2-1 所示,SML 是描述单个证券(或证券组合)的期望收益率与由 β 系数衡量的系统风险之间线性关系的斜线。斜线,又叫特征线,代表市场风险溢价。SML 和 y 轴的交叉点为无风险回报率,SML 的起始点是无风险回报率。无风险回报率变化,SML 线也随之变化。SML 假设及特点如下。

SML=要求回报率=无风险回报率+β 值×市场风险溢价

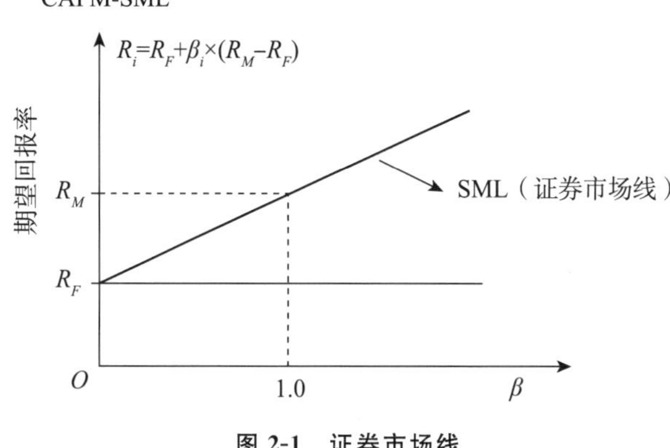

图 2-1 证券市场线

R_f 为无风险回报率;R_m 为整体市场回报率。

- 市场是有效率的,所有正确定价的证券一定都会在 SML 线上。
- 所有 SML 线以上的证券的价值是暂时被低估了,但随着时间的推移,随着投资市场上对此证券的需求加大,受供求关系影响,该证券的价格随之增长从而此证券的回报率又回落到 SML 线上;相反亦然。因此从长远来讲,所有股票或股票投资组合的期望回报率都在 SML 线上。注意,线上和线以上的概念是完全不同的。
- 竞争市场里风险溢价和 β 值成直接正比的联动关系,以及 CAPM 只考虑单一 β 值的影响。
- 投资者越厌恶风险,SML 线越陡峭甚至越垂直,这样取得同样的回报率风险更小。

3. 历史报酬率

普通股权益的资本成本参考过去的回报率。这种方法很少用，因为过去发生的并不一定代表将来也会如此。

我们上面讲完了普通股融资和留存收益的资本成本。下面讲述优先股和长期负债的资本成本。

$$优先股的资本成本=\frac{优先股红利}{优先股发行净收入}$$

优先股红利=优先股面值×股利率(一定不能用优先股的市值)

优先股发行净收入=售价−发行成本

长期负债的资本成本=实际利率×(1−边际所得税税率)

【例题 2-13】 ABC 公司发行了 2 500 万美元累积的不可参与优先股。优先股的面值为 65 美元，股利率为 6%。股票的发行价格为 68 美元，发行成本为 4 美元。ABC 优先股的成本为(　　)。

A. 5.42%　　B. 5.74%　　C. 6.00%　　D. 6.09%

解答：6%×65÷(68−4)=6.09%。因此选 D。

实际利率通常的计算方法为票面利息(即面值乘以规定的书面利率)除以企业融资收到的净额(比如减掉补充性余额，或债券的面值减折价或加溢价)。因此就具体债券而言，实际利率既不是票面利率，也不是市场利率或者到期收益率，而是：

$$债券的实际利率=\frac{债券面值×票面利率}{债券发行实际收到的现金}$$

【例题 2-14】 债券发行实际收到的现金等于债券发行价，有时也称作债券的市价减发行成本(若有)。例如，MNO 公司欲发行面值为 1 000元，票面利率为 12%的债券，合计 5 000 万元。这些债券是折价销售的，每份债券 MNO 公司收到了 985 元。如果公司的所得税税率为 40%，第 1 年公司的债券的税后成本(实际利率)是(　　)。

A. 12.00%　　B. 7.09%　　C. 4.87%　　D. 7.31%

解答：债券的资本成本是实际利率而不是用票面利率，根据公式进行计算：

债券的实际利率=(1 000×12%÷985)×(1−40%)=7.31%

注意：若一些考试中无法计算债券的实际利率，但题中给出了债券的当前收益率，当前收益率就是债券的实际利率。当前收益率等于票面利率乘以面值，除以当前市价。

因为我们讲过，融资的资本成本要用边际概念而不能用过去实际发生的。因此债券的资本成本应该用将来要发生的实际利率，即如果现在新发行债券，其实际利率是多少。

2.6.3 加权平均资本成本

加权平均资本成本（WACC）等于长期融资的每种方式（普通股、优先股、留存收益、长期负债）的资本成本乘以各自的权重，然后加总即可。注意，权重一定要按照各融资方式的市值计算，切记不能用资产负债表上的账面价值。

WACC最低化是一个公司融资及建立资本结构的重要目标之一。比较而言，长期融资中，长期负债的融资成本是最低的，因为长期负债可以税收抵扣。

【例题 2-15】 MNO公司的资产负债表显示如下。长期负债：7 000 000元；优先股（100 000股）：1 000 000元；普通股（200 000股）：7 000 000元。债券是以面值的80%进行销售的，目前的收益率为9%，公司的所得税税率为40%。优先股是以面值发行的，股利率为6%。普通股的当前市价为40元，今年预计支付每股1.2元的现金股利。股利增长率为每年10%。MNO资本的加权平均成本为（ ）。

A. 9.0% B. 11.0%

C. 10.1% D. 9.6%

解答：K＝1 000。首先市价分别为债券：7 000K×0.8＝5 600K，优先股：1 000K，普通股：200K×40＝8 000K，合计14 600K。债券的目前收益率就是要使用的实际/有效利率，税后为9%×60%＝5.4%，优先股的资本成本因为没有发行成本而且市价和面值一样，所以仍是6%，普通股的成本：$\frac{1.2}{40}\times 100\%+10\%=13\%$，因此

$$\begin{aligned}\text{WACC}&=\frac{5.4\%\times 5\ 600\text{K}}{14\ 600\text{K}}+\frac{6\%\times 1\ 000\text{K}}{14\ 600\text{K}}+\frac{13\%\times 8\ 000\text{K}}{14\ 600\text{K}}\\&=9.6\%\end{aligned}$$

注意：下一期股利是指今年还未发放的，不一定非要乘以增长率，除非已知去年的股利，然后计算下一期也就是今年的股利，则要乘以增长率。

【例题 2-16】 MNO公司目前没有负债，其普通股的β系数为0.95。管理层正在考虑将其资本结构调整为30%债权和70%股权。这一调整会引发普通股的β系数上升至1.05，公司的税后债券成本为

7.5%。股权的期望回报率(市场回报率)为16%,无风险利率为6%。MNO是否应该调整其资本结构?(　　)

A. 不应该,因为股权资本的成本会上升

B. 应该,因为资本的加权平均资本成本会下降

C. 不应该,因为资本的加权平均资本成本会上升

D. 应该,因为这对资本的加权平均资本成本没有影响

解答:目前的资本成本=0+6%+0.95×(16%-6%)=15.5%,而建议的方案的资本成本=7.5%×30%+[6%+1.05×(16%-6%)]×70%=13.8%。融资成本最低化是建立资本结构的一个重要考量,因此选B,因为融资成本(WACC)降低了。

练 习 题

1. FWC电信公司正在考虑来年的一个耗资50 000 000元的项目。公司计划使用以下的负债与权益组合来为这个投资项目融资。

① 发行15 000 000元的20年债券,价格为101元,票面利率为8%。发行成本为票面价格的2%。

② 使用来自收益的35 000 000元。

③ 权益市场的回报率是12%。国债的回报率是5%。公司β值估计是0.6。公司所得税税率是40%。

使用资本资产定价模型,公司权益的期望回报率是(　　)。

A. 9.2%　　B. 12.2%　　C. 7.2%　　D. 12%

2. 一个分析师分析CB矿产公司的普通股。他估计明年有以下的数据。

① 市场组合的期望回报率:12%

② 国债的期望回报率:5%

③ CB的β值:2.2

使用CAPM模型,分析师估计明年CB的风险溢价接近于(　　)。

A. 7.0%　　B. 10.4%　　C. 15.4%　　D. 21.4%

3. 一个企业为了满足资本需求,必须从几个融资安排中进行选择。为了获得更多的发展资本,同时使每股收益最大化,一个企业一般应该(　　)。

A. 努力使负债和权益以相同的比例增长,这样就可以保持一

个稳定的资本结构，维持投资者的信心

B. 首先选择负债而不是权益，虽然增加负债会伴随利息成本和更高的风险

C. 首先选择权益而不是负债，这样可以避免利息成本和最小化风险

D. 不发股利而使用当前的现金流，这样可以避免增加负债的成本和风险，以及增加权益带来的稀释作用

4. 在资本市场，一级市场主要通过（　　）来为资本投资提供资金。

A. 新债券和股票证券的第一次发行

B. 现有债券和股票证券的交易

C. 出售货物的远期合同或期货合同

D. 新债券和股票证券的第一次发行以及现有债券和股票证券的交易

5. 分期还本债券吸引投资人的方面在于（　　）。

A. 所有被发行的债券在同一天到期

B. 所有被发行债券的到期收益都是相同的

C. 投资者可以选择适合他们融资需要的到期日

D. 这些债券的票面利率根据到期日而调整

6. 对发行者来说，零票面利率债券的最大好处是（　　）。

A. 债券要求更低的发行成本

B. 在债券到期之前，持有者或发行者都不需要计算利息收入

C. 可以用 APR 法来进行年度利率摊销，对发行者来说，不需要显示利息费用

D. 利息可以用直线法进行年度摊销，而不发生现金支出

7. 当比较债券融资的各种选择时，下面表述中正确的是（　　）。

A. 一个有提前兑回条款的债券通常比相似的但没有这个条款的债券有更低的到期收益

B. 一个可转换债券一定会在到期日前转换成股票

C. 一个提前兑回条款一般被认为对投资者是有害的

D. 提前兑回溢价要求投资者在购买时支付高于面值的价格

8. 以下（　　）不会降低以面值发行的债券的票面利率。

A. 沉淀资金　　　　B. 提前兑回条款

C. 等级从 Aa 变成 Aaa　　　　D. 转换权

9. 一个企业想获取 12 万元的流动资金贷款，利率为 12%，银行

要求保留5%的补偿性余额,为了获取贷款,实际利率以及需偿付的银行利息为(　　)。

A. 13.3%　1 880 元　　B. 13.3%　15 880 元

C. 12.3%　1 880 元　　D. 13.3%　15 158 元

10. 短期利率(　　)。

A. 一般低于长期利率

B. 一般高于长期利率

C. 只有在高通胀期间低于长期利率

D. 与长期利率没有显著的关系

11. 一般来说,一个公司的权益融资成本要高于负债融资成本,这是因为(　　)。

A. 长期债券有一个到期日,必须在未来被偿还

B. 权益投资者面临更高的风险

C. 负债的利息是法定义务

D. 权益资本的需求量大于负债资本

12. FWC公司的资产负债表的权益部分如下所示。

优先股,100 元面值	12 000 000 元
普通股,5 元面值	10 000 000 元
超过面值的实收资金	18 000 000 元
留存利润	9 000 000 元
净价值	49 000 000 元

公司的普通股股东有优先购股权。如果公司发行400 000股额外的普通股,每股价6元,一个持有20 000股的人一定有权利购买(　　)股。

A. 1 000　　B. 3 774　　C. 4 000　　D. 3 333

13. 普通股的面值是(　　)。

A. 当股票发行时估计的市场价格

B. 当公司破产时,股东责任的上限

C. 发行公司记录中的总股票价值

D. 面值100美元的股票的理论价值,任何差异将作为普通股的折价或溢价进入公司的记录

14. 财务经理通常喜欢发行优先股而不是债券,这是因为(　　)。

A. 支付给优先股股东的股利不被认为是固定支付

B. 固定负债的成本更低,因为它可以抵税,虽然有时要求赎回债券的沉淀资金

C. 优先股股利一般是累计的，而利息支付不是

D. 从法律上讲，优先股是权益，因此，股利支付不是法定责任

15. 公司从银行获得 200 000 美元的信用额度。条件是必须在有息账户保持总信用额度 5%的余额，并获得 2%的利息。贷款利息是 10%。公司共使用 100 000 美元的信用额度，其实际贷款利率是（　　）。

A. 9.80%　　B. 10.00%　　C. 10.89%　　D. 12.00%

16. 流动资金担保最不可能用（　　）做担保。

A. 应收账款　B. 完工产品　C. 留存收益　D. 有价证券

17. 除非有具体规定，有优先购股权的普通股股东不可同比例地参与（　　）。

A. 选举董事　　B. 清算公司资产

C. 累计股利　　D. 新发行的同等级股票

18. 当企业为每一个资产融资时，使用与资产寿命大致相同的金融工具，这是（　　）。

A. 现金流管理　　B. 回报最大化

C. 财务杠杆　　D. 避险的方法

19. 一个企业计划发行可兑回债券，票面利率为 8%，10 年到期，一个有相同利率的普通债券的价格是1 000元。如果发行人兑回权利的价值是 50 元，可兑回债券的价值是（　　）元。

A. 1 000　　B. 950　　C. 1 050　　D. 900

20. 在融资中使用认股权证的主要目的是（　　）。

A. 降低负债成本　　B. 防止每股收益的稀释

C. 保持管理层控制　　D. 允许在到期日之前赎回债券

21. 公司面值1 000元的优先股在当年的 4 月得到每股 100 元的股息。优先股在股息发放日的当前市场价是 960 元。公司的边际税率是 40%，公司打算保持当前的资本结构关系。对公司来说优先股的个别成本接近于（　　）。

A. 6%　　B. 6.25%　　C. 10%　　D. 10.4%

22. 资本成本的理论主要关心的成本是（　　）。

A. 长期资金和旧的资金　　B. 短期资金和新的资金

C. 长期资金和新的资金　　D. 短期资金和旧的资金

23. （　　）会导致一个企业在资本机构中增加负债。

A. 公司所得税税率的增加　　B. 经济的不稳定性增加

C. 联邦资金利率的提高　　D. 市盈率的提高

24. 公司已经确定在负债权益比$\frac{2}{3}$时边际加权平均资本成本(WACC)最低。如果公司的税前负债成本是9%,税前的权益成本估计是12%,税率是40%。公司的WACC是(　　)。

A. 6.48%　　B. 7.92%　　C. 9.36%　　D. 10.80%

25. 一个企业的目标或最优资本结构与(　　)是一致的。

A. 每股收益最大化　　B. 负债成本最小化

C. 风险最小化　　D. 加权平均资本成本最小化

26. 优先股的卖价是每股101元,面值每股100元,发行费每股5元,年股息是每股10元。如果税率是40%,优先股的资金成本是(　　)。

A. 4.2%　　B. 6.2%　　C. 10.0%　　D. 10.4%

27. A公司想计算它的总资本成本,并收集了以下信息。在以下的(　　)条款下,公司可以销售无限量的证券。

① 公司可以销售1 000元,8%,20年的债券,每年支付年利息;每个债券公司可以收到30元的溢价。公司要支付发行价每份债券30元。所得税税率是40%。

② 公司可以销售票面价格为8元的优先股,每股105元;发行和销售优先股的成本是每股5元。

③ 公司的普通股的销售价格是每股100元,企业希望明年支付现金股息7元,并且股息保持稳定;股价需要降价每股3元,发行成本每股5元。

④ 公司希望来年有100 000元的留存收益,一旦留存收益被用完,企业将使用新股票作为权益融资。

⑤ 公司偏好的资本结构如下。

长期负债　30%

优先股　20%

普通股股票　50%

如果公司需要资金1 000 000元,加权平均资本成本是(　　)。

A. 6.8%　　B. 4.8%　　C. 6.5%　　D. 27.4%

28. 电信公司正在考虑来年的一个耗资50 000 000元的项目。公司计划使用以下的负债与权益组合来为这个投资项目融资。

① 发行15 000 000元的20年债券,价格为101元,票面利率为8%。发行成本为票面价格的2%。

② 使用来自股票发行的收入的35 000 000元。

③ 权益市场的回报率是12%。国债的回报率是5%,公司的β值估计是0.6。公司的实际公司所得税税率是40%。

公司的加权平均资本成本为( )。

A. 10.50% B. 9.50% C. 7.90% D. 6.30%

29. 公司当前资本结构如下显示。这个结构是最优的。公司会维持在这个结构上。

长期负债 25%

优先股 5%

普通股股票 70%

公司的管理层计划建造一个75 000 000元的设施,并用期望的资本结构进行融资。当前公司有15 000 000元的现金用于资本扩张,75 000 000元中新发行股票会占( )。

A. 52.50% B. 50.00% C. 70.00% D. 56.00%

30. 企业的新资本来源中( )通常有最低的税后成本。

A. 留存收益 B. 债券 C. 优先股 D. 普通股

31和32题基于以下信息。

FWC公司在东南部经营酒店连锁业务。公司稳步成长到目前的48家酒店的规模。董事会最近批准了对酒店进行大规模的改造,并正在考虑两种融资选项。

第一种融资选项包括发行有9%票面利率的债券,扣除4%的发行成本后可以得到19 200 000元的资金。

有固定股利6%的优先股,扣除4%的发行成本可以得到4 800 000元的资金。

普通股在扣除5%的发行成本后可以产生24 000 000元的资金。

第二种融资是发行市场利率11%的债券,扣除发行成本后可以得到48 000 000元的资金。

当前普通股的市场价格是每股30元。过去12个月的股利是每股3元。投资者估计股利的增长率是6%。公司的实际税率是40%。

31. 第一种融资选项中,普通股的税后成本是( )。

A. 16.00% B. 16.53% C. 16.60% D. 17.16%

32. 公司的第一种融资选项的税后边际加权平均资本成本是( )。

A. 7.285% B. 11.460% C. 10.375% D. 11.700%

33. 企业的边际资本成本( )。

A. 应该与企业的权益回报率是相等的

B. 不受企业资本结构的影响

C. 与企业用于资本预算的期望回报率是反比关系

D. 是投资者期望的负债与权益的加权平均

34. 让企业暴露在不能偿还到期债务的最大风险中的营运资本的融资政策是(　　)。

A. 用长期负债来为波动的流动资产提供资金

B. 用长期负债来为固定的流动资产提供资金

C. 用短期负债来为固定的流动资产提供资金

D. 用短期负债来为波动的流动资产提供资金

35. (　　)项不是使用商业票据市场作为短期融资的企业的优势。

A. 这个市场以比其他方法更低的利率提供更多的资金

B. 借款人避免了在商业银行中保留补偿性余额的费用

C. 对进入这个市场的公司类型没有限制

D. 这个市场为借款提供广泛的分配

36 和 37 题基于以下信息。

FWC 是一家咖啡店,为顾客提供一边喝咖啡,一边在自己的座位上网和玩游戏的服务。顾客根据在计算机上登录的时间来支付费用。这个店也卖书、T 恤和计算机配件。公司都是在账期的最后一天付款,因而放弃了供应商的折扣。表 2-2 是公司的两个供应商的数据,包括每月平均购买金额和信用条款。

表 2-2

供应商	每月平均购买金额	账　期
A	25 000 美元	2/10,全额/30
B	50 000 美元	5/10,全额/90

36. 假设每年 360 天,公司继续在账期的最后一天支付,公司这两个供应商的贸易信用的加权平均年度利率(忽略复利)是(　　)。

A. 27.0%　　B. 25.2%　　C. 28.0%　　D. 30.2%

37. 是否应该使用贸易信用,继续在账期的最后一天支付?你的答案及理由是(　　)。

A. 是的,如果其他的短期融资成本更低

B. 是的,如果企业的加权平均资本成本等于贸易信用的加权平均资本成本

C. 不是,如果其他的短期融资成本更高

D. 是的，如果其他的短期融资成本更高

38. 商业票据（ ）。

A. 有超过1年的到期时间

B. 通常仅仅通过投资银行的代理来销售

C. 一般没有活跃的二级市场

D. 利率低于国债

39. 以下是提供给一个企业的短期借款种类：

①浮动留置权；②应收款代理；③循环信用证；④动产抵押；⑤银行承兑汇票；⑥信用额度；⑦商业票据。（ ）短期借款是无担保信用。

A. 浮动留置权、循环信用证、动产抵押、商业票据

B. 应收款代理、动产抵押、银行承兑汇票、信用额度

C. 浮动留置权、动产抵押、银行承兑汇票、信用额度

D. 循环信用证、银行承兑汇票、信用额度、商业票据

40. 在1月1日，公司从银行得到300 000元的信用额度，利率是12%，并在2月1日用了全部的额度，信用额度协议要求15%的信用额度存在补偿性余额的账户内。这个贷款安排每年的实际信用成本是（ ）。

A. 11.00% B. 12.00% C. 12.94% D. 14.12%

41. 一个公司获得短期的银行贷款250 000元，年利率是6%。作为贷款的条件，公司要在支票账户中保持50 000元的补偿性余额。公司的支票账户能得到的年利息是2%。一般情况下，出于交易的目的，公司会在账户中保持25 000元的余额。这个贷款的实际利率是（ ）。

A. 6.44% B. 7.00% C. 5.80% D. 6.66%

42. FWC公司在东南部经营酒店连锁业务。公司稳步成长到目前的48家酒店的规模。董事会最近批准了对酒店进行大规模的改造，并正在考虑两种融资选项。

① 发行有9%票面利率的债券，扣除4%的发行成本后可以得到19 200 000元的资金；有固定股利6%的优先股，扣除4%的发行成本可以得到4 800 000元的资金；普通股在扣除5%的发行成本后可以产生24 000 000元的资金。

② 发行市场利率11%的债券，扣除发行成本后可以得到48 000 000元的资金。当前普通股的市场价格是每股30元。过去12个月的股利是每股3元。投资者估计股利的增长率是6%。公司的

实际税率是 40%。

公司的仅包含债券的第二种融资选项的加权边际平均资本成本是(　　)。

A. 5.13%　　B. 5.40%　　C. 6.26%　　D. 6.60%

43. 公司刚赢得一个大客户,需要增加营运资本 100 000 元。公司财务发现了以下 4 种资金来源。

① 让应收账款代理商购买公司的应收款,每月平均 125 000 元,平均账期 30 天。应收账款代理商将支付应收款票面价值的 80%,利率为 10%,并收取全部应收款的 2%作为费用。公司财务估计企业将节省每年24 000元的收账费用。假设费用和利率不能事先被扣除。

② 向银行借款 110 000 元,利息是 12%。要求 9%补偿性余额。

③ 发行 110 000 元的 6 个月商业票据,得到现金100 000元(新的票据每6 个月发行一次)。

④ 向银行借款 125 000 元,折扣率为 20%,不需要补偿性余额。

所有的计算按照每年 360 天。

公司应该使用途径(　　)。

A. ①　　B. ②　　C. ③　　D. ④

44. 公司最近得到的商业银行贷款条款是 7%的折扣利率,20%的补偿性余额,贷款期限 1 年。实际借款利率是(　　)。

A. 8.75%　　B. 9.41%　　C. 7.53%　　D. 9.59%

45. 公司有 300 000 元的循环贷款,有效期 1 年。年利率是 6%,同时循环贷款的未使用部分支付$\frac{1}{2\%}$的承诺费。这一年的平均贷款余额是 100 000 元。这个融资安排的年度成本是(　　)元。

A. 6 000　　B. 6 500　　C. 7 000　　D. 7 500

46. 一个公司与应收款保理商签订了一个协议,保理商同意购买公司的应收账款,平均每月 100 000 元,平均账期为 30 天。保理商将预付 80%的应收款面值,年利率为 10%,费用是全部应收款价值的 2%。公司的财务主管估计公司将每年节省18 000元的收账费用。费用和利率不事先扣除,假设每年360 天,融资的年度成本是(　　)。

A. 10.0%　　B. 12.0%　　C. 14.0%　　D. 17.5%

47. 证券市场提供以下经济功能中的(　　)。

A. 无效率的和昂贵的投资交易在那里发生

B. 因为频繁的价格变化而导致的不稳定证券价格

C. 少数的交易

D. 为新证券的发行和交易提供便利

48. 以下选项中关于金融市场的表述不正确的是(　　)。

A. 金融市场是所有证券的总供给和总需求

B. 金融市场便于借贷金融资产和负债

C. 在完全竞争的市场,金融中介作为价格的设定者来出清市场

D. 金融市场随时间而变化,导致人们调整他们的消费方式

49. 交易到期日少于1年的负债证券,并且有经纪人驱动的金融市场称为(　　)市场。

A. 一级　　B. 资本　　C. 二级　　D. 货币

50. FWC公司在东南部经营酒店连锁业务。公司稳步成长到目前的48家酒店的规模。董事会最近批准了对酒店进行大规模的改造,并正在考虑两种融资选项。

① 发行有9%票面利率的债券,扣除4%的发行成本后可以得到19 200 000元的资金;有固定股利6%的优先股,扣除4%的发行成本可以得到4 800 000元的资金;普通股在扣除5%的发行成本后可以产生24 000 000元的资金。

② 发行市场利率11%的债券,扣除发行成本后可以得到48 000 000元的资金。

当前普通股的市场价格是每股30元。过去12个月的股利是每股3元。投资者估计股利的增长率是6%。公司的实际税率是40%。

第二种融资选项中的债券成本要高于第一种融资选项中的债券成本。这是因为(　　)。

A. 第一项组合分散化对投资者来说风险更大

B. 只有负债的选项会导致太多的供给,因而比较难出售

C. 仅有负债的选项有更容易违约的风险

D. 第一种融资选项有增加股利支付的风险

51. 在资本市场,一级市场通过以下(　　)提供资本投资的新资金。

A. 新发行债券和股票证券

B. 交易已有的债券和股票证券

C. 出售远期合同和期货合同

D. 新发行债券和股票证券;交易已有的债券和股票证券

52. 弱有效市场假设认为证券的当前市场价格反映(　　)。

A. 以前所有价格的移动

B. 所有公共信息

C. 所有公共信息和私有信息

D. 没有相关信息

53. 融资市场的有效性是指(　　)。

A. 所有的证券都是完全可替代的,任何证券投资的净现值都等于零

B. 一个企业的股票价格可能不是未来现金流的良好估计,因为对新信息的价格调整是缓慢的

C. 有可能在具备公共信息基础的交易中有系统地获得或失去异常的利润

D. 由于证券市场的投资特性,股票价格可能不是企业融资选项的最好标杆

54. 在实际操作中,股利(　　)。

A. 通常比收益有更高的稳定性

B. 比收益的波动更大

C. 对成熟企业来说占收益的比率更低

D. 通常每年都变化,以反映收益的变化

55. Residco 公司期望下一个财务年度的净利润是 800 000 美元,它的目标与当前资本机构是 40%的负债和 60%的普通权益。资本预算的董事决定明年最佳的资本开支是 1 200 000 美元。如果 Residco 采取的是严格的剩余股息政策,明年的预期股息支付比率是(　　)。

A. 90.0%　　B. 66.7%　　C. 40.0%　　D. 10.0%

56. 股票股利(　　)。

A. 增加企业的负债/权益比率　　B. 减少未来的每股利润

C. 减少企业的规模　　D. 增加股东的财富

57. Brady 公司有 6 000 股 5%的累积股,面值 100 美元的优先股和200 000股普通股。Brady 公司的董事会最近宣布了5 月31 日结束年 1 的红利,没有股息拖欠。在5 月31 日结束的年 3,Brady 公司有净利润1 750 000美元。董事会宣布了普通股的股息是 20%的净利润,Brady 公司在 5 月 31 日,年 3 要支付的所有股息是(　　)美元。

A. 350 000　　B. 380 000　　C. 206 000　　D. 410 000

58. 当一个公司希望增加每股普通股的市场价格,公司将实施(　　)。

A. 销售库藏股票　　B. 反向的股票拆股

C. 销售优先股　　D. 股票拆股

59. 公司有 200 000 股普通股。在刚结束的财年中，净利润是 500 000美元，股票的市盈率是 8%，董事会刚刚宣布了2股折3股的政策。对一个折股前有 100 股股票的投资者来说，折股后立即投资公司股票的价值是(　　)美元。

A. 250　　B. 1 333　　C. 2 000　　D. 3 000

60. 有1 000股发行在外的股票，以及 25 000 美元的留存收益。从理论上来说，如果公司宣布 20% 的股票股利，而当前每股的价格是 50 美元，那么股票的(　　)。

A. 价格上升到每股 60 美元

B. 价格减少到每股 40 美元

C. 价格减少到每股 41.67 美元

D. 价格仍然维持在 50 美元

61. 股利和股票分割的区别在于(　　)。

A. 股票分割涉及从留存收益到股票的记账转移

B. 股票分割是用额外的普通股支付，而股票股利导致用新发行的股票替代

C. 在股票分割中，更多的新股票替换了老股票

D. 股票股利导致每股票面价值的降低

62. 12 月 1 日，FWC 公司的董事会宣布每股 1.00 美元的现金股利。它有 50 000 股发行在外的股票。公司同时有 5 000 股库藏股。在 12 月 15 日登记的股东有权获得股利。股利在 1 月 1 日支付。在 12 月 1 日，公司应该(　　)。

A. 不做分录

B. 借记留存收益 50 000 美元

C. 借记留存收益 55 000 美元

D. 借记留存收益 50 000 美元和实收资本 5 000 美元

63. 用公司的多余现金购买库藏股将(　　)。

A. 增加公司资产　　B. 提高公司的财务杠杆

C. 提高公司的利息覆盖比率　　D. 稀释每股收益

64. 下面各项中通常不是优先股股东拥有的权利的是(　　)。

A. 董事会成员及其他需要表决的事项的表决权

B. 在清算时参与公司剩余资产分配的权利

C. 通过收到股利参与公司定期收益分配的权利

D. 在公司一段时间内不支付股利时，累积应付股利的权利

65. ABC 公司 CFO 本杰明预计公司明年会发放股利 1.25 美元，

并且预测股票价格一年内都是 45 美元，公司的预期收益率为 10%，请问现在的股票价值是（　　）美元。

A. 42.05　　B. 45.00　　C. 46.25　　D. 51.39

66. 使用资本资产定价模型（CAPM）计算的某只股票的预期回报率为 16%。如果预期市场回报率为 12%，且无风险回报率为 4%，则此股票的 β 系数是（　　）。

A. 0.75　　B. 1.50　　C. 2.00　　D. 3.00

67. 公司资本边际成本（　　）。

A. 与公司权益收益率相同

B. 不受公司资本结构影响

C. 与公司要求的用于资本预算的收益率成反比

D. 投资者要求的负债和权益收益率的加权平均

68. 债券发行时可能会附有一定的条款，比如偿债基金条款。它要求公司定期向受托人支付偿债基金（sinking fund），以确保每期收回特定数量的债券。由于偿债基金能够有序地收回债券，所以这种债券的违约风险要比其他没有偿债基金的债券小。ABC 公司决定发行附有提前兑回条款的债券，债券的提前兑回条款允许（　　）。

A. 发行人提前兑回债券

B. 债权人将债券转换成普通股而且不需要花费成本

C. 债权人可以通过支付赎回溢价将债权提前收回

D. 发行人支付溢价防止债权人收回债券

69. 优先股通常被认为是一种介于债券和普通股之间的混合型证券。以下关于优先股对公司影响的叙述中，正确的是（　　）。

A. 公司的税后收益由优先股股东和债权人平等地享有

B. 公司优先股股东和普通股股东共同享有控制权，但是优先股股东享有的权利稍小

C. 当公司破产清算时，优先股股东享有的求偿权优先于普通股

D. 优先股股利的支付和债券利息的支付都是公司的法定义务

70. 优先股和债券在某些角度会有相似点，但是 ABC 公司管理层更愿意发行优先股而不是负债，可能是因为（　　）。

A. 债券的成本是在税前扣除的，即使要求有偿债基金用于收回债券，该项成本也相对较低

B. 优先股股利是可以积累的，但是利息不可以

C. 优先股股利的支付不是固定的

D. 从法律层面来讲，优先股属于权益，因此优先股股利的支付不算是法律义务

71. FMC公司的管理人员目前正在浏览公司的资金安排：公司目前的资本结构是普通股75万美元；优先股20万美元，每股面值为50美元；债务融资30万美元；公司支付的普通股股息为每股2美元，普通股的售价为每股38美元；每年的股利增长率为10%；债务的到期收益率为12%；优先股的股息率为9%，其到期收益率为11%；发行任何证券的发行成本为3%；公司保留了足够的留存收益来满足权益融资；公司的所得税税率为40%；以上几种融资方式中税后的资本成本最小的是(　　)。

A. 留存收益　　B. 债券　　C. 优先股　　D. 普通股

72. 一家公司的市场β系数是0.9，市场风险报酬率是12%，无风险利率是5%。经过预测下年的要求报酬率为10%，现在公司股票是(　　)。

A. 低估　　B. 高估

C. 不好判断　　D. 既没有高估也没有低估

73. 美国经济学家根据一项资产的期望回报率和其系统性风险的关系提出了资本资产定价模型(CAPM)，并于1990年获得了诺贝尔经济学奖，之后CAPM被人们广泛使用。利用CAPM，当市场回报率为14%，无风险利率为5%及β系数为1.25时，公司的必要回报率为(　　)。

A. 6.00%　　B. 16.25%　　C. 17.50%　　D. 16.00%

74. FM公司在经历了连续3年的高速增长之后，逐渐进入平稳发展阶段，目前的增长率为10%，公司希望在下一年增长率能够继续保持且能够实现每股收益为4.00美元；公司的股利支付率为35%，β系数为1.25；如果无风险利率为7%，市场溢价为15%，那么公司股票当前的市场价格为(　　)美元。

A. 9.00　　B. 16.00　　C. 20.00　　D. 28.00

75. 在一个经济体中，一端是需要资金来开展其业务并获取利润的企业，另一端是持有资金并寻找投资机会的个人或机构。双方借助金融市场这个平台来实现各自的目的。金融市场可以分成两类——货币市场和资本市场。在资本市场，一级市场更关心的是(　　)方式为资本市场提供资金。

A. 发行新的证券

B. 已经存在的有价证券的交易

C. 当前或者未来产品的出售

D. 发行新的有价证券以及有关一些已经存在的有价证券的交易

76. FM公司的资本结构中只有长期负债和普通股权益，长期负债和普通股权益的资本成本如下所示。

长期债券 8%

普通股权益 15%

FM公司的所得税税率为40%，如果FM公司的加权平均资本成本为10.41%；现在企业计划筹资100 000美元，可以动用的留存收益为55 000美元。那么需要增发的普通股为(　　)。

A. 55 000股　　B. 45 000股　　C. 0　　D. 无法计算

77. β是一种系统风险指数，用来衡量单一股票收益率的变动对于整个市场投资组合收益率变动的敏感性。以下各项中对公司的β值影响最小的是(　　)。

A. 权益乘数　　B. 行业特征

C. 经营杠杆　　D. 股息收益率

78. FMC公司计划发行带有契约的债券，以下各项禁止或者是准许的行为中会被包括在契约里的是(　　)。

① 在未得到债权人的许可之前出售房地产

② 保持良好的经营状态

③ 厂房和机器设备在确定的最低水平

④ 包含消极的保证条款

A. ①和④　　B. ②和③

C. ①③和④　　D. ①②③和④

79. A公司的资本结构为70%的债券融资和30%的普通股融资。ABC公司以887美元的价格发行了面值为1 000美元，票面利率为10%的债券。税后加权平均资本成本为8.3%。公司在第1年年末股价为每股50美元，如果公司要发行新股，预计的发行成本为10%，公司的税率为40%。如果公司的股息增长率为8%，那么第3年的股利最接近(　　)美元。

A. 2.99　　B. 1.85　　C. 2.80　　D. 2.30

80. 对金融市场的有效性假说的研究，一直是学者们热衷的话题，弱有效性金融市场假说认为当前的证券价格能够反映(　　)。

A. 不相关信息　　B. 所有相关信息

C. 只反映历史信息　　D. 只反映公开信息

81. ABC公司的首席财务官本杰明最近正在考虑分拆公司股票，目前股票的市价为每股80.00美元，现金股利为每股1.00美元，如果公司打算按照1∶2的比例分拆，那么公司将会(　　)。

A. 权益变为原来的$\frac{1}{2}$　　B. 每股收益上升

C. 会增加每股收益　　D. 股价降低

82. 筹资决策和投资决策是财务管理领域中无法回避的问题，而对企业的长期存续来说，长期筹资决策又十分重要。企业在考虑长期筹资决策时，需要关心自身的资本结构并分析筹资的资本成本。那么资本成本主要关注以下成本中的(　　)。

A. 长期资本和已有资本　　B. 短期资本和新的资本

C. 长期资本和新的资本　　D. 短期资本和已有资本

83. 市场有效性和股价的关系一直是学者们讨论的热点。当市场中证券的价格能够反映所有与之相关的信息时，这个市场就是有效的金融市场，即单一证券的市场价格会对市场中新的信息做出快速调整。强有效市场假设认为证券的市场价格能够反映(　　)。

A. 所有的公开信息

B. 所有的信息，不论是公开还是非公开

C. 不相关信息

D. 历史信息

84. 在债券发行中有一种不涉及转换的购入期权，即认股权证。认股权证允许持有人在指定期限内按指定的交割价格购买普通股的期权。企业在发行债券时附带认股权证，那么债券持有人除了获得债券之外还获得了一项购入期权。认股权证在融资中的主要作用是(　　)。

A. 降低债务融资成本　　B. 避免稀释每股收益

C. 保留管理层的控制权　　D. 允许在到期日前回购债券

85. 企业的综合资本成本受到诸多因素影响，企业可以选择债务融资或权益融资，而债务融资的融资成本又相对较低。以下几个选项都是独立的，使得公司的资本成本上升的是(　　)。

① 降低公司的经营杠杆

② 公司的税率上升

③ 偿还公司唯一的在外债务

④ 国债收益率上升

A. ①和④ B. ②和④ C. ③和④ D. ①②和④

86. 一个公司的目标或者是最佳的资本结构应该与以下选项中的(　　)对应一致。

A. 最大每股收益 B. 最小的负债资本成本

C. 最小的风险 D. 最小的加权平均资本成本

87. 资本成本是指资金提供者的预期报酬率。一个企业可能会使用债务、优先股和普通股来获取资金，那么将这些融资方式的成本综合在一起就成了企业综合的资本成本。在计算长期资本成本时，如果不考虑发行成本，和留存收益成本一样的是(　　)。

A. 普通股资本成本的计算

B. 和优先股资本成本计算相同

C. 和计算公司的加权资本成本相同

D. 零或者没有成本

88. ABC公司在接下来的5个经营年度内需要一台设备，机器在第5年处置且没有残值，现在公司有两个方案。

① 花费300 000美元现金购买这台机器。

② 租用一台这样的设备，每年支付租金68 000美元并且第1年的租金在年末支付。

ABC公司的借款利率为6%，以下方案中对ABC公司最有益处的是(　　)。

A. 购买设备，因为购买设备要比租赁设备少花费40 000美元

B. 购买设备，因为购买设备要比租赁设备少花费3 620美元

C. 租赁设备，因为租赁设备要比购买设备少花费45 918美元

D. 租赁设备，因为租赁设备要比购买设备少花费13 584美元

89. 一个企业经常将应收款抵押给保理商进行贷款，保理商要求6%的储备和收取应收款金额的1.4%作为佣金，预支给企业的那部分还要扣除每年15%的利息费用。一项100 000美元，60天到期的应收款在卖给保理商的时候，企业可以到的资金是(　　)美元。

A. 92 600 B. 96 135 C. 90 285 D. 85 000

90. 某企业想获取半年期1 900万元的流动资金贷款，年利率为12%，银行要求保留5%的补偿性余额，假设现在银行存款为20万元，存款年利率为4%，该企业因此笔贷款所发生净利息额是(　　)万元。

A. 120 B. 121.6 C. 240 D. 118.4

91. ABC公司需100 000 000美元投资，使用40%长期负债、15%优先股和45%普通股权益融资，留存收益提供20 000 000美元，可以以1 000美元面值发行12%的债券，按面值赎回，以100美元的面值发行8%的优先股，发行成本为2%，以25美元的价格发行普通股，资本成本为14%，普通股权益的资本成本为13%，所得税税率为30%，那么筹集100 000 000美元的税后边际成本是(　　)。

A. 12.1%　　B. 11.31%　　C. 10.88%　　D. 10.68%

92. 已知F公司股票当前市价100美元，股票账面价值130美元，去年每股股利是6美元，预计股利增长率是10%，已知交易费用是5美元，该公司股票的融资成本(　　)。

A. 6.0%　　B. 6.9%　　C. 16.0%　　D. 16.9%

93. 某公司要新建一座办公大楼，需要10 000 000美元的融资，发放债券利率为5%，公司也可以进行特殊实体的融资，利息为8%；但公司有相关限制规定，负债权益率不得超过50%，目前公司的负债权益率为35%，已知权益为19 000 000美元，此公司最好的融资方案是(　　)。

A. 全部发行债券

B. 发行债券2 850 000美元，其余进行特殊实体融资7 150 000美元

C. 进行特殊实体融资2 850 000美元，其余发行债券7 150 000美元

D. 全部进行特殊实体融资10 000 000美元

94. 由大型企业发行的，短期无抵票据票是指(　　)。

A. 联邦机构证券　　B. 银行承兑汇票

C. 商业票据　　D. 回购协议

95. 以下各项金融工具为小企业提供最大的短期信用的是(　　)。

A. 分期付款贷款　　B. 商用票据

C. 贸易信用　　D. 银行承兑汇票

96. 如果一个企业从供应商那里购买原材料，条款是2/10，全额/40，在40天支付所放弃的现金折扣，相当于年利率(使用每年360天)为(　　)。

A. 2.00%　　B. 18.36%　　C. 24.49%　　D. 36.72%

97. 某公司股票的β值为0.50。如果当前无风险利率为2%，市场风险溢价率为6%，根据资本资产定价模型，该公司股票的必要回报

率是(　　)。

A. 3%　　B. 5%　　C. 6%　　D. 8%

98. 使用资本资产定价模型(CAPM),公司 Z 股票的 β 系数为 2.0,预期回报率为 16%。公司 X 股票的 β 系数等于 0.80。无风险利率为 4%。使用 CAPM,公司 X 的预期回报率为(　　)。

A. 6.4%　　B. 8.0%　　C. 8.8%　　D. 9.6%

99. 承销团是(　　)的组合。

A. 信用评级机构　　B. 租赁公司

C. 投资银行　　D. 保理公司

100. 短期贷款成本低,但好多公司还是愿意用长期贷款,原因是(　　)。

A. 长期贷款成本更低

B. 资本结构更青睐权益类融资

C. 长期贷款利率下降的情况下,长期贷款可以提供再融资机会(大概的意思)

D. 长期贷款"锁定"部分资金,即使在信用政策紧缩的情况下也可以保证公司的现金需要

第 3 章

投资管理

我们讲完了融资以及融资的资本成本，也就是讲完了资产负债表的右边部分。企业融资后一定要以钱生钱，以最大化创造财富。企业融资筹到的钱主要有两大投资方向，一是投资流动资产；二是投资非流动资产，又称作长期投资管理或资本预算。

第一部分　流动资产投资管理

现在国际上流行流动资产投资管理的说法，而不是传统的流动资产管理的说法，其中关键词是"投资"两个字。投资就意味着要有回报。企业的回报最简单的总结是开源节流，即要么节约成本，要么增加收入。因此，现代化企业在流动资产投资管理上压力要大很多，因为要在合理基础上尽可能降低成本、增加收入，从而实现股东财富最大化这一公司最根本的目标。

首先介绍营运资本。

净营运资本＝流动资产－流动负债

净营运资本用于衡量企业的短期偿债能力。净营运资本有时简称营运资本。下面将净营运资本简称为营运资本。

营运资本的管理主要涉及现金管理、有价证券管理、应收账款管理、存货管理、短期负债管理等。营运资本管理的目标是以最小的成本来保持充足的流动性，通过持有足够的流动资产以偿还即将到期的负债。营运资本管理的政策可以分为进取型营运资本管理政策、保守型营运资本管理政策、温和型/配比型营运资本管理政策。

进取型营运资本管理政策：营运资本的规模很小，甚至是零或负数，因此流动比率也会很低，这样企业会承担一定的现金流短缺的风险，但企业的资产回报率/投资回报率，利润率会提高，因为这样会节省流动资产相关的成本，如存货保管、坏账费用、存货跌价等成本，因此增加了利润。另外，流动资产的规模小了，会提高资产回报率，现金流因流动资产减少也会增加。当年美标公司和通用电气公司都使用了进取型营运资本管理政策，企业因此节省了大量现金流并很大程度上提高了利润(因为存货等流动资产会产生相应的管理费用等)及利润率和资产回报率/投资回报率。

保守型营运资本管理政策：与上面正好相反，即营运资本规模较大，流动比率会较高，这样做虽然在短期流动性上不错，但会因此产生很多存货、应收账款等相关的费用，而且现金流因较多地占压在存货、应收账款等流动资产上，所以资金可能会较紧张。另外，企业的利润率、资产回报率/投资回报率都会受到不利影响。

温和型/配比型营运资本管理政策：尽可能地寻求流动资产和流动负债规模的平衡，其中使用对冲（到期日配比）法。对冲（到期日配比）法是指每项资产都有一种与它的到期日大致相同的融资工具对应的一种融资方法。短期或季节性的流动资产通过短期负债融资，永久性的流动资产和所有的固定资产通过长期负债或权益资本融资。

流动性和获利能力呈反向关系，即流动性越强，则流动资产如存货、应收账款等规模越大，从而产生巨大的相关成本和费用，因而获利能力会越低。流动性和风险也呈反向关系，即流动性越强，则流动资产相对于流动负债的比率越大，负债违约的风险相对越小。获利能力与风险呈正向关系，即获利能力越强，则意味着流动资产相对于流动负债的比率越小，从而会增加获利能力，但此时风险也越大。

根据时间，营运资本可以划分成永久性的和临时性的。永久性营运资本是指满足企业长期最低需求的那部分资产，如安全现金库存、最低赊账的应收账款、存货的安全库存等。临时性营运资本是指随季节性等需求变化而变化的流动资产。当然，一般非流动资产都属于永久性营运资本，如固定资产、无形资产。

营运周期：是指存货从购买直到销售已回款之间的天数，即存货在销售之前企业持有的天数与应收账款在收款之前企业持有的天数之和，即存货周转天数＋应收账款周转天数，反映了企业需要将资金投入或占压在营运资本的总天数。

现金周期：营运周期减去应付账款周转天数，体现了企业从现金购买存货到从销售收到现金的总天数。为了缩短现金周期、提高盈利能力，企业可以在合理的范围内，采取加快应收账款的回收速度或延迟支付货款。例如，A公司存货平均周转天数为60天，应付账款平均周转天数为60天，平均的应收账款周转天数为45天，则营运周期为105天(60＋45)，而现今周转天数为45天(105－60)。

3.1　现金及有价证券投资管理

在欧美国家，现金是指现金加银行存款，它们统称现金。从短期来讲，企业持有现金的理由如下。

(1) 交换的媒介。持有现金用于企业的正常运营，如购买存货、差旅费等。

(2) 防范的手段。持有现金用于那些不可预见的且需较大量现金的情况。

(3) 投机。利用富余的现金进行短期投资赚取收益。

(4) 补偿性余额。当给企业贷款时，银行通常要求企业在其银行账户中保留最小额度的余额。这主要为了降低银行的贷款风险，但对于企业来讲，加重了企业的利息负担。

现金管理无论复杂还是简单，都应该符合以下目的：①加速现金流入；②延缓现金流出；③最小化闲置现金；④最小化现金流相关的管理成本，如保管费、手续费等；⑤和供应商以及客户保持良好的关系；⑥最小化后备流动性(安全现金库存)的成本；⑦最大化提供给管理层的财务相关信息的价值。

3.1.1　加速现金流入

收款浮差/浮账(collection float)：从对方支付开始到本方收到并可使用现金为止的时间，一般包括邮寄浮差、处理浮差、变现浮差(或叫取款浮差)。客户邮寄支票到公司收到支票为邮寄浮差；公司收到支票到公司存入支票为处理浮差；公司存入支票到银行贷记到银行账户为变现浮差。

加速现金回流的有效方法包括以下 4 种。

(1) 采用鼓励买方尽快支付货款的付款条件。这里重点讲解现金折扣政策。例如，若在到期之前支付发票金额，给予现金折扣，如 3/10，全额/30，即 10 天之内付款，客户可享受货款 3%的折扣，若等到 30 天才付款，则客户需全额付款。

买方会对比提前付款可享受现金折扣带来的收益和不提前付款而将钱保留在银行挣取利息得到的收益，看两者哪个更大，若前者大则买方会提前付款从而享受折扣，否则不提前付款。具体的计算有以下两种方法。

① 绝对值法。客户/买方提前付款的收益是：提前了 N 天(正常信用期的天数减规定的享受折扣的天数)付款能享受的现金折扣额。

【例题 3-1】　ABC 公司购买了 MNO 公司 100 万元的产品，MNO 公司给 ABC 公司提供了下面的信用条款，2/10，全额/45。ABC 公司的存款利率为年利率 8%，假设一年为 360 天。

解答：ABC 公司如果提前付款，则提前 30 天，即 45 天减 30 天，支付 100×(1－2%)＝98(万元)(因为公司可以享受2%的现金折扣),这样做的收益＝100×2%＝2(万元),节省了2万元的开支。注意:此处的假设是买方是在折扣期的最后一天付款,因为在折扣期的任何时候支付,客户都可以享受规定的现金折扣比率,因此在折扣期的最后一天支付对客户最有利。

ABC公司若不提前30天付款而是将“100×(1－2%)＝98(万元)”的资金保留在银行而挣取这30天的利息得到的金额为 $100\times(1-2\%)\times 8\%\times\frac{45-10}{360}$,大约为7 622元。注意,公式中使用了“45－10(天)”,即30天,是为了和第一个方案可比,因为第一个方案是提前30天将资金从银行支付出去,而此方案正好是将这些资金停留在银行30天挣取利息,因此在此公式中不能使用45天,否则两个方案就不可比了。另外,$8\%\times\frac{45-10}{360}$是因为8%是年利息,而此方案需计算30天的利息。

通过上述对比,提前付款得到的收益是2万元,而不提前付款从而留在银行挣利息的收益是7 622元,显然提前付款更好。

② 百分比法。上述两个方案的计算公式可以转变为另一种形式,即客户提前付款的年收益率:$\frac{\frac{现金折扣率}{1-现金折扣率}\times 360}{正常信用期天数-规定享受折扣的天数}$,与客户不提前付款的年收益率进行对比。注意,此处客户提前付款从而享受折扣的年收益率又可以称作客户不提前付款的机会成本或机会收益。就此例而言则变为[2%÷(1－2%)]×360÷(45－10)＝20.99%与8%对比。因此,提前付款的年收益率更高。在公式中,信用期减折扣期相当于提前付款的天数,然后乘以360是将比率年化以和年利率可比。

【练习题3-1】 假设1年按360天计算,购买方没有享用3/10,全额/45的机会成本是(　　)。

A. 55.67%　　B. 31.81%

C. 22.27%　　D. 101.73%

解答:[3%÷(1－3%)]×360÷(45－10)＝31.81%。因此选B。

【练习题3-2】 FM制造公司的借款成本为12%。公司的一个供应商刚刚给出了新的采购条款。以前的条款规定使用货到付款,而新的条款为2/10,全额/45(10天内付款折扣2%,到期日为45天)公司是否应该在前10天内付款?(　　)

A. 应该，因为不接受商业折扣的成本高于借款成本

B. 不应该，因为交易信贷的成本超过了借款成本

C. 不应该，因为负债的使用应该尽量避免

D. 答案依赖于公司现在是否要借款

解答：此练习题中，问题相当于企业是否应该借钱去提前支付供应商的货款。成本收益分析如下。借款的成本是12%，享受现金折扣的收益＝2%÷(1－2%)×[360÷(45－10)]≈21%，收益大于成本，因此应接受。故选A。

(2) 电子资金转账(EFT)。通过银行电子转账的方式支付款项，速度很快，对于相距较远的企业尤为有利。

(3) 信用卡。顾客一刷卡，银行就立即将相应的款项给销售方，然后货款回收的责任和风险就转移至发卡行，发卡行一般会向销售方收取销售金额的一定百分比的费用。

(4) 锁箱法。具体机制见下文。

3.1.2 锁箱法

锁箱法(lockbox system)：将特制的信箱安置在不同的地区，供客户到最近的信箱支付货款。企业授权银行来收取这些款项，并将钱款直接存入银行的账户中。如果企业自己收钱会较困难，尤其在较偏远的地方，而且收到钱再存进银行又要花一定的时间。采用锁箱法的条件：现金加快回收后所产生的利息大于锁箱法的成本(银行收取的费用)。

【例题3-2】 B公司是一家零售型企业，应收账款平均8天后收回。该公司正在考虑通过锁箱法使收回天数减少至5天。该收款系统的年成本为10万元。银行利息0.025%/天，每天通过邮箱收到的款项为1 000笔，平均每笔收款金额为400元，因此每天收款合计＝400×1 000＝400 000(元)。由于加速收款每天收款金额可比原来提前3天(即8天减5天)存到账上挣利息，每天增加的金额＝400 000元×3天＝1 200 000元/天。每天产生的利息收入＝1 200 000×0.025%＝300(元/天)，因此，每年产生的利息收入＝300×365＝109 500(元)，净收益＝109 500－100 000＝9 500(元)，可行。

我们通过另外一个案例详细讲解这样做的原因。例如，假设每天的交易额为10万元，不使用锁箱法，平均收款周期为5天，使用了锁箱法后收款周期降至3天，即加快了2天。假设企业20××年5月1日开始在某较偏远地区的销售业务，如果不使用锁箱法，则5月1日

销售的10万元,在5月6日收回从而银行账户上有10万元,以此类推,5月2日至4日的销售分别在5月7日至9日到账。5月6日时银行有10万元存款,5月7日时银行有20万元……以此类推,到5月9日时银行有40万元存款。存入银行就开始挣取利息。

如果企业5月1日开始使用锁箱法,5月1日销售的10万元,在5月4日收回,从而银行账户上有10万元,以此类推,5月2日至4日的销售分别在5月5日至7日到账。5月4日时银行有10万元存款,5月5日时银行有20万元存款……以此类推,到5月7日时银行有40万元存款,存入银行就开始挣取利息。相对比,使用锁箱法后,企业在5月5日时银行已有20万元存款,5月6日时银行有30万元,5月7日达40万元,而如果不用锁箱法银行的存款在5月5～7日分别是0、10万元、20万元,可见使用锁箱法,银行每天的存款余额相比不使用锁箱法,都是相差20万元,从而使用锁箱法每天比不使用锁箱法多挣20万元带来的利息,因此一年的利息收入＝20万元×每天的利率×365,或者＝20万元乘以年利率。这里,20万元＝每天的交易额10万元×加快回款的天数,即5－3＝2(天)。

因此,使用锁箱法多获取的利息为回收期减少的天数×每天的款项×年利率。

3.1.3 锁箱法的延伸

虽然锁箱法在一些国家或地区已不再用,但其成本收益分析的机制仍可以延伸到其他领域。实际上不论是锁箱法还是其他方法(电汇或信用政策改变等,收款期从45天改为30天或提前15天等),只要能缩短款项到账时间,决策及相关的计算方法都和锁箱法一样。

另外,对于下面的延缓现金流出,道理和上面一样,只是延缓现金流出时:如果延长款项支付的时间,则企业会受益,决策及计算方法和上面一样。例如,B方案比A方案延迟付款2天,假设每天的支付款项为10万元,假设5月5日开始付款业务,每天10点付款,5月5日时企业的银行存款为1 000万元。

A方案:5月5日10点后企业有990万元存款可赚取利息收入,6日10点后有980万元存款,7日970万元,8日960万元,9日950万元,10日940万元,11日930万元。

B方案:5月5日10点后企业有1 000万元存款可赚取利息收入,6日10点后有1 000万元存款,7日10点后有990万元,8日980万元,9日970万元,10日960万元,11日950万元。

相比B方案每天的银行存款都比A方案相应的那一天的存款多20万元,即10万元×2天。因此,B方案一年可多挣利息收入为10万元×2天×年利率。由此可见,决策及相关的计算和锁箱法的道理是一样的。当然实际工作中,有可能会延期15天,甚至30天等。例如,MNO公司的应付账款周期从原来的30天变为45天,则延长了15天。

3.1.4 延缓现金流出

延缓现金流出的具体方法如下。

(1) 零余额账户。零余额账户是银行为企业提供的一种特殊账户形式(不像传统的账户需要企业有一定的银行存款余额在账户上,以防止空头),这种零余额账户不需要有任何余额,但企业可以开支票或汇票进行付款,支付款项后透支的金额会自动立即从企业的主账户上将需要的钱划到零余额账户,从而填平恢复成零余额。银行为企业提供此服务,一般是收费的。企业经常会有多个零余额账户,有些零余额账户可以同时做付款用,但每天都要清零。尤其一些企业在多个地方设办事处,每个办事处都有银行开户,这些账户使用零余额账户对企业很有利,因为平常不用在这些账户里放钱,这样可以让企业有更大额的钱集中在一个账户里,易于管理,也可以集中投资有价证券等以赚取更多的收益。

(2) 通过支票或汇票支付款项。支付方开出支票或汇票,持票方然后存入银行,银行需要一定的结算时间才可以最终将钱转到持票人的账上,中间的时间差叫支票(汇票)浮差。

(3) 集中付款系统。很多企业将分公司的钱集中管理,统一在某地集中进行货款支付,通常是在总部或指定的某一地点,这样付款可能会慢些。

注意:银行的收支账户中,借方(debit)是指银行支出,贷方(credit)是指银行收款,和企业的银行存款相关的会计分录正好相反。

3.1.5 有价证券

有价证券(marketable securities,又称速现证券)是指流动性很高的证券,一般来讲这种证券到期日在一年以内,企业需要现金时能快速以合理的价格将其销售变现。有价证券是传统的翻译,值得商榷,翻译成速现证券更合理,即可快速变现的证券。

因此，债券如果没有特殊说明(比如，如果不是离到期日还不到一年)则不属于有价证券，因为债券一般的到期日是一年以上，除非购买离到期日还不到一年的债券。股票也不属于有价证券，因为股票没有到期日，而且股票的价格风险太大，有时候会被套住。有价证券的到期日不到一年，若企业发现到期日前变现不划算，企业能等一等，等到了到期日再变现，如果到期日超过一年则往往无法等那么长时间了。

企业应保持一定水平的现金以满足交易需求等，但钱本身不生钱，企业应该投资有价证券，既可以得到回报又可以保持流动性。但注意，有价证券投资，安全性和流动性是首要考虑，回报率是次要考虑。

持有有价证券的3个目的如下。

① 保持流动性。有价证券相当于备用现金。如果流动性有问题，需要时可随时变现，同时可以挣取一些额外回报。

② 以备支付企业可预知的定向现金流支出，同时赚取回报。企业有些很重要的可预知的现金流出，如企业需支付股利、利息、税费等，这样企业必须提前准备资金用于支付，因此可以将此部分资金投资到有价证券，既可以保证这些重要支出可以准时付现，又可以同时挣取额外的回报。

③ 挣取收益。有价证券是自由现金部分，这部分是企业近期没有直接或迫切的用途(除了上面讲的两部分的需求外)，这部分资金的主要用途是要挣取收益。

选择有价证券需要考虑以下因素。

① 安全性。即收回的风险性，安全性是投资有价证券最基本的考虑。政府国库券相比较而言是没有风险的。

② 变现性(流动性)。证券短期内是否很容易在二级市场变现，而且变现时没有大的损失，有无此类活跃的二级市场是流动性强与弱的标志。如果证券短期内很难变现或者需要以较大的损失才能变现，表明此证券存在着流动性风险。

③ 收益性。即有价证券回报的高低。一般来讲，回报率和流动性呈反向关系，即流动性越高的有价证券回报率越低；反之越高，而回报率和风险呈正向关系。

④ 到期日(maturity)。到期日就是证券的寿命，即证券的本金偿付前的时间长度，企业选择有价证券的到期时间往往是看自己什么时候需要资金，若暂时不需要就可以选择到期日稍长一些。到期日越长，收益率也越高，但收益所承担的风险也越大。

⑤ 税收考虑。看看是否有证券的利息所得等可以免税或减税等。

有价证券一般是在货币市场出现,货币市场工具通常是短期,一年以内到期,而资本市场一般是指金额大宗而且一年以上到期。有价证券对于投资方是投资赚取回报,对于出售方实际上就是融资了,因此这些也是相对应的短期融资/短期负债的工具。

有价证券的类型包括以下几种。

1. 美国政府证券

美国政府证券(US treasury securities)由政府信用担保,由美国财政部发行。其利率一般是其他证券的参考基点。政府有价证券是最安全而且流动性最强的货币市场投资工具,但收益率一般是最低的,这些证券的利息收入要征收联邦所得税,但不再征收州和地方政府的所得税。美国政府证券包括以下几点。

(1) 美国央票或称美国短期国库券(treasury bill)。政府国库券由美国政府完全保证其信用并由政府直接偿付。美国短期国库券是由财政部以折价的方式发行的、在到期日按面值赎回的短期、无息的美国政府有价证券。到期日一般是 30 天、90 天或 120 天。

$$\text{美国央票的实际利率}=\frac{\text{面值}-\text{出售价格}}{\text{出售价格}}\times\frac{360}{\text{到期日}}$$

例如,面值为1 000美元,90 天到期的国库券,出售价格为 980 美元,实际利率=[(1 000−980)÷980]×360÷90=8.16%。

(2) 美国中期国库券是由美国政府发行的中期(1~10 年)债券。

(3) 美国长期国库券,也叫长期政府债券,是由美国政府发行的长期(10 年以上)债券。若没有特殊说明,中期和长期国库券/国债不属于有价证券。只有购买不到一年就到期的中长期美国政府债券属于有价证券投资,例如,2000 年 1 月 1 日发行的 5 年的中期美国政府债券,到期日是 2005 年 1 月 1 日,因此在 2004 年 1 月 1 日后购买此证券属于有价证券投资,因为该证券的到期日虽然是 5 年,但 2004 年 1月1 日后,该证券的到期日只有不到 1 年了。

2. 回购协议

回购协议相对于投资角度来讲是购买对方(往往是银行或证券商)的证券(通常是政府证券)并在一定时期后根据协议按一个特定较高价格再出售给对方的协议。对于融资者来讲,是先卖出协议得到一笔钱,但在一定时期后以更高的价钱回购,就好像一个短期的有担保的贷款。回购协议一般以美国政府证券为原生证券，一般被认为是相对安全的投资，因为原生证券是美国政府证券，经常被转移给第三方，流动性好，最短期限只有一夜。

3. 银行承兑汇票

银行承兑汇票（bankers' acceptance）是由企业发行的，但由某家银行承诺在票据到期日向持票人支付票面金额的一种短期商业票据，相对而言，商业票据（commercial paper）是由企业发行、企业承兑，其风险会大一些。投资人购买银行承兑汇票的风险相对很小，而且流动性较高，有活跃的二级市场，而且可以贴现。另外，经常用在国际贸易中。目前在中国，银行承兑汇票并不带利息，而且只是一个货款支付的工具，当然对支付方是一种免利息的融资工具。

4. 商业票据

商业票据是一种短期的、由企业发行、企业承兑的无担保票据，一般由知名度高、信誉好的大公司发行。发行金额较大，一般至少是 10 万美元，主要由大公司或机构投资者购买。因为商业票据的二级市场较弱，一般持有至到期。商业票据的回报率相对较高。商业票据和短期国库券一样以折价方式出售，到期日最多是 270 天，即 9 个月。一般像穆迪、标准普尔这样的评级机构要对商业票据进行评级以帮助投资者评估风险。目前在中国，商业票据也叫商业承兑汇票，不带息，只是一个支付工具，因为是企业承兑，风险较大，企业更愿意收银行承兑汇票。

5. 可转让定期存单

可转让定期存单（negotiable certificate of deposit）一般由银行或储蓄贷款机构发行，受联邦储备系统监管。这种可转让定期存单一般面额大，至少 10 万美元甚至 100 万美元，可以是 1～3 个月，也可以几年。如果发行额超过 10 万美元，将不受联邦存款保险公司担保，因此发行银行需被认真地调查，如果是由信誉好的大银行发行，其二级市场很活跃。此证券回报率一般高于政府短期证券，但低于商业票据。

（1）欧洲美元存款（Eurodollar）。是以美元标价、不能转让的、不受美国银行业法规制约的、存于美国境外（不一定像名字那样非要在欧洲，泛指一切美国以外的地域）银行的定期美元存款。到期日从一夜到几年不止，一般是 6 个月及以内。在国外有美元存款可在支付美元时直接用美元存款支付就可以了，这样节省了手续费，当然在国外有美元存款也可以在一定程度上规避汇率风险。

(2) 货币市场共同基金。主要投资于国库券、可转让定期存单、商业票据等，因为很多货币市场工具的面值巨大，如商业票据、可转让定期存单等，一般小投资者无法涉及，但小投资者可以通过货币市场共同基金以集资的方式购买。当然共同基金也有另外一种形式，即可以接触资本市场。

3.2 应收账款投资管理

是否给客户赊账一般考虑以下几方面(又称 5Cs)。

(1) 客户的特点(character)。即客户及时付款的意愿和责任感以及客户的付款习惯(例如，经调查客户是“老赖”，或习惯性的拖延)。

(2) 客户的付款能力(capacity)。即客户是否有很强的营运现金流的能力及其相关的流动性指标。

(3) 客户的规模实力(capital)。即顾客的资产总额、注册资本总额等。

(4) 抵押品(collateral)。有无抵押品以及抵押品的质量。

(5) 外部环境/条件(condition)。①目前总体经济形势如何，例如经济周期、利率等，宏观经济形势越不好则信用控制越收紧；②行业情况，例如，有的行业赊账期普遍长，但有的行业没有赊账的习惯等。

审批信用前，公司需得到真实的客户相关资料和信息，这极为重要。很多时候获得真实的资料和信息不是件容易的事，因此企业要发挥聪明才智。客户的资料和信息的主要来源：①要求客户提供真实的财务报表；②一些知名度很高的较可靠的信用评级机构如邓白氏等；③此客户的其他供应商；④客户现在或以前的员工；⑤和此客户打过交道的银行；⑥上市公司的年报、季报；⑦以前和此客户接触的经验(若有)等。

另外，在实际工作中客户信用的审批应该由独立于销售部的其他部门人员负责，一般是由设立在财务部下面的信用控制部门人员审批。这是因为销售部的人员在这方面有利益冲突，他们的主要业绩考核指标是销售收入等，因此他们可能会为了自身利益有意放松信用的审批。另外，财务部在审核客户财务资料上更专业。

3.2.1 信用政策的决策

信用政策要平衡收益和成本，最佳的信用政策是能最大化净收益

(利润最大化)。

1. 现金折扣政策

现金折扣政策是指为鼓励客户/买方尽快支付货款从而提供一定的现金折扣。例如,2/10,全额/30,即客户如果提前付款,在10天之内付款,客户可享受货款的2%的折扣,若等到30天才付款,则需全额付款。

实际工作中,企业采用现金折扣的目的可能会是:①竞争对手采用现金折扣,为了保持竞争性,公司也需采用现金折扣;②企业急需钱而且无法通过其他途径以低于现金折扣成本的方式尽快得到资金等。企业可以低于现金折扣成本融到资金,则不必采用这样条款的现金折扣。相应地,如果现金折扣对客户有利,但客户并没有提前付款从而享受现金折扣,原因可能是客户实在没有现金而且无法以低于现金折扣成本的价格融到资金来提前付款享受现金折扣,当然这也说明客户的现金流可能有问题。

2. 放宽信用政策的决策

(1) 放宽信用政策的收益一般包括:①增加销售收入,从而增加利润(等于增加销售收入乘以边际贡献率);②增加公司在信用政策方面的竞争力。

(2) 放宽信用政策的成本为:

① 增加坏账;

② 增加催账费用;

③ 增加应收账款的机会成本(或又称资金占压成本)。

计算公式为

$$资金占压成本=增加的应收账款\times成本变动率\times税前要求回报率或资金成本$$

注意:之所以乘以变动成本率(即变动成本/销售收入),是因为增加应收账款的边际贡献部分,即赊销收入乘以(1一变动成本率),已经和进入资产负债表权益的相应的本年利润部分抵消。资产负债表左边的资产是由右边的资本支持的,应收账款也一样。因为应收账款的边际贡献部分已经由本年利润部分支持,因此只有应收账款的变动成本部分需要额外的资金支持,资金本身是有成本的。换言之,如果没有这部分应收账款,企业则无须借钱或者/以及用其他的融资手段支持。

另外需要注意的是,计算增加应收账款时经常用的公式:

应收账款＝赊账天数×每天的赊销销售收入

$$\frac{增加的}{应收账款}=\frac{新的赊}{账天数}\times\frac{新期间每天的}{赊账销售收入}-\frac{旧的赊}{账天数}\times\frac{上一期间每天}{赊账销售收入}$$

① 增加应收账款的管理成本，如记账、分类、分析等费用。

② 增加存货及相应的管理成本。

③ 增加存货相应的机会成本。

④ 减去增加应付账款部分的资金成本。

⑤ 增加的现金折扣成本，如果涉及提前还款可享受现金折扣等。

注意：为了统一、可比，以上成本和收益分析都用税前的数字与税前的资金成本。

相对应，紧缩信用政策之收益一般包括：①减少坏账；②减少催账费用；③减少应收账款的机会成本；④减少应收账款的管理成本，如记账、分析等费用；⑤减少存货及相应的管理成本和存货的机会成本等。代价是：①减少销售收入及相应的利润；②降低公司在信用政策方面的竞争力等。

【例题 3-3】 假定一家企业目前的年赊销营业收入为 2 400 万元，应收账款平均周转天数为 30 天，收账费用为 1 万元，坏账比例为 5%，变动成本率为 60%，公司的资金成本为 10%（税前），目前的信用条件为全额/30。该企业为了提高竞争能力，考虑将信用政策从 30 天改为 2/30，全额/60，估计有一半客户会享受现金折扣优惠。预计年赊账销售收入会增至 2 800 万元，同时收账费增至 1.5 万元，坏账比例达到 6%。由于销量增加，平均存货水平从 3 000 万元增加至 3 200 万元，应付账款同时增加了 100 万元。假设每年 360 天。请问：该不该改变信用条款？

解答：

增加的收益＝(2 800－2 400)×(1－60%)＝160(万元)

增加的成本包括以下几项。

① 应收账款的机会成本。

② 应收账款的增加额＝(2 800÷360)×(60×50%＋30×50%)－(2 400÷360)×30＝350－200＝150(万元)。注：如果信用期从30 天增加至 60 天，计算则简单多了，即：应收账款的增加额＝(2 800÷360)×60－(2 400÷360)×30＝267(万元)。

③ 增加的应收账款的机会成本＝150×60%×10%＝9(万元)。

④ 增加的存货成本的机会成本＝(3 200－3 000)×10%＝20(万元)。

⑤ 减：增加应付账款释放的资金成本＝100×10％＝10(万元)。

⑥ 增加的现金折扣成本＝2 800×50％×2％－2 400×100％×0％＝28(万元)。

⑦ 增加的收账费用＝15 000－10 000＝5 000(元)。

⑧ 增加的坏账费用＝2 800×6％－2 400×5％＝48(万元)。

⑨ 合计增加的成本＝48＋0.5＋28－10＋20＋9＝95.5(万元)。

净收益＝160－95.5＝64.5(万元)，因此信用条款应该调整。

3.2.2　应收账款管理

1. 应收账款保理/让售

企业可以考虑将应收账款让售给专业保理商，这样可以立即得到现金。突出的优点是“现金为王”，早收回现金早踏实，但保理要付出相应的成本，比如利息费用、佣金等，企业需综合考量以做出正确决策。

2. 应收账款管理的其他一些指标和办法

$$\begin{array}{c}\text{应收账款周转天数}\\ \text{(DSO，又称应收账款回收期)}\end{array}=\frac{\text{平均应收账款}}{\text{每天的赊销销售收入}}$$

$$\text{应收账款周转率}=\frac{\text{年赊销销售收入}}{\text{平均应收账款}}$$

$$\text{DSO}=\frac{365}{\text{应收账款周转率}}$$

DSO和应收账款周转率是反方向的，应收账款周转率越大，则DSO越小；相反，应收账款周转率越小，则DSO越大。注意，应收账款余额应该使用未减去坏账准备的应收账款原额，而不应使用应收账款的净额，否则通过提取坏账准备就可以提高应收账款周转率。另外，坏账准备也是应收账款的一部分。

DSO不一定是越低越好，因为太低了意味着给客户的赊账天数太少，可能会失去市场竞争力。

应收账款账龄分析是一个非常有用的进行应收账款分析、催款、估值等的工具。企业一般每月编制所有客户的应收账款账龄分析表，表中将没有超信用期的列一栏，逾期的，最初每逾期30天放一栏，之后可以根据会计准则以及公司政策，期间可以长些，如逾期180天，逾期360天，逾期两年及以上。现在好的ERP软件一般都可以自动生成此报告，无须烦琐的人工计算和编制。管理层定期根据逾期账龄进行计提坏账准备，这样相对更准确一些。

3.3 存货等投资管理

企业持有存货的原因主要是为供求关系提供一个缓冲，比如考虑到客户需求比预期大；采购到货延迟；批量优惠等，从而保证生产和销售顺畅，不缺料不缺货。

3.3.1 经济订货量

经济订货量(EOQ)是指能使总存货成本，即总存货储存成本加上总订购成本(不包括采购物品本身的成本)之和，达到最低的订货量，这可以用来计算每次最佳订货量。它的基本假设是：

(1) 不考虑采购物品本身的成本；

(2) 订货周期是已知并且固定的；

(3) 没考虑批量购买折扣的因素；

(4) 需求是已知并且固定的；

(5) 每个订单的采购成本是已知并且固定的；

(6) 单位储存成本是已知并且固定的；

(7) 立即补充存货、不考虑缺货成本；

(8) 每次采购的数量是一样的。

$$\text{EOQ(简称 }Q\text{)}=\sqrt{2\times D\times\frac{P}{C}}$$

式中，D 为一年的需求量(注意此 D 代表的是一年的需求量而不是一个季度或一个月)；P 为每个订单的边际/增量订购成本(注意，不是每个存货物品的采购成本)；C＝每单位存货每年的边际/增量储存成本(注意，期间是指的一年)。

公式记忆的窍门是，可以按实际运营的顺序记：先有需求，然后采购，然后存储，分子是前两个环节：2×总需求(简称 D)×单位订单采购成本，然后除以分母单位存货储存成本。例如，MNO 公司每年需求 100 万个部件 A，每个订单的成本是 75 元，每个部件的储存成本是 1.5 元，则

$$\text{经济订购量}=\sqrt{2\times 100\times 75\div 1.5}=1\text{(万个)}$$

通过公式，要非常熟悉 EOQ 中某一个要素增大或减小对 EOQ 的影响以及 EOQ 各要素之间的关联。

【例题 3-4】 A公司采用经济订货模式管理存货，今年存货订货总量和去年一样。公司今年提高了经济订货量，那么公司存货的单位订货成本(　　)。

A. 占存货持有成本的比重增加

B. 占存货持有成本的比重下降

C. 存货持有成本保持不变

D. 存货持有成本上升

解答：A。持有成本与订货量成反比关系，订货成本与订货量成正比。当企业在订货总量不变的同时增加每一次的订货数量时，表明存货的单位订货成本上升或单位持有存货成本下降，因此单位订货成本占存货持有成本的比重增加。

EOQ可以使得总的存货管理成本降到最低。总存货成本分为以下两个阶段。

第一阶段：从订单准备、下订单一直到存货进入仓库进行储存之前发生的下订单成本、运输成本、收卸货物成本等，叫作订单成本或订购成本(ordering cost)。订单的固定成本，如人工工资等，是不相关的，订购的货品本身的成本也不包含在这里。

总订单采购成本的常用表达公式为

$$\text{总订单采购成本}=\frac{D}{Q}\times\text{单位订单的订购成本}$$

第二阶段：从存货入库进行储存一直到存货运出仓库之前的成本。这个阶段叫作储存成本(又叫存货持有成本)，包括存货占压的机会成本、保险费、相关税费、租金、折旧、相关人工成本、仓库内整理搬运成本、损耗、过时跌价等成本。

某期间总储存成本的常用表达公式为

$$\text{某期间总储存成本}=\frac{Q}{2}\times\text{单位储存成本}$$

但如果公司有安全存货量，则

$$\text{总储存成本}=\left(\frac{Q}{2}+\text{安全存货量}\right)\times\text{单位存货成本}$$

单位存货成本经常用存货购置成本的百分比来表示，比如单位存货成本是存货成本的15%。其中某期间的平均存货的计算＝订购量÷2，即$\frac{Q}{2}$，这是假设每次订购的存货可以一直使用到库存为零，然后新采购的存货又马上可以补充上来。此处的“某期间”是指从采购进仓库到该存货物品用完的期间。例如，假设5月1日订购了A商品

900 件，5 月 26 日 A 商品库存为零，当天马上新采购 A 商品 900 件补充到仓库中。A 商品在 5 月 1 日到 5 月 26 日的平均存货＝(900＋0)÷2＝900÷2＝Q÷2＝450(件)。

注意：如果在考试中或其他情形中，无法简单地分清某项成本是订购成本还是储存成本，则从它们所处的阶段来分，因为两个阶段的区别是明显的。

EOQ 是让上述这两个成本之和为最低，这意味着从某程度上来讲，EOQ 的订货量是最让公司节约储存和订购成本的。

EOQ 的缺点如下。

(1) EOQ 的假设有时候是不现实的，而且不准确。需求量、订货周期、相关成本等确切已知的情形很罕见。

(2) EOQ 的计算是基于预测的成本和预测的需求。如果能基于实际的成本和实际的需求会更好，JIT 是基于实际的需求进行采购。

(3) EOQ 可能会导致过多的存货量及相应的过大的存货成本。

(4) EOQ 忽略了批量打折以及运费优惠等因素。

实际工作中，需要时公司可对 EOQ 进行修正或补充，比如考虑批量打折、运费优惠因素等。

3.3.2 订货周期及再订货水平

订货周期有时被翻译为订货前置时间(lead time)，是指下订单到将货物收进仓库达到可使用状态之间的时间间隔。有效的存货管理一般希望缩短订货周期，方法如下。

(1) 减少订单准备的时间。订单准备是指收集相关订单信息、填写订单等。

(2) 减少订单传递给供应商的时间。

(3) 减少供应商的订单处理时间。

(4) 减少供应商送货时间。

(5) 减少货物送到后的货物检验、存货整理等时间。

再订货水平，又称订货点(即存货到达多少量时需进行订货)，计算公式为

订货点＝订货周期×每订货周期的销售量或生产耗用量

注意：周期可以是月或星期或天，乘号前后的时间单位必须一致，即订货周期如果是 1 个月，则时间单位为月，订货周期的数字是 1，后面乘的也必须是每个月的销售量/生产用量，而不能乘以每个星期

或每天的销售量/生产用量。同理，订货周期如果是2个月，则订货周期的数字是2，后面乘的必须是每个月的销售量/生产用量。如果订货周期是3个星期，则时间单位为星期，订货周期的数字是3，后面乘的也必须是每个星期的销售量/生产用量，而不能乘以每个月或每天的销量。同理，如果订货周期是5个星期，则时间单位为星期，订货周期的数字是5，后面乘的也必须是每个星期的销售量/生产用量。例如，某企业预期一年需要360万件A商品，一年假设是360天，交货期为5天，那么

$$订货点=5\times\frac{360}{360}=5(万件)$$

又如，假设交货期变为6个星期，一年有52个星期，则

$$订货点=6\times\frac{360}{52}=415\ 385(件)$$

考虑到订货周期可能延长造成货物迟到或需求量过大可能带来缺货，而且在现在公司运营里缺货的成本是巨大的，因此一般公司都会设定一个安全库存。适当的安全存货数量取决于几个因素：①预计存货需求的不确定性越大，企业希望持有的安全存货越多；②存货补充的交货期的不确定性越大，存货短缺的风险越大，企业希望持有的安全存货也越多；③存货短缺成本越大，企业希望持有的安全存货也越大；④存货持有成本越大，维持安全存货的成本就越大，则希望持有的安全存货越小。

缺货成本是指由于缺货导致的无法销售而产生的成本，即失去的边际贡献。缺货成本还可能包括造成公司在客户中的信誉下降，以及客户相互之间对不好信誉的传播，虽然这些很难用金钱衡量，但无疑给公司带来的损失是巨大的。

若有安全库存，再订货水平=订货周期×每订货周期的销售+安全库存量。例如，某企业的安全存货量为1 000件，预期一年需要360万件A商品，假设一年是360天，交货期为5天，那么订货点$=5\times\frac{360}{360}+1\ 000=5.1$(万件)。

决定最佳存货水平的因素有EOQ、订货周期、生产用量、销量、安全库存、生产模式(比如适时生产制还是传统生产制)等。

3.3.3 适时生产制系统

适时生产制(just in time，JIT)是一种综合的生产和存货控制

机制。适时生产制是以订单驱动的,只有在有实际销售需求时才进行一系列的材料采购和生产行为,平时不备货或尽可能少备存货,又称为需求牵引式/拉动式系统,有别于传统的推动系统。传统的推动系统是以销售预测驱动的,根据销售预测进行排产、采购和生产。在市场变化多端的今天,销售预测经常不准,累积的销售预测不准可能会造成大量存货积压以及相关的成本浪费和资金占压。

JIT 的目的是创造精益生产,减少或根除资源浪费。

JIT 的基本流程:接到客户订单→及时排产→及时采购原料→及时生产→及时发货交付订单。JIT 属于精益生产的一种,精益生产是一种理念,JIT 是具体的经营模式。

通过 JIT,企业会大量降低存货的积压,但相对于传统模式中客户可以购买现货来讲,有一个缺点是客户取货速度相对较慢。因此,JIT 要想成功需具备以下特点。

(1) 车间布置要非常紧凑,放在一个空间内,设置传送带,高度自动化,必要时车间可设置仓库,就像一些仓储式商场一样,这样可以节约时间和成本。很多企业的车间布置是由便捷的 U 型制造单元(manufacturing cell)组成。使用制造单元可以形成多条小生产线,布局设置紧凑,企业可以灵活、快速、同时生产不同定制的产品,另外要求工人在制造单元里都是熟练的多面手,这样可以显著地提高生产效率。

(2) 缩短批次间的设备调整时间(setup time)。

(3) 缩短生产周期(manufacturing lead time,有时候被翻译为生产前置期或提前时间),即从接到客户订单,到产品完工送至客户。

(4) 可靠的供应商关系。实行 JIT 的企业非常依赖优秀的供应商并与之有紧密的合作。JIT 企业对供应商要求非常高。例如,必须及时供货,供货质量必须非常高,能适应供货材料规格变化的要求等,因此通常使用 JIT 的企业需要给这些供应商相应的补偿。例如,缩减供应商的数量,从而可以给供应商相对较大金额的合同,另外和供应商有长期的合作等。

(5) 可进行产品定制,产品个性化更有利于市场的拓展和竞争力。这样可以弥补客户拿货较慢的缺点。

(6) 相比传统的生产模式,即先提前生产出来成品再往市场上推,JIT 的立即生产模式可以用最新的科技,从而吸引客户。这样可以弥补客户拿货较慢的缺点。

(7) 最高管理层强有力的支持,因为这是一项跨部门的、较复杂的工作。

(8) 原来被放入制造费用的一些间接成本变为可追溯的直接成本。例如,一些间接人工成本、折旧等因为特定的制造单元的安排有可能可以和具体的某个订单、某种产品直接联系起来。

JIT 的优点如下。

(1) 更好地控制存货,大幅减少存货甚至实现零存货。减少了存货投资及存货持有成本。JIT 提高了存货周转率或称降低了存货周转天数。注意,一般来讲,存货周转率越大越好,但存货周转天数越少越好。不要混淆这两个指标。在适时生产制中,存货被看作是不增值的。

(2) 生产周期缩短,批次设备调整时间缩短。

(3) 质量控制工作改善,这样是为了高质量、快速地完成客户订单。质量控制不好会引起交货延迟或交货物品不达标。

(4) 强有力的供应商关系。

(5) 消除了过多生产的情况。例如,传统的机制很容易造成过多生产,如销售预测不准、存货过时等。

(6) 减少了库房和生产空间的投资。例如,存货更少,生产设施少而更精,生产设施安排更紧凑,生产车间可以充当库房等。

(7) 节约、减少生产成本,提高了利润。例如,减少了废品、返工、浪费等。

(8) 因为存货的大量减少从而改善营运资本和现金流。

(9) 减少了日常文书工作(paperwork)。例如,大量销售预测、销售计划等。

(10) 优秀的质量管理,提高了质量。例如,使用 TQM 质量管理系统、六西格马等,减少次品对生产速度的耽搁。

(11) 生产更灵活,以市场需求的变化为主导。JIT 没有存货的累赘,可以实现产品的灵活变化。

(12) 可进行产品定制,实现产品个性化,更有利于市场的拓展,提高竞争力。

(13) 相比传统的生产模式,即先提前生产出来成品再往市场上推,JIT 的立即生产模式可以采用最新的科技,从而吸引客户等。

JIT 的缺点如下。

(1) 没有安全富余存货,容易造成存货断档,导致增加生产停工时间,销售缺货等,影响生产和销售。因此企业不应走极端,可以考虑建立少量的安全库存。

(2) 过度依赖供应商，风险大。

(3) 紧急订单可能需要经常加班，加班费增加。另外，生产运营可能过于紧张和严苛，影响员工士气和满意度等。

(4) 因为都是有订单才生产，会失去大批量生产产生的高效率和低成本。

注意：实际工作中，未必所有的公司都能百分之百地使用 JIT 系统，但可以根据此理念，合理最大化地应用 JIT，例如，有的公司在销售方面是推动式的，但在生产工序和材料采购方面使用 JIT 理念，即只有有生产需求时才进行备料或采购等。JIT 的益处巨大，需要实际工作中创造性地将最大化应用到本企业。

看板系统(Kanban system)：看板系统是 JIT 的一种初级形式，属于精益生产模式。机制为除非下游部门(如销售部或生产部的接近成品的工序等)通过看板卡片提出要求，否则上游部门不进行任何采购或生产动作，可避免上游存货积压。每个车间及采购部的生产或采购完全根据下游的需求而及时安排，这样可避免先大批量采购及生产，以免造成存货大量积压以及机器、人工等成本的浪费。

3.3.4 适时生产制与经济订货量

适时生产制和经济订货量有相似的地方，例如：①都是跟踪存货水平，需要时订购特定量的存货来补充存货；②都本着如何更经济地进行存货采购，降低存货相关的成本；③都忽略了大批量采购的折扣优惠因素等。它们之间的主要区别有：①适时生产制只有在有实际需求时才进行采购，而经济订货量是根据预测的需求进行的；②适时生产制同时涉及整个生产运营过程，而经济订货量只涉及采购环节；③适时生产制没有强调最低化订购成本与储存成本之和。

适时生产制和经济订购量可以相互借鉴和补充，例如：①适时生产制在有实际需求要进行采购时，如果可行(比如数量比较大的订单)，可以考虑使用经济订货量的模型，以最低化订购成本与储存成本之和。例如，MNO 公司接到 1 万台特殊防静电椅子的订单，MNO 采购时可以按经济订货原则更科学、更节省成本地分批量采购，而不是一次性地采购全部原料；②经济订货量可以借鉴适时生产制，尽可能使用实际的需求量或者比较接近实际的预测，而不是完全凭自己预测的需求量，另外采购的动机视下游的实际需求而定，这样更合理。

3.3.5　存货管理的一些指标

$$存货周转天数=\frac{平均存货}{每天的销货成本}$$

存货周转天数应和过去比较，或跟同行业比较，或跟公司的标准比较，以发现问题。存货周转天数不一定是越少越好，因为太少了可能意味着存货太少，产生缺货，影响生产、销售。注：包括周转天数在内的指标的公式中一般都是 $A=\frac{B}{C}$，要能熟练推出 $B=A\times C$。例如，告知存货周转天数和每天的销售成本，要能推出存货＝存货周转天数×每天的销售成本。

$$存货周转率=\frac{年销售成本}{平均存货}$$

这里有一个窍门：存货周转天数和存货周转率只记住存货周转天数，然后记住存货周转率是分子分母相反，但存货周转率的销售成本是整年的，而不是每天的。存货周转率代表着一年存货能周转几次，若等于12，则意味着一个月周转一次；若等于6，则意味着两个月周成转一次。365÷存货周转率＝存货周转天数，相应地，存货周转率＝365÷存货周转天数。

存货周转天数和存货周转率成反比，存货周转率越大，则存货周转天数越少；相反，存货周转率越小，则存货周转天数越多。

3.3.6　独立存货控制

存货控制应有独立于负责决定采购数量部门的其他部门人员参与控制，一般是财务部相关人员从独立角度参与存货控制。这是因为决定存货采购数量的人员单独执行工作可能会存在一定的利益冲突，因为采购数量越宽松，该工作就越轻松，从而避免被埋怨等。但存货的成本以及资金的占压对企业来讲过于巨大和危险，中立的财务人员应该积极、深入地参与到存货的控制和管理中，以确保存货处于合理的水平。

第二部分　长期投资管理

我们讲完了资产负债表运营和管理（也叫作公司财务管理/公司理财）的长期融资、短期融资以及流动资产投资管理，下面讲解资产负债表的最后一部分,非流动资产(长期资产)的投资管理。非流动资产(长期资产)一般包括固定资产、无形资产、长期投资科目等。长期投资管理经常叫作长期投资决策或者资本预算。

长期资产投资决策(一般称作资本预算)是指时间超过一年而且金额较大的投资决策。长期投资项目包括并购、采购生产设备、建厂房、研发投资(当然研发投资之后可能会有一部分费用化从而并不体现在长期资产里,但包括这些费用化投资在内的整个研发投资仍然属于长期投资决策范畴)等。

企业进行长期投资主要是着眼于未来可持续发展。不进行长期投资的企业则没有未来,因此企业的运营主要依靠长期资产。这在实际工作中至关重要,尤其是现在,越来越多的中国企业开始进行国际化经营,常常有巨资并购、工厂扩建等大项目,长期投资的金额一般会非常大,而且对企业的影响非常重大,因此长期投资可以形容为“成也萧何,败也萧何”。长期投资决策做好了,企业可能从默默无闻的小企业摇身变成举世关注的跨国集团,长期投资决策没做好,企业也可能从此遭受重创甚至有些企业因此元气大伤。

3.4　货币的时间价值

今天收到的1元钱要比多年以后收到的1元钱更值钱,这是因为今天收到的1元钱可以以复式利率存在银行赚取回报或投资其他资产赚取回报。例如,假设今天收到1元钱,以复式利率6%存入银行,在第6年年底,这1元钱变成了1.419元,即$1\times(1+6\%)^6$(可以查终值/未来值表),第7年年底变成了1.504(元)$=1\times(1+6\%)^7$……这里并没有考虑货币通胀的因素,因为这里讲述的是一贯的准则,并不是所有国家都有通胀,甚至有些国家还有通缩现象。如果某国有通胀因素,企业除了考虑货币的时间价值外,还应额外考虑通胀的影响。在这里货币时间价值理论不考虑货币通胀或通缩的因素。

因此,越早收到钱就可以越早进行投资得到回报,钱就越值钱。相反,相对来讲钱越往后越不值钱。推算起来,第6年年底收到的1元钱相当于现在的0.705元$[1\div(1+6\%)^6]$,第7年年底收到的1元钱相当于现在的0.655元$[1\div(1+6\%)^7]$。正好是上面的终值算法的逆运算。

有两种诠释货币时间价值的方式,如表3-1所示。

表 3-1

回报率=6%	第0年	第1年	……	第6年	第7年
终值(FV)	1			1.419	1.504
现值(PV)	0.705			1	
现值(PV)	0.655				1

进行现金流折现时，大家要会非常熟练地查复利现值系数表(即未来某年/某期的1元钱在回报率$x\%$的情况下相当于现在的多少元)和年金现值系数表(每期发生现金流y，一共n年/期，在回报率$x\%$情况下，n相当于具体的数，假设查表后是m，因此折现后的现金流总和$=m\cdot y$)。当然也要会非常熟练地查终值表。

【例题3-5】 某行业市场总量为200万个，某企业的产品在行业中售价为75元。分析师预计3年内若价格每年上涨5%，市场份额按复利10%增长。若每年价格下降5%，市场份额将按复利25%增长。该企业现在保持10%的市场占有率。预期企业第3年营业额范围是(　　)万元。

A. 1 711～2 911

B. 2 311～2 711

C. 2 201～2 311

D. 2 311～2 511

解答：第一种增长趋势为75×1.05×1.05×1.05×10%×1.1×1.1×1.1×200=2 311(万元)。

第二种增长趋势为75×0.95×0.95×0.95×10%×1.25×1.25×1.25×200=2 511(万元)。

因此选D。

3.4.1 永续年金

永续年金(perpetual annuity)是指无限期等额收付的特种年金。它是普通年金的特殊形式，即期限趋于无穷的普通年金。永续年金现值计算公式为

$$V_0=\frac{A}{i}$$

式中，A为每年的相同金额；i为利息率或回报率。

例如，若永续年金每年年底的收入为800元，利息率为8%，则永续年金的现值=800÷0.08=10 000(元)。

【例题 3-6】 本杰明为他的女儿杰西投资了 10 000 美元的终身年金。这个年金将每年产生 400 美元的收益直到永远。这个年金的预期内部回报率是(　　)。

A. 如果没有额外的信息不能确定　　B. 4.0%

C. 2.5%　　D. 8.0%

解答：10 000＝400÷i；i＝0.04＝4.0%。因此选 B。

3.4.2 资本预算的 6 个阶段

资本预算具体的 6 个阶段如下。

(1) 确认投资需求阶段。确认公司目前最需要解决的问题，如并购其他公司扩展新的业务、扩建增加产能等。

(2) 寻找项目阶段。寻找那些能符合企业目前需求的项目，从某种意义上来讲是这几个阶段里最难的，尤其涉及并购项目的资本预算。

(3) 信息、数据获得及整理阶段。获得项目总投资额、额外流动资本需求、项目期间净现金流等数据。

(4) 项目确定、选择阶段(IRR/NPV/折现回收期/风险分析等)。

(5) 融资阶段(如果需要)。

(6) 项目实施和控制阶段。项目实施后，目前很流行项目后审计，因为项目后审计具有以下优点。

① 项目后审计是资本预算的一个重要且不可分割的组成部分。对比实际和当时的资本预算，如有重大差异，需寻找原因、明确责任，建立问责机制，如此可以敦促经理们在制定项目预算时保持诚实。资本预算一定要认真对待，以免为企业带来损失。

② 通过实际和预算对比可以提供机会去加强甚至扩展成功的项目。

③ 及时发现问题，解决问题，提高绩效。如果实在无法继续下去，应及时停止该项目以避免不良项目带来更大的损失。

④ 积累经验教训，促进将来更好地制定资本预算等。

下面着重进行详细讲解。

- 资本预算的现金流的计算和整理。
- 资本预算决策工具(IRR/NPV/折现回收期等)。
- 资本预算的风险分析。

以上又称资本预算/长期投资决策建模。

3.5　资本预算详解

3.5.1　资本预算之现金流

资本预算一定要用现金流，而非利润。现金流一定要用增量现金流，即有此项目和无此项目的差异现金流，或者叫额外增加的现金流。例如，MNO公司考虑是否要扩建目前生产线的规模，假设扩建该生产线的投资为2亿元人民币，预计MNO扩建后10年中，企业每年的现金流分别为1亿元，2亿元，3亿元……一直到第10年。资本预算是否可以直接用这些现金流？答案是否定的。应该用增量现金流。如果企业不扩建该生产线，企业在未来10年的现金流分别为5 000万元，1亿元，1.5亿元……一直到第10年，因此增量现金流分别为：第1年，0.5亿元；第2年，1亿元；第3年，1.5亿元。因为只有增量现金流才和增量的零年投资配比。

另外，项目现金流一定是指此项目直接制造的现金流，这里并不包括融资现金流，例如，本金的借入和偿还等，这些不是项目直接制造的。另外，融资的利息费用也不包含在项目现金流里，因为折现率里已考虑了利息费用（具体请见WACC的计算）。

另外需要注意的是，资本预算是指未来还未发生的支出，如果支出已发生，即使该支出和项目有关，也不能作为资本预算的现金流。例如，ABC公司为了一个要在北方区上市的新产品花费了600 000元收集市场信息及做市场测试。这600 000元属于沉没成本，资本预算不要考虑此项支出。这些支出和项目决策无关。因为项目批不批准，这些支出也已发生，是无法改变的。

整个项目的现金流一般可分为两部分：①项目初始（项目零年）现金流；②项目期间现金流（operation cash flow）。

1. 项目初始（项目零年）现金流

所谓的零年，是指项目正式启动营运前的初始建设阶段，可能是1年，也可能是2年，等等。零年现金流主要包括以下内容。

（1）零年的设备投资。包括设备款，相应的安装、搬运费等能让设备开始运营的所有必要费用。还包括后期增加的一些与此项目关联的投资额，即和此项目是一个整体的其他固定资产投资，比如设备增补等。比如，项目期为10年，有些固定资产的使用寿命只有5年，因此在5年后仍需投资来更换这些设备，这些投资需体现在后期（即项目中）的现金流里。

（2）零年的流动资金/营运资本需求，即流动资金减流动负债。流动资金在项目开始后可能还要增加，增加的部分体现在当期现金流，但最终无论是零年的还是项目中间增加的流动资金全部要在期末收回。请看下面的详细解释。

（3）零年需要发生的一些费用。比如，培训费、营销费用等，费用一定要用税后的，因为整个资本预算都用税后现金流。

（4）零年旧设备变卖的税后现金流。

（5）零年的一些机会成本。是指新项目占用的公司的其他设施，这些设施本来可以卖掉或作其他用途。此设施机会成本等于其现在的市价。一般此设施会在项目最后一年卖掉体现现金流入。例如，新项目没花钱占用了公司的仓库，目前价值150万元，这150万元要体现到零年的机会成本中，作为一项现金流出。

注意：零年的沉没成本是不相关的，即使该花费和项目有关联。关键词是已发生。已支出则为沉没成本。

2. 项目期间现金流

项目期间现金流包括项目产生的增量营运现金流和与此项目直接相关的后补的投资现金流。

项目产生的增量营运现金流，一般的表达形式为间接法的现金流量表，即先列出损益表：销售收入－销售成本－销售费用、管理费用、利息费用及税费等＝净利润。然后，利用净利润进行以下计算。

（1）加税后利息费用，即加利息费用乘以所得税税率。注意，不是直接加利息费用，而是需加利息费用乘以所得税税率，可以自行验证计算。净利润里已减利息费用，而资本预算中，现金流不能减利息费用，这是因为在折现的资本成本里已考虑了利息费用，如果现金流里再减利息费用，属于重复计算。另外一种方法是损益表的最终利润用息税前利润×（1－所得税税率）来表达，即不减利息费用的税前利润，然后乘以（1－所得税税率）得出最终利润，有时也叫营运净利润，这样在计算营运现金流时就没必要加回税后利息费用了。

（2）加/减损益表上不影响现金的费用/收益。例如，折旧费用、摊销费用、固定资产处理损益等，注意是加费用，减收益。

(3) 加(不包括短期贷款等人为融资的)流动负债的增加额(期末数－期初数)。

(4) 减非现金流动资产的增加额(期末数－期初数)。

其中,非现金费用和收入事项主要包括:①折旧、无形资产摊销(加);②处理固定资产损益(加损,减益);③递延所得税费用/递延所得税收益(加费用,减收益)等。

净营运资本(流动资产减流动负债)一般是随着销售额而起伏的,比如销售额增加了,应收账款一般要增加,要多备货,从而存货增加,存货增加了,根据相关的信用期,应付账款也要增加。因此营运资本的每月余额在项目期间会有相应的增加或减少。每期的营运资本增加额(此数有可能为负数)＝期末营运资本－期初营运资本。但到项目最后一年,所有之前每期的(包括零年在内的,但不包括最后一期的)营运资本增加额(包括零年的)都要收回作为现金流入,因为在项目的最后一年年末,是假设项目已结束,要进行清算,项目最后一年的营运资本余额因此必须为零。

"所有之前每期的(包括零年在内的,但不包括最后一期的)营运资本增加额(包括零年的)都要收回作为现金流入"比较抽象,实际上从零年开始(包括零年在内)每期,但不包括最后一期,营运资本增加额相加,实际上就等于最后一年前一年的期末营运资本余额。下面有综合例题可以试验,当然自己也可以演算和理解。从而以上理解就是,这是因为营运资本从零年的投入开始,假设投入2 000万元,然后随着项目开始经营,营运资本会自然地随着销售和经营的需要而发生存货消耗、存货采购、每月计算存货余额,应收账款随着销售和回款自然增加或减少,然后每月计算其余额,其他营运资本项目同理,在项目的最后一年的前一年年底,营运资本余额就像刚才讲的,自然而然因为销售和经营等的需要发生增加、减少等,从而形成了项目最后一年的前一年的营运资本余额。

因此,最后一年营运资本的回收额＝最后一年之前(包括零年的)每年营运资本的增加额的累加额。

项目期间的现金流除了上面讲的营运现金流外,在项目进展过程中,增加一些相关该项目必须发生的后续固定资产投资,比如,设备增补,设备更新(例如,项目期为10年,有些项目中的设备的寿命是2年,则在项目期内需再投资更新这些到期的旧设备以维持项目的正常运营)等。这些直接作为流出的现金流。注意,公司里和该项目无关的固定资产支出不能放置在项目现金流里。因此,项目期间的现金流主要是营运现金流，但因为有可能有项目进展中的一些后续固定资产投资支出，因此项目期间现金流还包括这些投资现金流。

在做资本预算的过程中，没有必要编制完整的资产负债表，只需预测营运资本相关的数据即可。因为主要是预计营运现金流。

注意：在项目期间现金流中包含一种特殊的现金流，叫作项目期末剩余价值现金流（terminal value，TV），或称作项目期末处理现金流（disposal cash flow）。项目期末剩余价值的含义是项目期间现金流的最后一年的特殊项目的现金流，主要包括以下两种。

① 相关项目设施、设备处理现金流，其中也包括了零年机会成本相关设施处理的现金流。

② 期初和期中增加营运资金的回收。注意：最后一年的营运现金流（即净利润＋折旧等）不属于项目期末剩余价值。另外，因为最后一年的营运资本的变化额，即最后一年的期末金额减最后一年的期初金额，算作项目期末剩余价值，因此在计算项目期间营运现金流时就不应该包括项目最后一年的营运资本变化额，否则属于重复计算。

需要特别注意以下几点。

（1）项目现金流一定不包括融资本金以及利息的现金流，融资本金不是项目运营直接产生的。另外，折现率已考虑了利息成本，因此不考虑利息的现金流。

（2）一定要用税后现金流，整个资本预算都用税后净现金流，哪怕只涉及成本项目，成本也要用税后的（比如项目期间节约的成本等）。

（3）设备处理的现金流。一般发生在项目之初或项目最后。若变卖亏损则能增加现金流（负负得正），若变卖收益则减少现金流。

3.5.2　项目营运现金流的两种算法

1. 税盾法

税盾法更多地出现在教科书或考试中。在计算现金流时经常会出现营运现金流，或营运费用（也称经营费用），同时又列举了折旧费用的数据。在这种情况下，如果没有特殊说明，营运现金流是没有计算（即没有减去）折旧的。若净利润的计算中没有考虑折旧，即没有减去折旧，则在计算最终净现金流时：净现金流＝（净利润＋折旧）×税率(即税盾)。另外,如果题目中提供的是税前营运现金流,那么应该先计算出税后营运现金流,然后再加税盾。例如,收入100万欧元,一般经营费用30万欧元(不包括折旧),折旧费用20万欧元,税率30%,则最终净现金流=(100−30)×(1−30%)+20×30%=55(万欧元)。

2. 全额折旧加回法

全额折旧加回法更多地用在实际工作中,有时也出现在考试中。在实际工作中净利润都考虑了折旧费,即用的是减去折旧费后的净利润,因此此时在计算营运现金流时,净现金流=净利润+折旧×100%。同样用上例,收入100万欧元,一般经营费用30万欧元(不包括折旧),折旧20万欧元,税率30%。最终净现金流=(100−30−20)×(1−30%)+20×100%=55(万欧元),结果一样。

3.5.3 资本预算之现金流综合案例——MNO公司

(1) 已发生市场测试费用:100 000美元。

(2) 预计构建一条生产线的成本:100 000 000美元(用MACRS折旧方法,MACRS是美国一种较常用的折旧方法,MACRS折旧率是33%,45%,15%,7%),并且预计第5年设备的残值收入为2 177 000美元。

(3) 在零年会发生600 000美元培训费及一些营销费用,另外增加净营运资本:10 000 000美元。

(4) 新设备购进的同时卖掉旧设备,预计变卖旧设备的收入为200 000美元,折旧已提完,账面价值为0。

(5) 预计的增量收入及成本信息如下。

① 加权平均资本成本为10%。

② 税率为35%。

③ 每年净营运资本是每年销售收入的10%。

④ 假设所有现金流都发生在年底。

说明:为简化篇幅,下面的非百分比数据是以百万美元计,简写为M。

1. 项目零年的现金流支出

项目零年的现金流支出包括以下几方面。

(1) + 已发生市场测试费用:0.1M×0=0(沉没成本,属于无关成本)。

(2) + 购置机器成本:100M美元。

(3) + 在零年会发生培训费及一些营销费用:0.6M×(1−35%)=

0.39M 美元。

(4) + 增加净营运资本：10M 美元。

(5) 公司现有的一个库房可被用到此新项目上，机会成本为1.5M 美元。

(6) − 卖掉旧设备税后现金流：0.2M−(0.2M−0)×35%=0.13M 美元。

合计：100M+0.39M+10M−0.13M=110.26M(美元)。

2. 项目期间现金流

项目期间现金流见表 3-2。

表 3-2 项目期间现金流 (以百万计，即 M)

内 容	第 0 年	第 1 年	第 2 年	第 3 年	第 4 年	第 5 年
损益表						
销售收入(A)		100.00	163.20	249.70	212.24	129.89
销售成本(B)		40.00	65.28	99.88	84.96	51.96
毛利($C=A-B$)		60.00	97.92	149.90	127.28	77.93
经营费用(销、管等费用)* (D)		10.00	22.72	45.32	48.14	9.92
折旧费(E)		33.00	45.00	15.00	7.00	
税前利润($F=C-D-E$)		17.00	30.20	89.58	72.14	68.01
净利润[$G=F\cdot(1-35\%)$]		11.05	19.63	58.23	46.89	44.21
现金流量表						
净利润(G)		11.05	19.63	58.23	46.89	44.21
加：折旧费(E)		33.00	45.00	15.00	7.00	
期末净营运资本($H=A\cdot 10\%$)	10.00	10.00	16.32	24.97	21.22	0*
减：净营运资本增加额* (I)	10.00	0	6.32	8.65	−3.75	−21.22
营运现金流($J=G+E-I$)		44.05	58.31	64.58	57.64	65.43
项目后续的固定资产投资额(K)		0	0	0	0	0
期末设备、设施残值(L)						1.42
项目收获的总现金流($M=J-K+L$)		44.05	58.31	64.58	57.64	66.85

注：* 净营运资本增加额=期末额减期初额，比如第 1 年=10−10=0，第 2 年=16.32−10=6.32。对于净营运资本增加额，即期末额减期初额，需要使用减号。

表3-1中，第5年期末净营运资本为0。项目1～4年的年末营运资本余额＝销售收入×10％，但最后一年不能再用销售收入×10％，因为最后一年是假设的项目清算年，年末净营运资本要归为0。净营运资本的规律是从零年到最后一年的前一年的所有每年增加的净营运资本的总额都要在最后一年收回，即：10＋6.32＋8.65－3.75＝21.22(M)。如果项目期间没有再增加净营运资本，则零年增加的净营运资本在最后一年全部收回，即：10＋0＋0＋0＋0＝10(M)。实际上，从零年开始每期(但不包括最后一期)的营运资本增加额相加实际上就是项目最后一年的前一年年末的营运资本余额，比如上面的10＋6.32＋8.65－3.75＝21.22(M)，而项目最后一年的前一年的营运资本余额也是21.22M。所以另外一个窍门就是最后一年收回的净营运资本就等于前一年年底的净营运资本额，即第4年年底的21.22M，这是因为零年最初的10M，加上后来每年的增加额，从而最终达到在第4年年底的21.22M的余额。

关于折旧费，MACRS折旧率是33％，45％，15％，7％，第1年折旧费为100M×33％＝33M，以此类推，第2～4年的折旧费分别为45M，15M，7M。因此表中的其他营运成本中没有涉及折旧费，而是将折旧费单独列示。

期末设备设施残值为1.42M。1.42M＝设备残值收入＝2.18M－(2.18M－0)×35％＝1.42M。

经营费用在有些年份增长的百分比较大，是因为经营费用里包括了不少变动成本，如销售佣金、销售运费、技术转让费等。

净营运资本在项目期末的收回。有人可能会问：假设零年预计发生净营运资本后，项目的其他年份没有净营运资本的增加，为什么零年的净营运资本会在项目的最后一年全额收回呢？零年的净营运资本不会过期、过时吗？实际上，项目最后一年只是收回了零年净营运资本那么多的金额，并不是实物上收回的零年的净营运资本，实际上实物收回的是最后一年年初近期的净营运资本。因为如果项目期间的年份里并没有再增加净营运资本，则零年的净营运资本消耗后，第一年年底又有零年那么多金额的新净营运资本出现，第一年的消耗后又在第二年年底出现了同样金额的新的净营运资本，一年压一年，实际上项目最后一年收回的净营运资本是最近期的，而不是真正零年的净营运资本的实物。

在计算现金流时，实际工作中一般是净利润加非现金费用等的全额，但在很多教材和考试中，经常使用另外一种形式的计算，即在计算净利润时不考虑折旧等相关项目，然后在计算项目现金流时用该净利润加折旧等的税盾，即加折旧等乘以税率，续用上例，这种方法的计算如下：税后现金流之税盾法——$P=(C-D)\times(1-$税率$)+E\times$税率，结果是一样的。

3. 项目期末现金流

项目期末现金流计算如下。

加最后一年营运现金流(除营运资本)：44.21M(即 65.43M－21.22M)美元。

加营运资本：21.22M 美元。

加残值收入：1.42M 美元。

合计：66.85M 美元。

需要注意，在以新换旧的项目里，现金流一定要用差额现金流。

(1) 营运现金流。即新设备带来的收入和成本的影响减去旧设备本来对收入和成本的影响。例如，新设备安装后可实现销售收入5 000万元，旧设备能产生 3 000 万元的销售收入，相关现金流是5 000－3 000＝2 000(万元)。又如，上新设备后可节省人力 50 万元但增加设备维护费 30 万元，差额现金流＝50－30＝20(万元)。

(2) 折旧也要用差额现金流。例如，买了新设备，然后造成旧设备在项目期初被卖掉。这时折旧带来的税收抵扣优惠一定也是新旧设备折旧费差额的那部分乘以税率，即使通常旧设备在项目之初被卖掉。这是因为整个项目所有现金流的计算都要用差额现金流，即新方案和旧方案的差额现金流，新方案的折旧是多少，旧方案的折旧是多少，求其净额或差额，即使旧机器在零年已被卖掉。

另外，也可以理解为用了新机器从而失去旧机器本来可以有的折旧税收抵扣优惠，因此可以理解为丧失的机会成本/机会收益。续用上面的例子，假设旧设备在零年变卖时，折旧还未提完，即如果没有该资本预算项目，折旧还有两年未提完，最后两年每年的折旧费为每年5 万美元，预计残值为 0，这意味着在零年时旧设备的账面价值为10 万美元，则零年的旧设备现金流为 16.5 万美元[20－(20－10)×35%]。另外，项目前两年的折旧费分别为(M 代表百万)33M－0.005M 和45M－0.005M。从另一个角度去理解：A 方案，没有上述新的资本预算项目，旧设备继续使用，则旧设备在第 1 和第 2 年产生的折旧费都为0.005M。B 方案，考虑资本预算新项目，则新项目在前两年产生的折旧费分别为 33M 和 45M，差额现金流为 33M－0.005M 和 45M－0.005M。

3.5.4　资本预算的决策方法

资本预算的决策方法有以下几种。

(1) 回收期法(PB)。

(2) 折现回收期法(DPB)。

(3) 净现值法(NPV)。

(4) 内部回报率法(IRR)。

1. 如何选择要求回报率/折现率

要求回报率(required rate of return,RRR),用来对项目的现金流进行折现或用于作为标杆和IRR进行比较。要求回报率代表了投资一个项目所期望的最低回报率,经常也叫作折现率、加权平均资本成本/WACC(又称作资金成本率)、资本的机会成本。资本的机会成本即将资金投在该项目上而不能往其他项目上投资所牺牲的资本的机会成本。

要求回报率基本上就是WACC的代名词,但从严格意义上来讲,要求回报率是从公司投资者角度来讲的,即公司的投资者在投资某公司/项目时会有一个要求回报率(又称期望回报率),此要求回报率就是所要投入资金的机会成本/机会收益。而WACC(又称作资金成本率)是从公司角度来讲的,公司筹资(无论是债务类还是权益类)都是有资金成本的,没有免费的午餐。要求回报率和WACC很多时候是通用的。

一般来讲,公司在确定折现率/要求回报率时,对于上市公司而言,使用WACC计算清晰而且数据更容易取得,其中债务部分的很容易,权益部分可以使用CAPM。若实在无法取得数据可以使用类比法,找上市公司中的同类公司。但如果是非上市公司,债务部分仍然较容易,但权益部分较难,首先权益金额是历史成本,不够准确;其次,分红的数字不容易确定,建议寻找可比的上市公司获取相关数据。

现在很多大公司都是业务多元化,即有多个战略业务单元(SBU),一般来说,公司有一个平均的折现率,而不同的SBU会有自己的折现率。另外,针对新项目的特点及风险等,折现率可能要进行调整。

2. 回收期法

回收期法代表着要花多长时间才能将项目的初始投资额收回，即保本时间或盈亏平衡点时间。公司要设立回收期的标准年限，一般不同类型的项目会设立不同标准的回收期年限。如果项目的回收期小于或等于公司设立的标准回收期，则此项目可以被接受，否则应拒绝。

如何计算回收期？

（1）从第1年开始依次累加每年的现金流直到累加的现金流超过了初始投资额时暂停。

（2）累加暂停那一年的前一年作为回收期的年数整数。

（3）然后用初始投资额减暂停那年的前一年的累加现金流总额的差额，除以暂停那一年的现金流，得出的小数加刚才的整数即为回收期年数。

【例题3-7】 初始投资为100 000英镑，净现金流第1～4年依次是34 432，39 530，39 359，32 219英镑。计算回收期。

解答：（1）第1年为34 432英镑，小于初始投资额，累加第2年的现金流后的总计为73 962英镑，仍然小于初始投资额，继续往下看，累加第3年的现金流后的总额为113 321英镑，此时超过了初始投资额，暂停。

（2）暂停年的前一年是第2年，则2作为回收期的年数的整数。

（3）然后用初始投资额减暂停那年的前一年的累加现金流总额，即100 000－73 962＝26 038（英镑），然后用此差额除以暂停那一年的现金流，即26 038÷39 359≈0.66，则回收期为2＋0.66＝2.66（年）。

注：如果每年的现金流都是均等的，则回收期$=\dfrac{\text{初始投资额}}{\text{年现金流}}$。

回收期法优点如下。

（1）回收期法使用项目最初期间的现金流，这样数据相对更可靠，因为一般来讲，现金流越往后越不确定。因此回收期法可以帮助评估风险：回收期越短，风险越小；反之越大。因为回收期法使用项目最初期间的现金流，因此在评估高科技项目上很有用，因为高科技项目都希望在设备过时前将项目初始总投资收回（高科技设备更新换代快、很容易过时）。

（2）简单、直观、容易理解。

（3）在有多个建议的情况下可以用它进行初步筛选，但回收期不能作为最终项目接受与否的依据。

(4) 体现了项目的流动性，即投入的资本多长周期能收回。

回收期法缺点如下。

(1) 忽略了回收期以后的现金流，对长期项目不利，可能有较大影响。

(2) 没考虑货币时间价值和资本成本。

(3) 即使项目回收期短于公司期望的回收期，项目的 NPV 也有可能小于零。因为回收期法没有计算现值。比如，公司期望 3 年，该项目 2.6 年，但项目的现金流过于集中在前几年，如果计算现值，可能 NPV<0。因此回收期法一般不能作为项目最终是否被接受的直接依据，一般只可以作为初步筛选或从不同角度考量的工具。

(4) 选择可接受回收期较主观和武断。

(5) 不能反映整个项目的回报率，因为它计算到能收回初始投资额后就不再计算。

3. 折现回收期法

折现回收期法是上面回收期法的改进版，即对现金流进行折现，从而考虑了货币的时间价值和资本成本，这样会避免有的项目虽然回收期达到了要求，但整个项目的 NPV 却小于零。折现回收期法虽然不会导致 NPV 小于零，但同样不能作为项目最终是否被接受的直接依据，因为还有很多上面回收期法中讲到的缺点。一般可以作为初步筛选，比如用于项目收回风险方面的评估等。折现回收期又称作项目盈亏平衡时间点。

4. 净现值法

净现值法(net present value，NPV)是指某个投资项目从项目的第 1 年一直到项目的最后一年每年净现金流(流入减流出)的现值的合计，然后减项目初始即项目零年的现金流出额之差。若项目的 NPV≥0，则该项目可接受；若 NPV<0，则应该放弃。项目期间现金流用企业的要求回报率/WACC 折现折成现值。若 NPV>0，则意味着此项目带来的收益高于预期的要求回报率/WACC。要求回报率/WACC 代表着给股东或/和债权人的期望回报率，因此企业如果接受了一个 NPV>0 的投资项目，企业(除了满足债权人期望的回报外)股东财富增加，企业股票的市价一般会上扬。

实际上，企业的运营就是周而复始依靠每年的 N 个长期投资项目(资本预算项目)组成。例如，投资兼并另一个企业/市场，投资新厂房，投资研发，投资新设备，开发新市场等。不进行长期投资（资本预算），企业不可能有未来。

大家要会非常熟练地查复利现值系数表和年金现值系数表。其中，若整个项目期并不是等额现金流，但项目期中间有为数不少的几年是等额现金流，这时有一个窍门：有等额现金流的年份用正常的年金现值计算，然后再乘以等额现金流的第一年的上一年年末的年金现值系数，这样比每年都查复利现值系数表要简单，尤其中间等额现金流的年份较多时。

【例题 3-8】 项目期每年的净现金流如下：Y1（第 1 年）＝20 万美元，Y2～Y4 每年都是 30 万美元，Y5＝15 万美元，项目初始投资额＝60 万美元，假设折现率为 12％，项目的 NPV 是多少？

解答：(1) 12％的折现率第 1 年的年金现值系数＝0.893，（Y2～Y4）3 年的年金现值系数＝2.402，第 5 年的年金现值系数＝0.567。

(2) NPV＝200 000×0.893＋300 000×2.402×0.893＋150 000×0.567－600 000＝178 600＋643 496＋85 050－600 000＝307 146（万美元）。其中 0.893 是等额现金流的第 1 年（项目的第 2 年的前一年）年末的复利现值系数。

最好不要一个一个地查 Y2、Y3、Y4 的现值去计算，那样太麻烦。

另外要注意，有一种情况是，项目前期投资额并没有完全在零年投完，而是在最初的几年才投完。

【例题 3-9】 投资额在零年和第 1 年都有（甚至在第 2 年才投完）。比如，零年投资额是 900 万美元，第 1 年投资是 600 万美元，第 2～5 年税后净现金流入分别为 600 万美元，700 万美元，800 万美元，900 万美元。资本成本为 12％。请计算项目的 NPV。

解答：遇到这种情形，自然而然地计算就可以，即将第 1 年（甚至第 2 年）的项目初期投资额算作相关的每年的现金流出额即可。NPV 计算如下。

－600×0.893（12％第 1 年的现值）＋600×0.797（12％第 2 年的现值）＋700×0.712（12％第 3 年的现值）＋800×0.636＋900×0.567－900＝478.2＋498.4＋508.8＋510.3－535.8－900＝559.9（万美元）。

又假设：另外一个项目零年投资额是 900 万美元，第 1 年投资额是 600 万美元，第 2 年投资额为 300 万美元，第 3～7 年的现金流都是 950 万美元，资本成本 12％，则 NPV＝950×2.402×0.797（12％第 2 年的现值）－300×0.797（12％第 2 年的现值）－600×0.893（12％第 1 年的现值）－900＝1818.7－239.1－535.8－900＝143.8（万美元）。

NPV的优点如下。

(1) 绝对值数据在某种意义上是直观的,因为知道具体是多少钱,而且和公司股东利益/财富最大化的目标相一致。

(2) 如果不同项目的投资额相差较多,可能用NPV更好,因为有的项目IRR虽然很大,但NPV的值可能很小。例如,A项目IRR非常可观,但因为项目投资额仅有6 000美元,NPV仅为5 000美元。

(3) 不同年份可选用不同的折现率。IRR不可以。

(4) 多个项目之间的NPV可相互累加,IRR不可以。

(5) 当项目开始后的某个期间有负的净现金流,不能用IRR,一般用NPV。

(6) NPV的再投资回报率是WACC,更合理。NPV方法的假设是每年赚取的现金流并没有分配给股东,而是再投入企业的运营。NPV方法认为项目期间收到的现金流再投资到以后年度能得到的回报率和NPV计算中的要求回报率一样。相对IRR而言,IRR的回报率是IRR的比率,相对太高,不尽合理。

NPV的缺点如下。

(1) 从某个角度来讲,不同投资额的项目之间不太好比较。例如,有的项目NPV很大,但因为投资额也巨大,项目投资回报率可能会很低。根据众多机构的调查,在实际工作中,IRR的使用率是最高的,高于NPV。其原因就是NPV只是一个绝对值,无法进行不同规模项目之间回报率的比较。

(2) 选择折现率比较主观,折现率确定比较复杂。

(3) NPV只是一个绝对值数值,并没有显示项目的具体投资回报率,回报率很多时候更直观(IRR做到了)。

(4) 需要整个项目期现金流的预测和准备,比较复杂(所有使用现金流的方法的一个共同缺点)。

【练习题3-3】 项目最初要投资50万美元来购置新设备,项目预计经济寿命8年,预计每年能得到增加的税前经营现金流为10万美元,折旧:8年,直线折旧法,预计残值5万美元,在项目期结束时,预计变卖收入为5万美元。同时预计项目期初会有12 000美元的流动资金需求,旧设备现在账面价值为20 000美元,还有4年需每年计提折旧5 000美元,旧设备将在项目期初被卖掉,预计收入为5 000美元。资本成本是12%,税率为40%,请计算项目的NPV。

解答:期初现金流支出=500 000+12 000-[5 000-(5 000-20 000)×40%]=501 000(美元)。

项目期间总现金流现值计算如下。

(1) 常规(不包含折旧)现金流：100 000×(1－40%)×4.968(8年,12%的年金现值系数)＝298 080(美元)。

(2) 折旧税盾：$\left(\frac{500\ 000-50\ 000}{8}\right)$×40%×4.968(8年,12%的年金现值系数)－5 000×40%×3.037(4年,12%的年金现值系数)＝111 780－6 074＝105 706(美元)。

(3) 项目结束的剩余价值现金流：[50 000－(50 000－50 000)×40%＋12 000]×0.404(8年,12%的年金现值系数)＝25 048(美元)。

(4) 合计：298 080＋105 706＋25 048＝428 834(美元)。

项目NPV：428 834－50 1 000＝－72 166(美元)。

5. 内部收益率

内部收益率/回报率/报酬率(internal rate of return,IRR),是使得投资项目第1年及以后的未折现的净现金流的现值等于项目初始投资额的折现率/回报率。一般只能通过财务专业计算器或Excel等软件才可以计算。但如果每年的净现金流是相同的,可以手动计算IRR,计算的窍门是：假设项目期是A年,用项目期初投资总额除以每年现金流后假设等于B,然后在年金现值系数表上找哪个回报率/折现率能让$A-B$。例如,项目期初投资50 000 000美元,项目期为6年,每年净现金流为15 000 000美元,因此$\frac{50\ 000\ 000}{15\ 000\ 000}\approx 3.3$,在年金现值系数表上找哪个回报率能使6＝3.3,结果是20%,因此IRR＝20%。

决策标准是：一般来讲,若IRR≥要求报酬率,则投资项目是可以接受的;反之,则投资项目不可以接受。接受一个内部收益率比预期收益率高的项目应该会使该企业股票的市场价格上扬。

IRR的优点如下。

(1) 不同初始投资额的项目之间相对容易进行比较回报率这一重要绩效指标(相对NPV)。

(2) 可以明确知道项目的投资回报率是多少,管理层一般很注重回报率。

(3) 使用了现金流,考虑了货币的时间价值。

IRR的缺点如下。

(1) IRR体现的是百分比,没有绝对值。有时候项目的IRR很大，但因为初始投资额很小，结果NPV微不足道。

(2) 如果项目期间每年的现金流(现金流入减现金流出的净额)在正数现金流的那一年后的一年出现负数现金流，则项目会出现多个IRR，而且在这多个IRR里没有一个IRR是可用的，这时项目决策应该用NPV。

(3) 如果有几个项目，IRR是不可累加的，这一点不如NPV。

(4) 如果项目现金流是非常规的，项目期初是现金流入，项目期间是现金流出，IRR可能会误导，因为不能用常规的判断标准(常规的判断标准是IRR比期望回报率大可以接受)。正确的评判标准正好和常规的相反。这时可能用NPV更好。

(5) IRR在再投资回报率上有一定的问题。IRR意味着在项目期间收到的现金流进行再投资时会赚得等同IRR指标的回报率，可能太高了，不太现实。

下面通过举例进一步介绍IRR的回报率的机制。假设MNO公司某项目的初始投资额为111.76M(M＝100万美元)，项目开始后第1年到第5年的净现金流入分别为34.05M，38.01M，44.58M，47.64M，26.93M，通过Excel表格的IRR功能，计算出此项目的IRR＝21.1%，因此可以表述为下面等式：$111.76\text{M}=\frac{34.05\text{M}}{1+21.1\%}+\frac{38.01\text{M}}{(1+21.1\%)^2}+\frac{44.58\text{M}}{(1+21.1\%)^3}+\frac{47.64\text{M}}{(1+21.1\%)^4}+\frac{26.93\text{M}}{(1+21.1\%)^5}$。等号后面的数分别为$=34.05\text{M}\times 0.83+38.01\text{M}\times 0.68+44.58\text{M}\times 0.56+47.64\text{M}\times 0.47+26.93\text{M}\times 0.39=28.1\text{M}+26.2\text{M}+25.1\text{M}+22.2\text{M}+10.4\text{M}=112.0\text{M}$，和初始投资额111.76M相比差的小数点，是四舍五入的问题。

总结：IRR从最精确的角度来讲，并不是意味着初始投资额(如此例中的111.76M)的回报率是计算的IRR(如此例中的21.1%)。最精确的解释如下。

(1) 初始投资额111.76M中的28.1M在第1年的回报率为21.1%，然后本金收回。

(2) 初始投资额111.76M中的26.2M在前2年的回报率为21.1%，然后本金收回。

(3) 初始投资额111.76M中的25.1M在前3年的回报率为21.1%，以此类推。IRR有些像定期贷款或租赁费，定期贷款和租赁费都是等额分期偿还贷款形式，即投资的本金，会在每年部分收回。

如果将 IRR 定义成全部初始投资额的回报率，必须有一个假设，即每年收回的钱，收回后又继续投资，而且回报率是该项目的 IRR（如此例中的 21.1%）。因此有些学者对此提出异议，即此假设中的投资回报率太高。

因此将 IRR 和要求回报率对比来决定项目是否应该被批准，有一定问题。要求回报率一般是指一定金额的资金整体总的回报率；而 IRR，如上所述，是代表着一定金额的资金分批的回报率。因此它们不太可比，从最准确的角度来讲，IRR 确实不能单独作为项目是否该被批准的依据。但不同项目之间的 IRR 是可比的。

3.5.5 盈利指数

盈利指数（PI）的计算公式如下。

$$\text{PI}=\frac{\text{项目未来现金流的现值}}{\text{初始投资额}}$$

最低接受条件为：PI≥1。对于独立项目而言，PI 和 NPV 的决策是一样的，只是 NPV 是“减”，即未来现金流现值减初始投资额，PI 是“除”，即未来现金流的现值除以初始投资额。

盈利指数的优点如下。

（1）当有资本预算限额时用 PI 来排序进行项目选择，但最终的选择是看哪几个项目组合的 NPV 最大。

（2）相对于绝对值，如 NPV，PI 更便于比较不同投资规模的项目之间的效率和回报率。如 NPV 为 3 000 万美元并不一定比 NPV 为 2 000万美元的项目好，因为 NPV 为 3 000 万美元的初始投资额太大了，仅制造出 3 000 万美元的 NPV，效率和回报率太低。

（3）对于独立项目，PI 可用来决定是否该批准此项目。

（4）容易理解，便于交流。

盈利指数的缺点如下。

（1）因为没有显示绝对值的项目回报，因此一些 PI 很大的项目或者说一些效率、回报率很高的项目可能创造的 NPV 很小，因为初始投资额就很小。

（2）不能准确完整地体现整个项目的回报率，如 IRR，也不能体现项目的绝对值回报，如 NPV，因此 PI 用得较少。

（3）当有资本预算限额时不能仅按 PI 排序高低来选项目组合，实际上最终的判断标准是选择 NPV 最大的组合。

3.5.6 应计制会计收益率

应计制会计收益率法(AARR)又称为应计制会计收益率，是指项目期间的年平均会计利润除以投资额得到的比率。

【例题 3-10】 MNO 公司购买了一台新的 X 光机，预计年平均税后营业成本节省额为98 200 美元。这一金额是总营业成本节省额491 000 美元(前 4 年400 000美元，第 5 年91 000 美元)除以 5 年得到的。新设备会产生额外的年折旧金额为70 000美元，初始净投资为379 100美元。计算 AARR。

解答：AARR＝(98 200－70 000)÷379 100＝7.4%

与内部收益率法和净现值法相比，应计制会计收益率法考虑了应计项目(即按责权发生制考虑的收益)和税收的问题，并使用营业利润来计算收益，但是忽略了现金流和货币的时间价值。会计回报率基本上很少用了，因为没考虑现金流，也没考虑货币的时间价值。

请注意，大公司里使用资本预算决策方法的频率排在前 3 名的依次是 IRR、NPV 和折现回收期。一般是这 3 种方法同时使用，它们各有优势和特点，形成良好的相互补充，从而有助于更好地了解项目并更准确地做出决策。

3.5.7 项目的期限

投资项目期限：它的设定很关键，因为关系到计算净现金流及最后的决策，项目的经济寿命期不是营业执照的期限，一般参考购买固定资产的主要设备的经济寿命期，如购买一家工厂可设 10 年，因为主要设备的生命周期一般是 10 年。

资本预算的决策方法到此并没有结束，目前是假设资本预算中的设备是购买，实际上应该继续比较设备是采购合适还是租赁合适。因为考虑租赁与采购的决策有可能让 NPV 为负数的项目起死回生(例如，NPV 为负 100 万元，而租赁净收益为 160 万元，则此项目也可以进行，但企业是租赁设备而不是采购设备)，或者企业采购不如租赁更好等。因此，要进一步分析租赁还是采购，计算 NAL，即租赁净收益。

3.5.8 资本决策中的一些特殊情况

首先，在任何情况下，若在项目期间，不同期间需要使用不同的资本成本/要求回报率，则此时只能使用 NPV，无法使用 IRR。例如，项目期为10年，1～4年的资本成本为12%，5～10年因某些宏观经济因素影响，资本成本为16%。

对于一个独立项目而言(独立项目是指其接受或拒绝不会影响正在考虑的其他项目的决策，独立项目的情形在实际工作中很多见)，内部收益率法、净现值法所得出的“接受或拒绝”结论都是一样的。

对于非独立项目(类型如下)而言，此时内部收益率、净现值对于接受还是放弃的结论可能会不一样。

(1) 相互依存/依赖项目。接受一个项目，其他相关项目也要同时被接受，例如，添置一台大型机器可能需要建造新的厂房，因此决策时要考虑整体，不能单独考虑其中某个项目。方法：①计算合计的NPV；②整体计算IRR，因为单个项目之间的IRR不能直接相加。

(2) 互斥项目是指接受该项目就必须放弃一个或多个其他项目，两个互斥项目不可能同时都被接受。下面具体有两种情形。

① 初始投资规模不同。这种情形下，利用IRR、NPV进行判断，可能会有不同的结论。比如，IRR很大，但因为项目投资规模较小因此带来的NPV较小；相反，有的项目NPV很大，但因为投资规模也过大，因此IRR指标可能不是很好。此时NPV可能是更好的决策工具，因为最终看哪个项目赚的钱最多，即NPV，而不是赚的比率最多，如IRR。

② 即使项目投资额相同，但项目期间现金流的时间分布不一样。例如，A项目的现金流是先高后低，而B项目的现金流是先低后高，这时IRR和NPV可能会得出不同的结论。例如，某美国公司打算在亚洲投资建厂，因为资金有限，建厂的投资为1.5亿美元，有3个选择，即A、B、C 3个国家。做完预算后，发现3个项目虽然项目期限是一样的，但现金流每年的分布不同。A项目NPV最大，但IRR最小，C项目IRR最大，但NPV最小。此时如何做决策？此时NPV是最好的选择。因为公司最终赚的是钱而不是比率。此时是互斥的情形，即只能选一个项目，因此最终还是要看哪个项目赚的钱最多，即NPV，而不是赚的比率高。

具体举例如下。X项目的初始投资额为1 000万美元，项目期间3年的净现金流入分别为100万美元，200万美元，2 000万美元。而Y项目的初始投资额同样是1 000万美元，项目期间3年的净现金流入分别为650万美元，650万美元，650万美元。X项目的NPV为758万美元，而Y项目的NPV为617万美元，X项目的NPV大于Y项目的

NPV，但 X 项目的 IRR 为 35%，而 Y 项目的 IRR 为 43%，从而 Y 项目的 IRR 大于 X 项目的 IRR，结论正好相反。根据上面讲述的决策规则，应该选择 X 项目，因为其 NPV 更大。

(3) 项目期不一样。例如 A 项目 10 年，B 项目 6 年。此时要使用 NPV，不能用 IRR。但在用 NPV 时，不能简单地下结论，即不能哪个项目的 NPV 大就接受哪个项目，因为一般来讲时间短的项目的 NPV 处于劣势，但时间短的项目结束后，有可能还可以继续投资赚钱，因此可以选择使用等期法，即让两个项目等期。然后计算各自的 NPV，看哪个项目的 NPV 大，就接受哪个项目。

3.5.9 资本限额下如何选择资本预算项目

资本限额是指某一时期内的资本支出总量必须保持在预算金额内，不能超过预算。类似的约束在一些企业中有时确实存在，因为即使好项目很多，而且不少很有吸引力，但公司的资金毕竟是有限的，即使现在现金不够可以去额外融资，也要考虑杠杆的风险性，并且融资是有局限的。由于资本限额的约束，企业会在不超过预算上限的条件下尽量选择能最大限度增加企业价值的投资项目组合。广义上的资本限额实际上还包括除了资金的限额外的其他限制，例如，很难招到优秀的技术和管理人才，总公司在某些方面的经验还不够充足等。在当期存在资本限额时，选择项目的方法是：①可以先按盈利指数排序，看看能不能选出前几名的项目组合而且同时用足了资本限额；②如果此方法没能用足所有资本限额，仍要看有没有其他组合产生的 NPV 是最大的，衡量的最终标准还是看哪个组合 NPV 最大，PI 是一个辅助工具。

3.5.10 资本预算之现金流及项目决策方法综合案例：MNO 公司

续用前面的资本预算之现金流综合案例。

(1) 已发生市场测试费用：100 000 美元。

(2) 预计构建一条生产线的成本：100 000 000 美元(用 MACRS 折旧方法，MACRS 折旧率是 33%，45%，15%，7%)，并且第 5 年设备的残值收入：2 177 000 美元。

(3) 在零年会发生 600 000 美元培训费及一些营销费用，另外增加净营运资本：10 000 000美元。

(4) 新设备购进的同时卖掉旧设备，收入为 200 000 美元，折旧已提完，账面价值为 0。

（5）预计的增量收入及成本信息如下。

① 加权平均资本成本为 10%；

② 税率为 35%；

③ 每年净营运资本是每年销售收入的 10%；

④ 假设所有现金流都发生在年底。

请计算项目的 NPV、IRR、折现回收期。

说明：为节约篇幅，下面的非百分比数据是以百万美元计，简写为 M。

项目零年的现金支出如表 3-3 所示。

加：已发生市场测试费用。0.1M×0＝0（沉没成本，属于无关成本）。

加：购置机器成本。100M 美元。

加：在零年会发生培训费及一些营销费用：0.6M×（1－35%）＝0.39M（美元）。

加：增加净营运资本。10M 美元。

减：卖掉旧设备税后现金流。0.2M－（0.2M－0）×35%＝0.13M（美元）。

合计：100M＋0.39M＋10M－0.13M＝110.26M（美元）。

表 3-3 （以百万美元计，即 M）

内　容	第 0 年	第 1 年	第 2 年	第 3 年	第 4 年	第 5 年
损益表						
销售收入（A）		100.00	163.20	249.70	212.24	129.89
销售成本（B）		40.00	65.28	99.88	84.96	51.96
毛利（$C=A-B$）		60.00	97.92	149.90	127.28	77.93
经营费用（销、管等费用）*（D）		10.00	22.72	45.32	48.14	9.92
折旧费用（E）*		33.00	45.00	15.00	7.00	
税前利润（$F=C-D-E$）		17.00	30.20	89.58	72.14	68.01
净利润［$G=F\cdot(1-35\%)$］		11.05	19.63	58.23	46.89	44.21
现金流量表						
净利润（G）		11.05	19.63	58.23	46.89	44.21

续表

内　容	第0年	第1年	第2年	第3年	第4年	第5年
加：折旧等非现金(E)		33.00	45.00	15.00	7.00	
期末净营运资本($H=A\cdot 10\%$)	10	10	16.32	24.97	21.22	0*
减：净营运资本增加额(I)	10	0	6.32	8.65	−3.75	−21.22
营运现金流($J=G+E-I$)		44.05	58.31	64.58	57.64	65.43
项目后续的固定资产投资额(K)		0	0	0	0	0
期末设备、设施残值(L)						1.42*
项目收获的总现金流($M=J-K+L$)		44.05	58.31	64.58	57.64	66.85
零年初始投资合计(N)	−110.26					
总现金流($O=M+N$)	−110.26	44.05	58.31	64.58	57.64	66.85

(1) 计算NPV如下。

NPV=−110.26M+44.05M×0.909+58.31M×0.826+64.58M×0.751+57.64M×0.683+66.85M×0.621=−110.26M+40.04M+48.16M+48.50M+39.37M+41.51M=106.87M(美元)，>0，此项目接受。

(2) 计算IRR的方法如下。

① 打开Excel表。

② 将零年以及项目期间每年的净现金流输进Excel。

记住：零年的初始投资额以负数形式体现。

③ 然后单击Excel表上方的“公式”，接着单击“财务”，最后单击IRR，此时鼠标会自动出现在对话框的VALUE里，单击零年的数据，拉向第1年的数据，第2年的数据，一直拉到项目最后一年的数据，单击对话框里的“确定”按钮，此时IRR就出现了。注意，如果Excel中的对话框挡住了数据，请记住最后一列数据是哪一列，比如是F还是G等，这样可以准确进行判断，不要因数据拉多了或拉少了，影响IRR计算的准确性。

(3) 计算折现回收期。

① 累加第3年数据后，总计为166.94M，即44.05M+58.31M+

64.58M，超过了初始投资额 110.26M。

② 因此这项回收期的整数为 2。

③ 然后计算折现回收期的小数，即（110.26－44.05－58.31）÷64.58＝0.12。

④ 因此折现回收期为 2.12 年。如果公司制定此类项目的期望回收期为 2.5 年，那么此项目的回收期比期望回收期更短。

3.6 资本预算风险分析

上述资本预算的决策方法使用完后，千万不要以为项目的决策已经结束。实际上，上述的决策方法只是对资本预算/长期投资的初步决策，并不是最终的决策，接下来要对项目进行风险分析，这是因为目前只是主观预测了资本预算/长期投资的一种情形的现金流，而且主观预测本身充满了不确定性和风险因素，因此必须进一步对项目做风险分析。资本预算的主要风险分析方法包括：

（1）敏感性分析法；

（2）情境分析法（又称远景方案分析法）；

（3）模拟分析法（也叫蒙特卡洛分析法）；

（4）确定等值法；

（5）风险调整折现率法；

（6）CAPM 等。

注意：实际工作中，欧美企业用得比较多的是敏感性分析法和情境分析法，而且这两个指标一般会同时用。对于特大型项目，现在很多企业还另外使用模拟分析法。

3.6.1 敏感性分析法

敏感性分析法的机制如下。

（1）预测项目的现金流。然后计算 NPV、IRR 等。

（2）确定可能影响现金流的主要变量，比如，售价、销量、产品单位变动成本、总固定成本、初始投资额、设备残值、折现率等。

（3）通过测试确定变量的敏感级别，即哪些变量的变化容易引起整个结果（NPV/IRR）较大变动，哪些相对影响较小。然后按从最敏感到最不敏感对这些变量进行排序。注意，进行变量测试时，对变量单独逐个进行测试，而且某个变量测试时的前提假设是其他变量不变。具体方法为倒推法（也叫盈亏平衡点分析法）：让 NPV＝0，计算这些变量变化的百分比，然后将百分比进行从小到大的排序，这样排在最前面的变量就是最敏感的变量，因为它们的影响力最大，它们变动的比例很小就可以将项目置于被否定的境地，排在后面的是影响力相对较小的变量。除了倒推法外，还有正推法，稍后举例演示。

（4）对变量进行敏感测试并排序（假设排序为售价、销量、设备残值等）后，如果有必要，企业应重新审查资本预算模型的内容，看是否需要进行修改将内容夯实。

（5）最终确定后，要进行变量及项目的风险评估，即研究如果项目变成不能被接受时，各个变量变化的百分比发生的可能性的大小，如果可能性较大，说明该项目的风险较大；否则风险较小。企业应对所有变量如此逐个分析，因为变化比例大的变量发生的可能性未必小，变化比例小的发生概率未必大，主要是看所变化比例发生的可能性。这样所有变量（总共也不会很多）做完研究和评估后，通盘来评估项目的风险。比如，经分析、评估，发现项目有一个或多个变量较容易引起项目失败，则此项目风险很大。若发现很难有变量导致项目失败，则此项目风险较小。

例如，若销售价格下降 20％，项目就不能被接受。经研究和评估，售价在未来 5 年下降 20％的可能性较大，则此项目风险较大。假设经研究和评估，在未来 5 年竞争不会太激烈，而且售价目前已见底，则此价格下降 20％的可能性基本上没有，因此项目的风险较小。逐一分析，最后通盘评估项目的风险。

通过上述分析企业确定哪些变量是最危险因素，即较容易导致项目失败，这些变量也可以叫作关键变量。

（6）非常值得注意的是，此时敏感性分析并没有结束，项目资本预算的相关负责人必须将变量和项目风险分析结果与未来负责项目运营的相关人员进行有效的沟通，以使得负责项目运营的人密切关注和控制风险较大的变量，促进项目成功运营。实际工作中，很多企业在上述这种沟通上不做或做得不好，很大程度上影响了项目开展。

1. 通过案例讲解变量敏感测试

1）倒推法

【例题 3-11】 MNO 公司正在考虑投资 500 000 美元购买设备，

生产一种新型产品 M9，这种产品可销售 3 年，在第 3 年年底将设备卖掉，可得到税后残值 80 000 美元，投资后预计每年可增加销售收入 600 000 美元(税后)，相应变动成本是 350 000 美元(税后)，每年固定成本增加40 000美元(税后)。资本成本率是 15%，3 年的年金现值系数是 2.283，第 3 年复利现值系数为 0.658。

问题：(1)计算 NPV；(2)变量敏感测试。下列参数的变化百分比是多少时可使在(1)中得出的结论发生改变。

A. 销售量　　　　B. 销售价格

C. 初始设备投资额　　　　D. 设备残值

解答：

(1) 计算 NPV。表 3-4 中除了百分比和折现率数据外，其他都是以千美元计。

表 3-4

时　间	项目	现金流	15%折现率	净现值
第 0 年	设备投资	(500)	1	(500)
第 1～3 年	销售收入	600	2.283	1 370
第 1～3 年	变动成本	(350)	2.283	(799)
第 1～3 年	固定成本	(40)	2.283	(91)
第 3 年	设备残值	80	0.658	53
项目期间净现金流入合计：533				
净现值：33(千美元)(即 533 减 500)				

基于以上计算，此项目得出正的净现金流 33 千美元，此项目初步(但非最终)判断是应该接受的。

(2) 变量敏感测试。如果决策发生变化，则意味着项目的 NPV 必须减少到零，即 NPV 必须降 33 千美元，也就意味着相关变量的变化比例对整个项目 NPV 影响的结果是减少33 千美元。计算此相关变量变化百分比的一个窍门是：用项目的 NPV 金额(此例中是 33 千美元)除以该变量相关指标的项目期间总现值即可。确定该变量相关指标的规则是看对项目净利润和净现金流产生最终影响的那个指标。举例如下。

① 销售量变量。销量比例的变化会对销售收入和变动成本同时产生影响，而销售收入和变动成本都会对项目的净利润与净现金流金额直接产生影响。例如，销售收入减少 500 万美元，则项目的净利润和净现金流直接金额减少 500 万美元，如果同时变动成本减少 300 万

美元，项目的净利润和净现金流则直接金额增加300万美元，那么最终对项目净利润和净现金流产生影响的指标并不是销量也不是销售收入等，而是销售收入和变动成本同时受影响，也可以总结为销量变量相关的指标是边际贡献(即销售收入减变动成本)指标。

此题的计算为：如果销量变化，销售收入和变动成本都会随之变动，因此对项目净利润及净现金流的影响是边际贡献的金额，因此销量下降的比例等于项目的净现值除以项目的边际贡献的总现值，即如果净现金流必须降33 000美元，销量下降的比率是33 000÷(1 370 000−799 000)=5.8%，即若销量下降5.8%，项目的NPV就变为零。注意，如果做题时题中给的是非税后的销售收入和变动成本，在计算相关现金流现值时，一定要计算税后的。

② 销售价格变量。销售价格比例的变化对销售收入产生影响，而销售收入会直接对项目的净利润和净现金流产生影响，销售价格的变化并不对成本产生影响，因此销售价格变量相关的指标是销售收入。

此题的计算为：如果销售价格变化，只有销售收入随之变化，而变动成本等其他不变，则对项目净利润及净现金流的影响是销售收入的金额，因此销售价格下降的比例等于项目的净现值除以项目的销售收入的总现值，即33 000÷1 370 000=2.4%。因此从另一个角度来讲，若销售价格下降2.4%，整个项目的NPV将变为零。注意，如果做题时题中给的是非税后的销售收入，在计算相关现金流现值时，一定要计算税后的。

③ 初始设备投资额变量。初始设备投资额变化引起的影响比较复杂，因为它同时影响“两边的数据”，即一边是零年的数据，一边是项目期间的数据，这两边是相减的关系。具体而言，初始投资额增加不仅引起本身初始投资额的增加，还会增加另一边的项目期间的现金流，即加折旧费的税盾和期末设备残值。

此题的计算为：因为此题中没有给出相关增加投资额所带来的折旧费的税盾和残值等相关数据，因此假设这些数据为零。由此，增长的比率等于项目的净现金流除以项目的初始投资额的现值，即

$$33\ 000\div 500\ 000=6.6\%$$

④ 设备残值变量。设备残值变化仅影响设备残值本身，设备残值变化意味着之前估计的残值在项目结束后会有很多不确定性因素。

此题的计算为：如果决策变化，就意味着NPV必须降33 000美

元,设备残值收入的净现值要降 33 000 美元,目前设备残值的现值为 53 000 美元,故下降比率等于项目净现金流除以期末设备残值的现值,即 33 000÷53 000=62.3%。注:从另一个角度去测试——预计残值收入为 80 000 美元,如果降 62.3%,预计残值收入变成 30 160 美元[80 000×(1-62.3%)],折为现值后等于 19 845 美元,比原来的残值现值 53 000 美元少了差不多 33 000 美元(小数点四舍五入的原因)。最终整个项目的 NPV 变为零。

其他变量:①单位变动成本变化影响总变动成本这个指标;②总固定成本变化只影响总固定成本。

折现率变量的变化百分比的计算。首先计算出折现率是多少时,NPV=0,假设上例中,当折现率为 17%时,NPV=0,则折现率变化的百分比为(17%-15%)÷15%=13.3%。即目前的折现率为 15%,增加 13.3%后,会使得 NPV=0。

此题的结论如下。敏感变量从最敏感向下排序为:销售价格 2.4%;销售量 5.8%;初始设备投资额 6.6%;期末设备残值 62.3%。

注意:遇到类似的案例时,记住要针对不同变量分别计算其现值。如表 3-5 所示。

表 3-5

时　间	项　目	现金流	15%折现率	净现值
第 0 年	设备投资	(500)	1	(500)
第 1～3 年	销售收入	600	2.283	1 370
第 1～3 年	变动成本	(350)	2.283	(799)
第 1～3 年	固定成本	40	2.283	(91)
第 3 年	设备残值	80	0.658	53
项目期间净现金流入合计:33				

而不是常规地列成一个计算式,如(600-350-40)×2.283+80×0.658-500=33。

另外,不一定都需要测试变量变化多大比例,项目才会不被接受,也可以测试 NPV 等于公司的某预期值时,计算变量变化的比例。道理相同,只是此时分子是项目的 NPV 数值减去公司期望的 NPV 数值。同样道理,可以通过 IRR 进行变量测试,例如,目前项目的 IRR 是 35%,公司的要求回报率为 10%,公司可以测试变量变化多大比例则项目就不能被接受，即当项目的IRR小于10%时，项目就不能被接受。方法为：计算折现率为10%时项目的NPV的数值。方法与上面的NPV的方法一样，即用折现率10%时的NPV数值除以相关指标从而计算变化的比例。当然，如果企业想测试IRR达到一定期望值时变量变化的比例，可举例如下。续用上例，测试IRR达到18%时变量变化的比例，方法为：计算折现率为18%时项目的NPV的数值，然后用要求回报率折现的项目的NPV数值减去折现率为18%时NPV数值，然后除以相关指标从而计算变化的比例。

注意：实际工作中，通过Excel表格很容易做敏感测试，因为Excel表可以通过建立公式将所有资本预算的数据联动起来。只要某个变量一更改，NPV、IRR就会自动变化。

2）正推法

正推法的机制是：每次只挑选一个变量计算其变动（假定其他变量都不变）对净现值或内部收益率的影响。这些变量都变化同样的百分比，假设是10%，计算其对NPV的影响。按照影响的金额从大到小排序，这样排在最前面的变量是最敏感变量，因为它们的“破坏力”最强。

【例题3-12】 STU公司投资20 000 000元购买设备，按10年摊销，预计今后10年每年的销售数量为1 500 000件产品，售价为20元，变动成本为16元，固定成本每年50万元。固定成本和变动成本里都不包含折旧。所得税税率为40%，资本成本为12%。折旧使用直线折旧法。

问题：（1）计算该项目的NPV。

（2）如果销量下降10%，计算敏感度及对项目可行性的影响。

（3）如果售价下降10%，计算敏感度及对项目可行性的影响。

解答：（1）计算该项目的NPV。NPV＝[1 500 000×(20－16)－500 000]×(1－40%)×5.65(10年，12%的年金现值系数)＋$\frac{20\ 000\ 000}{10}$×40%×5.65(10年，12%的年金现值系数)－20 000 000＝3 165 000（元）。

（2）销量下降对NPV的影响＝[销量×减少%×边际贡献×(1－税率)×年金现值系数]＝[1 500 000×10%×(20－16)×(1－40%)]×5.65(10年，12%的年金现值系数)＝2 034 000(元)。

敏感度：203.4÷316.5＝64.3％，意味着销量下降10％，NPV下降了64.3％。另外，因为新的NPV＝316.5－203.4＝113.1(万元)，仍大于0，因此项目仍然可行。

(3) 销售价格下降对NPV的影响＝销量×售价×减少％(1－税率)×年金现值系数＝[1 500 000×20×10％×(1－40％)]×5.65(10年，12％的年金现值系数)＝10 170 000(万元)。

敏感度：1 017÷316.5＝321.3％。

新的NPV＝316.5－1 017＝－700.5(万元)，小于0，因此项目不可行。

注意：在正推法中，①售价变化对NPV的影响＝原售价×售价变化百分比×原销量×(1－税率)，然后折现；②销量变化对NPV的影响＝原销量×销量变化百分比×单位边际贡献×(1－税率)，然后折现，这是因为销量变化既影响销售收入，也影响变动成本，因此影响边际贡献。另外，在计算相关指标(比如，销售收入、边际贡献等)的现值时一定要乘以(1－税率)，从而计算税后数值。

2. 敏感性分析法的优缺点

敏感性分析法的优点：①容易理解，管理层容易做出评估判断；②能找出影响项目成功的关键变量，然后密切跟踪这些参数；③简单、容易操作，使用Excel表格就可以。

敏感性分析法的缺点：①每次只能测试一个变量；②每个参数的变化是独立的，不影响其他参数，实际上不太可能。比如，原材料价格提高，很可能公司销售价格也要提高。

3.6.2 情境分析法

情境分析法(scenario analysis，也叫情境/方案分析法)的机制如下。

同时预测几种方案的现金流，每种方案都计算其净现值或内部收益率，方案一般是最有可能(most likely)的方案、最乐观的方案(best case)和最悲观的方案(worst case)3种。其中，最有可能的方案就是先前资本预算模型里的现金流。这样可以让企业看到更多的可能发生的方案，从而进行风险评估。

从某种程度上来讲，情境分析法可以说是敏感性分析法的延伸，即从每次只考虑一个变量的变化，到情境分析中，一个方案里涉及了多个变量的同时变化。当然也可以说情境分析法是下面模拟分析法的简单形式，即模拟分析法的方案众多，而情境分析法的方案有限。

情境分析法的优点：①同时考虑多个变量的同时变化；②可以在一定程度上帮助评估项目的风险；③这种做法较简单，实际工作中很多企业使用。

情境分析法的缺点：①没有分析出影响项目的关键变量，如销售价格、销量等；②相对于模拟分析法，考虑的方案过少，一般仅 3 种左右；③发生的概率判断较主观。

3.6.3　模拟分析法

模拟分析法的机制如下。

（1）预测项目的现金流。

（2）确定影响现金流的所有变量（而敏感性分析法是主要变量）及其可能变动范围。例如，售价在 200～300 元，间隔 1 元；销量在 50 万～190 万件，间隔 1 件；单位变动成本、固定成本、资本成本等。

（3）将信息输入计算机（使用相关的模拟分析法的专用软件）。

（4）计算机软件会随机挑选各种变量的任意组合来计算项目净现值、内部收益率。经过可能上百次的计算而形成：①净现值、内部收益率的概率分布图；②平均值；③标准差等。

（5）由此可查出净现值大于零或 IRR 大于要求回报率的概率，也可查询 NPV 或 IRR 达到一定值的概率，从而来判断风险。例如，如果该项目 NPV 大于零的概率为 60%，则此项目的风险很大；相反，如果此项目 NPV 大于零的概率是 95%，则风险较小。

模拟分析法可以说是敏感性分析法继情境分析法后的进一步延伸，即考虑了各种变量同时一起变化的各种情境。

模拟分析法的优点：①模拟分析法考虑了各种变量的各种因素和项目可能发生的各种方案，因此结果会更客观，对项目的风险分析很有帮助。实际工作中很有用，尤其适用于大项目。当然模拟分析法必须依赖计算机软件。②借助相关的计算机软件，可以自动任意测试 NPV 或 IRR 达到一定预期数值的概率。

模拟分析法的缺点：①相对比较复杂、费时。比如，要考虑所有变量，并且研究所有变量的各种变化情况。②没有分析出影响项目的关键变量，如销售价格、销量等。③从成本收益原则上来讲可能不适合较简单的资本预算项目。

3.6.4 确定等值法

确定等值法的机制如下。

(1) 预测项目的现金流。

(2) 将未来有风险的现金流调整成无风险的现金流。实际运用中,一般要确定无风险系数(介于0～1)以调低成无风险的现金流。例如,某年本来预计1 000万元的现金流,无风险系数为0.6,无风险的现金流则变成1 000×0.6=600(万元)。

(3) 用无风险折现率计算现金流的现值,如果项目净现值大于零,则项目可接受,否则放弃。如果计算内部收益率,内部收益率要和无风险折现率比较,比后者大则可以接受,否则放弃。

注意:此方法判断风险系数较主观。但可以通过不同年份确定不同的无风险系数来调整现金流,这样更确切,而下面要讲的风险调整折现率法只能用一个折现率调整所有年份。

3.6.5 风险调整折现率法

风险调整折现率法的机制如下。

(1) 预测项目的现金流。

(2) 和确定等值法相反,风险调整折现率法是保持预测的现金流不变,而调整折现率,风险高则调高折现率,风险低则调低折现率。不同的项目风险确实有可能迥然不同,因此不能统一使用公司平均的要求回报率。正确的方法是评估具体项目的风险程度,从而对要求回报率调高或调低。然后计算净现值,如果净现值大于零,则项目可接受。如果计算内部收益率,内部收益率要和风险调整后折现率比较,比后者大则可以接受,否则放弃。

此方法简单,易操作,但调整幅度的判断较主观,而且使用一个折现率调整所有年份现金流。

注意:在实际工作中,敏感性分析法、情境分析法使用得比较多。模拟分析法在特别大型的项目中使用得比较多。

【练习题 3-4】

STU 公司正在分析一个 200 000 美元的设备投资项目,该设备将在未来 5 年内用于生产新产品。根据预测,该项目产生的年度税后现金流量数据如表 3-6 所示。

表 3-6

年度税后现金流/美元	概率
50 000	0.20
55 000	0.30
60 000	0.20
65 000	0.10
70 000	0.10
75 000	0.10

如果 STU 使用 14%的最低资本报酬率，那么：

(1) 项目期望(平均)NPV 是多少？

(2) 得到正净现值的概率是多少？

(3) 净现值大于 20 000 美元的概率是多少？

(4) 项目期望/平均 IRR 是多少？

(5) IRR 大于 14%的概率是多少？

(6) IRR 大于 20% 的概率是多少？

(7) 请对此项目做风险分析。

解答：这是典型的情境方案题型，因为从第 1 年开始有很多种方案，而且每种方案在以后年度并没有“分叉”。

(1) 项目期望(平均)NPV。

① 计算每种方案的 NPV。5 年，14%的年金现值系数为 3.433。

50 000×3.433－200 000＝－28 350(美元)　　0.2

55 000×3.433－200 000＝－11 185(美元)　　0.3

60 000×3.433－200 000＝5 980(美元)　　0.2

65 000×3.433－200 000＝23 145(美元)　　0.1

70 000×3.433－200 000＝40 310(美元)　　0.1

75 000×3.433－200 000＝57 475(美元)　　0.1

② 因此期望或平均 NPV＝－28 350×0.2－11 185×0.3＋5 980×0.2＋23 145×0.1＋40 310×0.1＋57 475×0.1＝4 263.5(美元)。

(2) 有 4 种方案的 NPV 大于零，则 NPV 大于零的概率为此 4 种方案的概率相加，即 20%＋10%＋10%＋10%＝50%。

(3) NPV 大于 20 000 美元的方案有 3 种，它们的概率相加为 10%＋10%＋10%＝30%。

(4) 计算项目的平均 IRR。

① 计算每种方案的 IRR。虽然因为每年都是等额现金流，可以考

虑“穷门法”，但可惜无法在年金现值系数表中查到相关数据，因此只能使用 Excel 表中的 IRR 功能，这样很容易计算出这 6 种方案的 IRR，它们分别是 7.9%，11.6%，15.2%，18.7%，22.1%，25.4%。

② 项目的期望 IRR 是 7.9%×0.2＋11.6%×0.3＋15.2%×0.2＋18.7%×0.1＋22.1%×0.1＋25.4%×0.1＝1.58%＋3.48%＋3.04%＋1.87%＋2.21%＋2.54%＝14.7%。

(5) IRR＞14%的概率为 20%＋10%＋10%＋10%＝50%。

(6) IRR＞20%的概率为 10%＋10%＝20%。

(7) 风险分析。此项目平均 NPV＝4 263.5 美元，大于零，IRR＝14.7%，大于要求回报率，初步来看此项目可以接受。但通过情境方案分析，NPV＞0 的概率只有 50%。而且最次方案的 NPV＝－28 350 美元，IRR 只有 7.9%，大大低于要求回报率 14%，通过风险分析，此方案虽然平均 NPV＞0，但风险较大，建议暂时不接受此项目。

3.7 资本预算——通货膨胀

通货膨胀(通胀)是宏观经济中的重要因素，必须在资本预算中予以考虑。当在资本预算中考虑通胀时，一定要同时调整现金流和要求回报率。

(1) 现金流的调整

实际现金流假设没有通胀影响。名义现金流包含了通胀的影响。名义现金流记入会计账，而实际现金流不记入会计账。

$$名义现金流=实际现金流\times(1+通胀率)^n$$

n 代表现金流所处的年份，如第 1 年，第 2 年……第 n 年。例如，若不考虑通胀，假设 4 年内每年现金流为10 000美元；若考虑通胀，假设每年通胀率＝10%，则第 1 年的名义现金流＝10 000×1.1＝11 000(美元)，第 2 年的名义现金流＝10 000×$(1+10\%)^2$＝12 100(美元)，第 3 年＝10 000×$(1+10\%)^3$＝13 310(美元)，第 4 年为 14 641 美元。

(2) 要求回报率的调整。名义折现率，即名义要求回报率应该考虑通胀因素而进行调整。

$$名义回报率=(1+实际回报率)\times(1+通胀率)-1$$

例如，假设实际回报率＝10%，通胀率＝10%，名义回报率＝(1＋10%)×(1＋10%)－1＝21%，注意不是 10%＋10%。实际回报率考虑了无风险利率(政府短期国库券收益率)及一定的经营风险回报率,而名义回报率考虑了无风险利率(政府短期国库券收益率)及一定的经营风险回报率及通胀因素。

再次强调,做资本预算时要针对通胀因素同时调整现金流和要求回报率。例如,如果现金流考虑了通胀,则要求回报率也必须考虑通胀。不能只调整一个而不调整另一个。

注意:实际工作中,现金流对通胀因素的调整可能有另外一种形式,即售价、产品成本、销售和管理费用等各自考虑通胀的因素,而且每年的通胀率也未必完全一样。

3.8　资本预算中的实物期权

传统的资本预算方法就是对项目当时决定批准或否定,而忽略了很多投资可以等等看。另外,传统的资本预算批下来后就放置不管了,然后等到项目开始时直接开工。一般情况下,资本预算需提前一段时间进行报批,其实在预算审批后到项目开始前这段时间可能会发生很多变化。传统的方法常常会忽略未来的管理灵活性。所谓管理灵活性,是指在情况/条件改变后,对决策加以相应改变的灵活性。

实物期权的概念是 1977 年由麻省理工学院 Stewart C. Myers 发明的。他利用了金融中的期权,特别是美式期权的概念,将它应用到情形不明朗/不稳定的资本预算中,这时的期权是从金融资产运用到非金融资产的跨越。

实物期权是一种战略决策的工具,最初项目的批准只是意味着经理们得到一个"期权",即得到了可以在未来一定期限内以多少金额的预算(履行价)做该项目的权利(不是义务,不是必须做)。随着项目信息的不断增多,形势不断确定和明朗,可能会派生出其他选择或改变,比如增资扩大或放弃投资。这样某个一开始净现值为负数的项目利用实物期权的思想最终可能会去实施,当然最初是正净现值的项目最终可能会被放弃。

在实物期权环境下,

一个项目的价值=(没有行使实物期权的项目的)净现值
+实物期权的价值(实物期权本身的价值)

有些类似于可转债的概念,

可转债的价值=纯债的价值+期权的价值

因此，同等道理，

$$实物期权的价值=\text{行使了实物期权的项目的净现值}-\text{没有行使实物期权的项目的净现值}$$

应用的实物期权的主要类型(即未来可能采取方案的类型，如扩展、放弃、等等看等)如下。

(1) 扩张期权。先试行一个项目(通常一开始规模较小)，当条件有利时，它允许企业扩大项目规模。例如，A公司在评估一个投资需1亿元的项目用来生产一种新产品，产品的销售额需非常可观才能带来正的NPV，企业可以考虑一个实物期权为1 000万元的小工厂的建立，如果市场好，然后扩大投资建立1亿元的工厂。

(2) 放弃期权。若一个项目开始后的现金流不太好，这时如果继续，该项目的现金流收益小于放弃(变卖)该项目的价值，则公司很可能选择放弃该项目。

(3) 延迟期权。若项目现金流不是特别好，或目前形势不是很明朗，这时可以选择等等看，了解更多的信息后再确定。这还不像前两者那样要有确定的行动(要么扩张或放弃)。

(4) 其他期权。产品组合、原料组合、发展期权等。

对于实物期权，不确定性越大，使用期权的机会越大，从而期权的价值也越大。

3.9 资本预算需要考虑的非财务要素

资本预算决策过程中除了考虑量化、财务的因素(这些一般也称作定量因素)外，同时还需考虑非财务和非量化的因素(这些一般也称作定性因素)，具体如下。

(1) 投资可能是因为遵守政府的规定或出于环境保护的考虑。

(2) 投资改善公司的公关形象、信誉等。

(3) 投资能服务当地社区。

(4) 是否能招到合适的人才。

(5) 新技术是否能适应市场，是否能被接受等。

练 习 题

现金与有价证券投资管理练习题

1. FWC是直邮零售商，它现在使用中央收款系统，所有的支票全部寄到波士顿的总部。收到支票平均需要6天时间，DLF处理这些支票需要3天时间，支票从银行过户需要2天时间。一个锁箱系统的方案将减少邮寄和处理时间至2天，减少支票通过银行时间至1天。DLF平均每天的入账金额是150 000美元。如果公司采用锁箱系统，它的平均现金余额将增加(　　)美元。

A. 1 200 000　　B. 750 000　　C. 600 000　　D. 450 000

2. FWC制造公司从几个银行那里得到了建立锁箱系统(加快现金到账)的方案。公司每天平均收到700张支票，每张平均面额1 800美元。短期资金每年的成本是7%。假设所有的方案都将产生相同的处理结果，并使用每年360天。下面方案中对公司最优的是(　　)。

A. 每张支票0.50美元的费用

B. 每年固定费用125 000美元

C. 0.03%的进款金额

D. 补偿性账户余额1 750 000美元

3. Cleveland公司的大部分顾客住在加利福尼亚州和内华达州。K国家银行同意为公司提供锁箱系统服务，固定成本每年50 000美元，变动费用是银行的每笔支付处理费0.50美元。平均而言，公司每天都收到50笔支付，每笔平均20 000美元。有了锁箱系统，公司的到账期减少2天。货币市场债券的年利率是6%。如果公司使用锁箱系统，公司得到的净收益是(　　)美元(采用每年365天)。

A. 59 125　　B. 60 875

C. 50 000　　D. 120 000

4. FWC玩具公司是在几个城市中经营的零售商。每个店的经理将每天的营业款存到当地银行没有利息的账户，每周两次，当地的银行签发存款转移支票(DTC)给总部的中心银行。公司的财务部门正在考虑使用电子转账，每笔转账的额外成本是25美元，到款可以加快2天，中心银行的年利率是7.2%(0.02%每天)。当转账的金额是(　　)时，使用电子转移比DTC更有利(假设每年350天)。

A. 它永远不会更有利

B. 125 000 美元或以上

C. 任何大于173美元的金额

D. 任何大于62 500美元的金额

5. FWC是新建的公司，公司老板正在考虑开什么样的支票账户。公司计划每月开大约80张支票。银行对标准商业支票账户(没有最低余额要求)收取每月10美元以及每张支票0.10美元的费用。公司也可以开高级商业支票账户，它要求有2 000美元的最低余额，但是没有月度和每张支票的费用。如果公司的资金成本是10%，公司应该选择的账户是(　　)。

A. 标准账户，因为每年节省34美元

B. 高级账户，因为每年节省34美元

C. 标准账户，因为每年节省16美元

D. 高级账户，因为每年节省16美元

6. 一种增加应付款的浮差以减缓现金流出的营运资本技术是(　　)。

A. 集中银行业务　　B. 汇票

C. 电子数据交换　　D. 锁箱系统

7. 下列各项中不是可转让定期存单特征的是(　　)。

A. 有针对投资者的二级市场

B. 被联邦储备系统所规范

C. 一般以最小面值100 000美元出售

D. 收益高于银行承兑汇票和商业票据

8. 一个公司管理现金和短期投资时，主要关心(　　)。

A. 使回报最大化

B. 使税负最小化

C. 投资国债，因为它们不会有违约的风险

D. 流动性和安全性

9. 以下所有的都是适合投资的有价证券选项，除了(　　)。

A. US国债　B. 欧洲美元　C. 商业票据　D. 可转换债券

10. 假设每年360天，现在的价格是面值是100美元，180天后到期，6%的折现率的美国国债现在的价格是(　　)美元。

A. 97.00　B. 94.00　C. 100.00　D. 93.00

11. 对立即支付的客户提高现金折扣而引起销售增加将导致(　　)。

A. 营运周期增加　　B. 平均收账期增加

C. 现金周转周期降低　　D. 得到采购折扣减少

12. 当发生(　　)时,一个公司一般提供2/10,全额/30的信用条款。

A. 组织可以在高于年利息成本的利率上借到资金

B. 组织可以在低于年利息成本的利率上借到资金

C. 资本的成本接近最优惠利率

D. 大多数竞争者提供相同的条款,组织现金短缺

13. 如果卖家对买家扩大信用期,并超过了买家的经营周期,对于卖家来说,以下陈述最可能正确的是(　　)。

A. 相对账期比卖家的经营周期短的其他公司有更低水平的应收款

B. 实际上是为买家提供了超过其库存需求的融资

C. 可以确定买家在账款到期之前将库存变成现金

D. 不需要一个明示的折扣率或账期

14. 公司有多余现金购买有价证券,最不用考虑的是投资的(　　)。

A. 到期时间　　B. 利率

C. 价格　　D. 投票权

15. 一个企业的收款期为5天,每天收款11万元,付款期为4天,每天付款15万元,银行都是在当天一早进行支付,企业在第5天应该借款(　　)万元。

A. 8　　B. 11　　C. 15　　D. 19

应收账款投资管理练习题

16. 某企业正在考虑缩紧其信用政策。新政策将平均的收款天数从75天缩短至50天,并且将赊销占总销售的比例从70%降至60%。如果执行该政策,企业预计销售额会比今年的销售额下降5%。今年的销售额为5 000万元,该政策对于应收账款的影响为(　　)(假设每年为360天)。

A. 下降3 819 445元　　B. 下降6 500 000元

C. 下降3 333 300元　　D. 上升18 749 778元

17. 信用政策的变化导致了销售的增长、折扣的提高、应收账款投资的减少,以及疑问客户数量的减少。根据这些信息,我们可知(　　)。

A. 净利润增加　　B. 平均收款期降低

C. 毛利润降低　　D. 折扣的规模降低

18. 一项信用政策的改变导致销售额增加、折扣支付的增加、坏

账金额的下降，以及在应收款投资上的减少。基于这个信息，这家公司(　　)。

A. 平均收款期下降　　B. 提供的折扣比率下降

C. 应收款周转率下降　　D. 营运资本上升

19. 平均收款期是一个企业衡量以下(　　)项的天数。

A. 典型的从赊账销售到企业收到货款

B. 一个典型的支票从银行系统过户

C. 超过信用期后收到顾客的付款

D. 在一个典型账款变成拖欠之前

20. FWC公司的销售经理充满信心地认为，如果改变公司的信用政策，销售将增加，因而公司可以利用多余的产能。表3-7为两种信用方案。

表 3-7

内　容	方案A	方案B
销售增加/美元	500 000	600 000
边际贡献/%	20	20
坏账率/%	5	5
经营利润的增加/美元	75 000	90 000
期望销售回报/%	15	15

目前，支付条款是全额/30。方案A和方案B的支付条款分别是全额/45和全额/90。用于分析比较这两种信用方案变化因素不包括以下(　　)项。

A. 公司的资金成本

B. 现在的坏账情况

C. 只对某些顾客扩大信用会对其他顾客产生影响

D. 银行贷款关于销售应收款天数规定

21. 下面各项中表示了一个企业平均毛应收款余额的是(　　)。

① 应收款天数×应收款周转数

② 平均每天销售×平均收款期

③ 净销售÷平均毛应收款

A. ①　　B. ①和②　　C. ②　　D. ②和③

22. 应收款的账龄衡量的是(　　)。

A. 公司满足短期义务的能力

B. 应收款已经发生的平均时间长度

C. 在一个给定期间内，有多少百分比的销售款被收回

D. 在一个给定时间长度内，应收款的数量

23. 下面各项中信用和收账期政策决策中最不会考虑的事情是(　　)。

A. 可接受客户的质量　　B. 给的数量折扣

C. 给的现金折扣　　D. 收账费用的水平

24. FWC公司的信用条款是1/15，全额/30，预测明年的毛销售额是2 000 000美元。信用经理估计40%的顾客将在折扣期内支付，40%在账款到期前支付，20%在账款到期后15天支付。假设销售是均匀分布的，一年按360天计算。预计销售应收款的天数是(　　)天(精确到天)。

A. 20　　B. 24　　C. 27　　D. 30

25. FWC分销商销售到零售商的信用条款是2/10，全额/30。每天的平均销售是150个，单价300美元。假设所有的销售都是赊账销售，60%的顾客在10天内支付，得到折扣，而其他的顾客在30天内支付。公司的应收账款是(　　)美元。

A. 1 350 000　　B. 990 000　　C. 900 000　　D. 810 000

26. 一家企业的平均每天销售额达4 000美元，平均30天内付款。在收到发票时，55%的顾客会用支票支付，剩下的45%用信用卡支付。某天它的资产负债表中应收账款数大约是(　　)美元。

A. 4 000　　B. 120 000　　C. 48 000　　D. 54 000

27. FWC公司明年的预算销售额是40 500 000美元，80%是信用销售，信用条款是全额/30。公司估计放松信用额度标准将增加信用销售20%，并将平均收款期从30天增加到40天。基于1年360天，信用标准的放松将导致平均应收款余额增加(　　)美元。

A. 540 000　　B. 2 700 000　　C. 900 000　　D. 1 620 000

28. 汽车公司每年出售20 000辆汽车，每辆汽车售价25 000美元。企业的平均应收款是30 000 000美元，平均存货是40 000 000美元。公司的平均收款期约等于(　　)天。

A. 17　　B. 22　　C. 29　　D. 61

29. 一家公司每年有4 800 000美元的赊账销售，它计划放松它的信用标准，预测将增加赊账销售720 000美元。公司新顾客的平均收账期预期是75天，现有顾客的支付行为不会发生变化，变动成本是80%的销售，公司的机会成本是税前20%，假设每年360天，公司计划改变信用条款的利益(损失)将是(　　)美元。

A. 0 B. 28 800 C. 120 000 D. 144 000

存货等投资管理练习题

30. 最佳的库存水平不受以下(　　)的影响。

A. 每个时间段内库存的使用频率

B. 库存的单位成本

C. 当前的库存水平

D. 下订单的成本

31. 下面各项中(　　)将不被考虑为与库存相关的持有成本。

A. 保险成本　B. 投资到库存的资金

C. 过时的成本　D. 运输的成本

32. 持有成本的一个例子是(　　)。

A. 生产计划的打乱　B. 失去的数量折扣

C. 搬运成本　D. 损耗

33. 与库存管理有关的订单成本包括(　　)。

A. 保险成本、采购成本、运输成本和损坏

B. 过时、设置成本、数量折扣损失和存储成本

C. 采购成本、运输成本、设置成本和失去的数量折扣

D. 运输成本、过时、设置成本和投入的资金

34. 一个主要的供应商向A公司提供一项特殊供货——A公司购买180 000箱运动饮料,每箱10元;A公司一般每月订30 000箱,每箱12元。A公司的资本成本是9%。在计算这个订单的机会成本时,持有增加的库存成本是(　　)元。

A. 32 400 B. 40 500 C. 64 800 D. 81 000

35. 在库存管理中,如果发生以下(　　)项,安全库存将增加。

A. 持有成本增加　B. 断货成本下降

C. 前置时间的波动性增加　D. 使用率的波动性减少

36. 库存管理的安全库存水平不取决于(　　)。

A. 销售预测的不确定性的水平

B. 顾客对晚到货的不满意程度

C. 断货的成本

D. 再订购的成本

37. FWC公司在利物浦经营一家连锁五金店。公司要确定一个空气清洁器的最佳库存水平。库存经理编制了下面的数据。

① 每年的库存持有成本大约是库存投资的20%。

② 每个产品的库存投资平均是50美元。

③ 断货的成本估计是每个5美元。

④ 每年的公司平均订货次数为10次。

⑤ 总成本＝持有成本＋预计的断货成本。

⑥ 每个订单周期断货的可能性与安全库存水平的变化如表3-8所示。

表3-8

安全库存/个	断货/个	概率/%
200	0	0
100	100	15
0	100	15
0	200	12

在安全库存水平100个的基础上，安全库存的总成本是（　　）美元。

A. 1 750　　B. 1 950　　C. 550　　D. 2 000

38. 公司使用经济订单量(EOQ)模型来管理库存。（　　）的减少将使EOQ增加。

A. 每年的销售额　　B. 每个订单的成本

C. 安全库存水平　　D. 持有成本

39. 某企业要订购12 000顶帽子，供应商答应如果该企业每次订购2 000顶或2 000顶以上，可以给予20%的折扣，购买价是100美元/顶，订单费用是5美元/顶，订单处理是0.3美元/顶，卸货费用是400元/订单，如果该企业每次订购2 000顶，全年订货费用是（　　）美元。

A. 10 100　　B. 95 000　　C. 74 000　　D. 66 000

40. 某制造公司使用经济订单量(EOQ)模型。如果产品A的EOQ是200个，公司保持50个安全库存，产品A的平均库存是（　　）个。

A. 250　　B. 150　　C. 125　　D. 100

41. 如果某公司实施适时生产存货管理计划，预计它的存货周转率将（　　）。

A. 增加，其存货销售天数将减少

B. 增加，其存货销售天数将增加

C. 减少，其存货销售天数将减少

D. 减少，其存货销售天数将增加

长期投资管理练习题

42. 以下各项中不是长期投资分析所必需的是(　　)。

A. 现金流出量　　B. 内部收益率

C. 企业设定的企业文化　　D. 项目寿命期

43. FMC公司正在考虑购买一台新设备。设备的价格是90 000美元。它要花6 000美元运送到工厂并花9 000美元来安装。设备估计可使用10年,它估计有残值5 000美元。在10年内,设备预计每年生产2 000个产品,售价500美元,原材料和人工的合计成本是每个450美元。联邦税法允许这类设备以直线法在5年内折旧完,没有残值。FMC的所得税税率是40%。在资本预算分析中,FMC在项目第1年的年初所用到的现金流是(　　)美元。

A. 85 000　　B. 90 000　　C. 96 000　　D. 105 000

44. FMC公司正在分析一个资本投资方案,这个方案是在今后的8年用新设备生产一种产品。分析师试图在分析中确定项目寿命结束时的合理的现金流。在第8年年末,这台设备必须从工厂搬走,账目值为75 000美元,搬走的成本是40 000美元,残值是10 000美元。公司的有效税率是40%。将这些条件用于分析中,寿命结束时的合理现金流为(　　)美元。

A. 45 000　　B. 27 000

C. 12 000　　D. (18 000)

45. 公司的成本是12%,对某个投资项目要求的贴现率为15%,那么说明这个项目DE险会(　　)。

A. 降低　　B. 无变化

C. 增加　　D. 以上都不对

46. 在资本预算编制中,会产生多个内含报酬率的情形是(　　)。

A. 存在多个资本成本估计

B. 项目是互斥性项目

C. 项目的现金流多次在正负之间变更

D. 项目嵌入了实物期权

47. FMC公司正在考虑购买一台新设备。设备的价格是90 000美元。它要花6 000美元运送到工厂并花9 000美元来安装。设备估计可使用10年,它估计有残值5 000美元。在10年内,设备预计每年生产2 000个产品,售价500美元,原材料和人工的合计成本是每个450美元。联邦税法允许这类设备以直线法在5年内折旧完,没有残值。FMC 的所得税税率是 40%。在资本预算分析中，FMC 在项目第 10 年所用到的现金流是(　　)美元。

A. 100 000　　B. 81 000　　C. 68 400　　D. 63 000

48. 现在企业最愿意采用的方法是(　　)。

A. 贴现回收期法和内部收益率法

B. 贴现回收期法和约当产量法

C. 内部收益率法和净现值法

D. 修正内部收益率法和回收期法

49. 某公司正在分析购买生产机械，以满足监管要求。以下事实与项目的最后一年，即第 5 年有关。

① 销售完全折旧的机械将实现 20 000 美元的收益。

② 将收回最初在运营资本上的 50 000 美元的投资。

③ 初始总成本为 500 000 美元的机械在 5 年内按直线法折旧。

④ 在资产的使用寿命中将计提 50 000 美元，以覆盖机械所在地的重建成本。但是，实际净重建成本预计只有 40 000 美元。该机械生产10 000件产品，每件的销售价格为 5.00 美元。生产成本为每件 2.50 美元。在项目的资本预算分析中，如果使用 30%的实际所得税税率，公司在第 5 年必须考虑的税后现金流是(　　)美元。

A. 68 500　　B. 83 500　　C. 89 500　　D. 97 000

50. 在计算项目的简单投资回收期和贴现回收期后，贴现回收期(　　)。

A. 较短，因为货币的时间价值提高了现金流的价值

B. 较长，因为货币的时间价值提高了现金流的价值

C. 较短，因为货币的时间价值降低了现金流的价值

D. 较长，因为货币的时间价值降低了现金流的价值

51. 在资本预算过程中，通常进行项目事后审计，这一做法阻碍了(　　)。

A. 项目的实施

B. 在选择项目时对现金流的乐观估计

C. 做出投资决策时进行长远展望

D. 不确定性对未来现金流的影响的考虑

52. 一项投资初始投入 60 000 美元，预计以后 5 年每年产生15 000 美元的现金流入，贴现率为 10%，是否接受项目？(　　)

A. 是，净现值为 15 000 美元

B. 是，净现值为 4 500 美元

C. 否，净现值为(3 150)美元

D. 否，净现值为(4 500)美元

53. 某管理者在考虑了项目的扩张和延迟的可能性决策项目，应执行的风险分析方法是(　　)。

A. 情境分析法　　B. 敏感性分析法

C. 蒙特卡洛分析法　　D. 实物期权分析法

54. 已知有3个互斥投资项目，NPV和IRR如表3-9所示，应该选择的方案是(　　)。

表 3-9

选项	NPV/美元	IRR/%
A 项目	30 000	15
B 项目	−15 000	24
C 项目	10 000	22

A. 无法选择

B. 选择B项目，有高的IRR和正的NPV

C. 选择C项目，有高的IRR

D. 选择A项目，有最大的NPV

55. 在资本项目预算时，净营运资本增加额(　　)。

A. 是相关现金流

B. 不是相关现金流

C. 是相关现金流，不进行贴现折算

D. 是相关现金流，不进行税后折算

56. 下列选项中与投资决策无关的是(　　)。

A. 经营中剩余的现金　　B. 旧设备的销售价格

C. 旧设备的采购成本　　D. 旧设备的账面价值

57. 下列关于回收期的说法，正确的是(　　)。

A项目初始投资10 000美元；第1年4 000美元；第2年2 000美元；第3年5 000美元。

B项目初始投资20 000美元；第1年6 000美元；第2年7 000美元；第3年8 000美元。

A. 投资回收期一样　　B. A项目投资回收期短

C. B项目投资回收期短　　D. 均考虑货币的时间价值

58. 关于贴现回收期正确的描述是(　　)。

A. 贴现回收期法未考虑资金时间价值

B. 贴现回收期法未考虑回收期后的现金流量

C. 使用折现回收期鼓励选择长期项目投资

D. 贴现回收期法考虑了回收期后的回报

59. 分析师在进行投资项目的风险分析时运用了大量的数据来分析一个变量变化对投资项目的影响,分析师采用的风险分析方法是(　　)。

A. 敏感性分析法　　B. 模拟分析法

C. 情境分析法　　D. 蒙特卡洛分析法

60. 企业订单超过产能,需要投入大量资金以获得超速发展,涉及实物期权(　　)。

A. 放弃　　B. 扩张　　C. 延迟　　D. 等待

61. 如果企业投入新资产,在进行资产投资决策时需要如何考虑贴现现金流所采用的贴现率,以下关于贴现率描述正确的是(　　)。

A. 风险大于公司现有项目,所使用贴现率小于公司现有资本回报率

B. 风险大于公司现有项目,所使用贴现率大于公司现有资本回报率

C. 风险小于公司现有项目,所使用贴现率等于公司现有资本回报率

D. 风险小于公司现有项目,所使用贴现率大于公司现有资本回报率

62. 有3个相互独立的项目,贴现率10%,项目A:净现值1 000美元;项目B:净现值400 000美元;项目C:净现值－500美元,应接受项目(　　)。

A. A　　B. A和B　　C. B　　D. C

63. 以下关于IRR与NPV都是正确的,除了(　　)。

A. 没有资金限制的情况下,所有NPV大于零的项目都可接受

B. 互斥项目下,IRR可能做出错误判断

C. 每个项目都有各自的IRR

D. 对于互斥项目,选择NPV为正的项目

64. 公司正在考虑是否进行一项固定资产投资,该固定资产初始投资250 000美元,期限是7年,每年增加税后维护成本12 123美元,每年新增税后收入66 902美元,公司资本成本为14%。该投资的IRR大概为(　　)。

A. 6%　　B. 12%　　C. 14%　　D. 20%

65. 公司正在进行一项投资，初始投资额为 200 000 美元，3 年后无残值。1～3 年每年税后净现金流为 100 000 美元，公司所得税税率为 20%，税后资本成本为 8%，该投资的净现值为(　　)美元。

A. 6 017　　B. 57 710　　C. 100 000　　D. 200 000

66. 以下不属于实物期权类型的是(　　)。

A. 扩张　　B. 延迟　　C. 适应　　D. 放弃

67. 某企业一直专注于本土发展，现有一个国外投资项目，企业之前选择 10% 贴现率，国外投资有一定风险，则贴现率应(　　)。

A. 选择 10% 贴现率

B. 选择高于 10% 的贴现率，因为国外投资项目风险高于国内投资项目

C. 选择低于 10% 的贴现率

D. 无法确定

68. 净初始成本3 000 000美元，折现率为 9%。每年税后现金流如下：

第 1 年，500 000 美元；

第 2 年，950 000 美元；

第 3 年，1 200 000 美元；

第 4 年，1 000 000 美元；

第 5 年，350 000 美元。

则折现回收期为(　　)年。

A. 4.47　　B. 4　　C. 3　　D. 2.5

69. 购买1 000 000美元机器，投资项目为 5 年。每年税后净现金流相同，净现值为 105 656 美元，折现率为 15%，会计长提供的回收期为 2.86 年。则(　　)。

A. 这是一个错误的回收期，没有考虑折现，正确的是 4 年

B. 考虑了折现后的回收期为 4.36 年

C. 不用考虑折现，正确的回收期是 3.5 年

D. 不考虑折现，回收期是 2.86 年

70. 某会计师用一种方法衡量公司的财务风险，经过多次计算最终得出 NPV 为负的概率为 50%，NPV 为 3 000 美元的概率为 30%，会计师用的方法是(　　)。

A. 假设分析法　　B. 蒙特卡洛分析法

C. 情境分析法　　D. CPV 分析法

71. 公司正在进行工厂扩张，需要投资新设备 8 000 000 美元。扩张后公司销售预计每年增加 6 000 000 美元。扩张后增加的流动资

产，平均为销售的30%，应付账款和其他流动负债是销售的10%。该项扩张预计投资总现金是(　　)美元。

A. 6 800 000　　B. 8 600 000

C. 9 200 000　　D. 9 800 000

本章综合练习题

72. FMC玩具公司是一家在几座城市有业务的零售商。每家门店的经理每天都会将存款存入当地银行不生息的支票账户。而这些当地银行会每周两次向公司总部所在的银行签发存款转账支票。公司财务主管正在考虑是否使用电汇。每笔汇款的额外成本是25美元，账款收回天数会缩短2天。银行存款的利息收入为年息7.2%。转账金额为(　　)时，采用电汇在经济上是可行的(假设1年为360天)。

A. 无论转账金额多少，电汇在经济上总是不可行的

B. 不少于125 000美元

C. 大于173美元

D. 大于62 500美元

73. 在以下的决策中，资本预算技术最不可能用于评估(　　)。

A. 一个货运公司采购一架新飞机

B. 设计和实施一项主要的广告项目

C. 一支橄榄球队交易它的一名四分卫明星

D. 用一个新的方法将不能追溯的成本分摊到产品线

74. 某企业每天收到的现金为200 000美元。一家商业银行向该企业提供服务，承诺可以缩短3天的收款期。该银行要求的服务费为4 000美元/月。如果货币市场的利率为12%/年，该项服务所产生的收入(损失)为(　　)美元。

A. 4 000　B. 4 000　C. 6 240　D. 8 000

75. 下面针对资本预算目的，有关现金流决定的表述不正确的是(　　)。

A. 折旧的税负必须被考虑，因为它影响现金支付

B. 账目折旧是相关的，因为它影响净利润

C. 沉没成本不是增量的现金流，不应该包括在内

D. 净营运资本的变化应该包含在现金流的预测中

76. 折旧税盾是(　　)。

A. 税后的现金流出　　B. 所得税的减少

C. 记录折旧所提供的现金　　D. 折旧所引起的费用

77. FMC公司正在扩大它的工厂，需要在新设备和工厂的改建上投资4 000 000美元。FMC的销售因扩张将每年增加3 000 000美元。在流动资产上的投资平均是销售的30%；应付账款和其他流动负债是10%的销售额。这次扩张的预计总投资是（　　）美元。

A. 3 400 000　　B. 4 300 000

C. 4 600 000　　D. 4 900 000

78. NPV和IRR的关系为（　　）。

A. 只要IRR等于企业资本成本，NPV就一定等于零

B. IRR永远大于RRR

C. 只要NPV为负数，IRR就一定高于企业的资本成本

D. 以上都不对

79. 企业有短期现金剩余，最适合投资（　　）。

A. 联邦公债　　B. 回购协议

C. 商业票据　　D. 市政公债

80和81题基于以下信息。

1月1日，CB公司将采购一台新的设备，成本是400 000美元，预计4年后有残值30 000美元。这台设备在3年内以加速折旧法折旧完(MACRS)。它将取代现有税基80 000美元，能以60 000美元出售的老设备。它将与老设备一样产生相同的营运收入。但是营运成本的节省将是：前3年，每年120 000美元，第4年90 000美元。Crane的所得税税率是40%。假设任何影响税负的所得或所失都在年末发生。这个公司用净现值法来分析项目，采用的因子和利率如表3-10所示。

表3-10

年份	1美元的现值(14%)	1美元的年金(14%)	MACRS/%
1	0.88	0.88	33
2	0.77	1.65	45
3	0.68	2.33	15
4	0.59	2.92	7

80. 第4年新资产的MACRS的折旧税盾的现值是（　　）美元。

A. 0　　B. 6 112　　C. 6 608　　D. 16 520

81. 公司对旧设备的处理交易产生的折现的税后现金流是（　　）美元。

A. 45 760 B. 60 000 C. 67 040 D. 68 000

82. 会计回报率(   )。

A. 是内部回报率的同义词

B. 强调利润而不是现金流

C. 用于部门绩效衡量,与投资回报是不一致的

D. 考虑钱的时间成本

83. 以下(   )不是相关现金流的分类。

A. 年度净现金流 B. 处置期现金流

C. 相关现金流 D. 净初始现金流

84. 位于美国的石油钻探公司 TP 迄今为止仅在美国开展陆上项目,目前正在考虑与外国政府签订协议,勘探北冰洋的石油。根据协议,TP 被保证获得相当于项目利润至少 10%的美元回报,但总体风险水平将高于目前的项目。过去,TP 在其资本投资决策中使用了10%的资本成本作为贴现率,对于这项与外国政府合作的项目所适用的贴现率应该(   )。

A. 小于 10%,因为该项目的涉及与主权政府的合作,其中包括了至少 10%的保证回报

B. 等于 10%,因为 TP 的资本成本代表了所有投资项目的平均比率

C. 等于 10%,因为 TP 的项目回报保证了至少是项目利润的10%,并以美元支付

D. 大于 10%,因为该项目与 TP 过去承接的项目相比风险更高

85. 一家公司正在考虑一个资本项目,以下是相关信息。

一台现有的设备将被处置,以便为新设备腾出位置。现有设备的历史成本是 370 000 美元,预计残值 10 000 美元,税务局允许公司使用直线折旧法计提折旧。如果现在卖掉此设备,可得到残值收入10 000 美元,在 18 年的寿命中已经折旧了 16 年。新设备有500 000 美元的成本,公司预计还要增加 20 000 美元的现金和24 000 美元的应收账款。公司的实际税率是 40%。新设备的净初始现金流是(   )美元。

A. 44 000 B. 34 000 C. 18 000 D. 98 000

86. 在预计一个资本项目最后一年的现金流时不相关的是(   )。

A. 用于新项目的现金

B. 为这个项目所购买设备的处置价值

C. 为这个项目所购买设备所产生的折旧税盾

D. 在项目的第 1 年被处置掉的设备的历史成本

87 和 88 题基于以下信息。

CB 公司正在考虑 4 个项目：项目 P、项目 Q、项目 R、项目 S(如表 3-11所示)。每个相互排斥的项目的资本成本和预期的税后净现金流如下：公司的期望税后机会成本是 12%，公司有资本预算 450 000 美元。闲置的资金不能以高于 12%的利率再投资。

表 3-11

内　容	项目 P	项目 Q	项目 R	项目 S
期初资本/美元	200 000	235 000	190 000	210 000
每年的现金流/美元				
第 1 年/美元	93 000	90 000	45 000	40 000
第 2 年/美元	93 000	85 000	55 000	50 000
第 3 年/美元	93 000	75 000	65 000	60 000
第 4 年/美元	0	55 000	70 000	65 000
第 5 年/美元	0	50 000	75 000	75 000
净现值/美元	23 370	29 827	27 333	(7 854)
内部回报率/%	18.7	17.6	17.2	10.6
盈利指数	1.12	1.13	1.14	0.96

87. 在这一年，公司将选择(　　)。

A. 项目 P、Q、和 R　　B. 项目 P、Q、R 和 S

C. 项目 Q 和 R　　D. 项目 P 和 Q

88. 如果公司只能接受一个项目，公司将选择(　　)。

A. 项目 P

B. 项目 Q，因为它有更高的净现值

C. 项目 P，因为它有更高的内部回报率

D. 项目 P，因为它有更短的投资回收期

89. 一公司的市场 β 系数是 0.9，市场风险报酬率是 12%，无风险回报率是 5%。经过预测下一年的要求回报率是 10%，公司先前的股票回报率被(　　)。

A. 低估　　B. 高估

C. 不好判断　　D. 既没有被高估也没有被低估

90. 投资分析的盈利指数法(　　)。

A. 没有考虑项目现金流的时间性

B. 考虑了项目对净利润的贡献,没有考虑现金流效应

C. 对独立的项目,一直与净现值法产生相同的接受/拒绝的决策

D. 对相互排斥的项目,一直与净现值法产生相同的接受/拒绝的决策

下面是关于CB公司正在考虑的持续4年的项目的数据。91～94题基于以下信息。

可折旧的资产(价值1 200 000美元)将在1月1日被采购。这个资产预期4年之后有200 000美元的残值,用修改的加速成本回收制(MACRS)可以3年折旧完。

新的资产将取代现有的资产,它还有150 000美元的课税基础,可以在1月1日以180 000美元的价格出售。

这个项目预期新增年销售30 000单位,每单位售价20美元。额外的现金营运成本是:变动成本每单位12美元,固定成本每年90 000美元。

需要50 000美元的营运资本,它在第4年年末被完全收回。公司要交40%的所得税。将所有计算精确到美元。假设任何影响税的所得和损失都在当年的期末支付。公司使用净现值方法来分析投资,并使用表3-12所示的因子和税率。

表3-12

期间	现值/美元 1(12%)	现值/美元 1美元	MACRS/% 年金(12%)
第1年	0.89	0.89	33
第2年	0.80	1.69	45
第3年	0.71	2.40	15
第4年	0.64	3.04	7

91. 第4年的新设备MACRS折旧的折现现金流是(　　)美元。

A. 0　　B. 17 920　　C. 21 504　　D. 26 880

92. 与处置现有资产有关的、折现的、税后的金额是(　　)美元。

A. 168 000　　B. 169 320　　C. 180 000　　D. 190 680

93. 预期的销售增量将在4年内一共产生的折现的、税后的边际

贡献为(　　)美元。

A. 57 600　　B. 92 160　　C. 273 600　　D. 437 760

94. 根据前面的信息,投资在此项目上的营运资本的总体折现现金流的影响是(　　)美元。

A. (2 800)　　B. (18 000)　　C. (50 000)　　D. (59 200)

95. 下面各项中没有包含在折现现金流分析中的是(　　)。

A. 未来营运现金的节省　　B. 当前资产的处置价格

C. 未来资产折旧费用　　D. 未来资产折旧对税的作用

96. 在计算项目的净现值时采用加速折旧法而不是直线折旧法将出现的效果是(　　)。

A. 提高预设回报率使项目更有理由去做

B. 减少项目的净现值

C. 增加了折旧税盾的现值

D. 在项目的开始点增加了现金的流出

97. 资本预算的净现值法假设现金流是以(　　)利率进行再投资。

A. 无风险率　　B. 负债的成本

C. 项目的回报率　　D. 分析中使用的折现率

98. 一个投资方案的净现值是负的。因此,折现率一定是(　　)。

A. 大于项目的内部折现率　　B. 小于项目的内部折现率

C. 大于企业的权益成本　　D. 小于无风险利率

99. FMC公司正在考虑购买一台新设备。设备的价格是90 000美元。它要花6 000美元运送到工厂并花费9 000美元来安装。设备估计可使用10年,它估计有残值5 000美元。在10年内,设备预计每年生产2 000单位产品,售价500美元,原材料和人工的合计成本是每个450美元。联邦税法允许这类设备以直线法在5年内折旧完,没有残值。FMC的所得税税率是40%。在资本预算分析中,FMC在项目第3年所用到的现金流是(　　)美元。

A. 68 400　　B. 68 000　　C. 64 200　　D. 79 200

100. 本杰明拥有一项计算机转售业务,并正在扩大这项业务。本杰明有两个选择。在方案A中,这个扩展项目的预期投资是85 000美元,它期望今后的6年里,每年产生25 000美元的税后现金流。方案B是在今后6年里产生10 000美元的税后现金流,它的投资是32 000美元。在(　　)期望回报率之间,这两个方案对本杰明来说是无差别的。

A. 10%和 12%　　　　B. 14%和 16%

C. 16%和 18%　　　　D. 18%和 20%

101. 一个项目的成本是 50 000 美元，连续 5 年每年的回报是 14 000 美元。关于这个项目，下列表述中最可能正确的是(　　)。

A. NPV＝36 274 美元　　　　B. NPV＝20 000 美元

C. IRR＝1.4%　　　　D. IRR 大于 10%

102. 假设 NPV 的概率分布是正态的，一个企业考虑如果项目产生的 NPV 是零或小于零的真正风险。如果预期的 NPV 是1 000美元，标准偏差是 500 美元，项目的 NPV 等于或小于零的概率(　　)。

A. 小于 3%　　　　B. 大于 3%，但小于 9%

C. 大于 9%，但小于 16%　　　　D. 大于 16%

103. 两个投资项目的净现值和内部收益率分别见表 3-13。

表 3-13

项目	X	Y
IRR	10%	14%
NPV	－100 000	100 000

如果用净现值衡量上述投资项目，应选择的折现率是(　　)。

A. 低于 10%　　　　B. 10%～14%

C. 高于 14%　　　　D. 14%

104. 某公司正在考虑购买一台新机器，替换一台已经使用了 5 年的机器，所收集的信息如下：新机器的购买价格为 50 000 美元，新机器的安装成本为 4 000 美元，旧机器的市场价值(销售价格)为 5 000 美元，旧机器的账面价值为2 000美元，如果安装新机器，从项目的第 1 年年末开始每年增加的营运资本净值为1 000美元，实际所得税税率为 40%，如果该公司用一台旧机器替代新机器，则第零期的现金流量为(　　)美元。

A. (49 000)　　　　B. (51 200)

C. (50 200)　　　　D. (53 000)

105. 在(　　)情形下，一个项目的内部回报率(IRR)可以被确定。

A. 内部回报率大于企业的资本成本

B. 当项目的现金流是稳定的

C. 找到一个折现率，它产生的净现值等于零

D. 将项目的盈利指数减去企业的资本成本

106. FMC 公司在分析资本投资时要采用折现现金流技术。公司

意识到未来现金流估算中的不确定性。公司调整这种估算中的不确定性可以采用的一个简单方法是(　　)。

A. 直接分析结果的可能性　B. 使用加速折旧法

C. 调整最低的期望回报率　D. 增加现金流的估计值

107. FMC公司的会计师在做一项资本投资方案的分析,使用的是折现现金流分析。一名经理质疑结果的准确度,因为分析中所采用的折现因子是假设现金流在每年年末才发生,而实际上现金流是在一年中均匀地发生。会计师计算的净现值将(　　)。

A. 没有错误　B. 略微被高估

C. 在实际决策中没有用　D. 略微被低估,但是有用

108. 投资的内部回报率(　　)。

A. 通常与公司的预设回报率是一致的

B. 不考虑折现的现金流

C. 可能在相互排斥的项目上与净现值产生不同的排序

D. 如果公司为了税的原因采用加速折旧法而不是直线法,它会降低

109. 内部回报率是(　　)。

A. 被考虑项目中的收支平衡的利率

B. 长期负债与其他金融工具的收益率/有效利率

C. 超过预设回报率是有利的

D. 以上的回答都是正确的

110. 在评估一项资本预算项目中,净现值模型的使用一般不会受以下(　　)的影响。

A. 提供项目资金的方法

B. 项目的期初成本

C. 在项目期间内需要增加的营运资本

D. 项目的残值

111. 在折现现金流分析中,与内部回报率法相比较,净现值法的一个优势是(　　)。

A. 可以对资本项目计算期望的回报率

B. 当项目每年没有稳定的、所要求的回报率时可以被采用

C. 采用使折现的现金流入等于流出的折现率

D. 使用折现的现金流,而内部回报率没有使用

112. 折旧直接包含在投资方案的折现现金流分析中,这是因为(　　)。

A. 它是不能被避免的营运成本

B. 它是现金流

C. 它减少了所得税的现金支出

D. 它将期初现金流出分配到投资的整个生命周期中

113. 当评估项目时，收支平衡时间最好描述为(　　)。

A. 年度固定成本÷月度边际贡献

B. 项目投资÷年度净现金流入

C. 当项目累计的现金流入等于总的现金流出的时候

D. 当项目的折现的累计现金流入等于折现的总的现金流出的时候

114. 投资回收期法的一个特点是，它(　　)。

A. 结合了钱的时间价值

B. 忽略了总的项目盈利性

C. 使用预计的流入作为计算的分子

D. 使用预计的资产期望寿命作为计算的分母

115. FMC公司在新设备的采购上有3年的投资回报期。一个新的分拣系统成本为450 000美元，有5年的使用寿命。采用直线折旧法，没有残值。公司要交40%的所得税。为了实现投资回报期的目标，这个分拣系统必须每年减少的经营成本为(　　)美元。

A. 60 000　　B. 100 000　　C. 150 000　　D. 190 000

116. 投资回收期倒数可用大致地估计一个项目的(　　)。

A. 盈利性指数

B. 净现值

C. 财务回报率，如果现金流的模式稳定

D. 会计回报率，如果现金流的模式是稳定的而且和利润数字一致

117. FMC公司没有资本定量配给的限制，正在分析许多独立的投资选择。公司应该接受所有的投资建议，如果(　　)。

A. 能够得到债务融资

B. 它们有正的现金流

C. 提供的回报大于债务的税前成本

D. 有正的净现值

118. FMC公司正在研究一项资本收购方案，新收购的资产将以直线法计提折旧。如果改成调整的加速成本回收法(MACRS)，下面关于该方案的表述不恰当的是(　　)。

A. 净现值(NPV)将上升　B. 内部回报率(IRR)将上升

C. 资本回收期将缩短　D. 盈利指数将减少

119～121 题基于以下信息。

CB 投资公司对所有资本支出使用 12%的预设回报率,并对来年的 4 个项目做了如表 3-14 所示的分析。

表 3-14

投资情况	项目 1	项目 2	项目 3	项目 4
期初的资本支出/美元	200 000	298 000	248 000	272 000
每年的净现金流入/美元				
第 1 年	65 000	100 000	80 000	95 000
第 2 年	70 000	135 000	95 000	125 000
第 3 年	80 000	90 000	90 000	90 000
第 4 年	40 000	65 000	80 000	60 000
净现值/美元	(3 798)	4 276	14 064	14 662
盈利指数/%	98	101	106	105
内部回报率/%	11	13	14	15

119. (　　)应该是投资公司在来年进行投资的项目(假设没有预算的限制)。

A. 所有的项目　B. 项目 1、2 和 3

C. 项目 2、3 和 4　D. 项目 1、3 和 4

120. 如果公司投资 600 000 美元的资金,应该在来年实施的项目是(　　)。

A. 项目 1 和 3　B. 项目 2、3 和 4

C. 项目 2 和 3　D. 项目 3 和 4

121. 如果公司投资只有 300 000 美元可用,应该在来年被实施的项目是(　　)。

A. 项目 1　B. 项目 2、3 和 4

C. 项目 3 和 4　D. 项目 4

122. 将货币的时间价值考虑在内,确定一个项目的复合利率,使投资寿命内的税后现金流的现值等于期初投资的技术被称为(　　)。

A. 内部回报率　B. 资本资产定价模型

C. 盈利指数法　D. 会计回报率法

123和124题基于以下信息。

FMC公司正在考虑购买一台新设备,成本是160 000美元。新设备有预估寿命3年。假设第1年折旧30%,第2年折旧40%,第3年折旧30%。在设备寿命结束时,新设备可以10 000美元售出。新设备预计可以帮助公司每年节省85 000美元的费用。公司采用40%的所得税,以及16%的预设回报率来评价这个资本项目。16%的折现率如表3-15所示。

表3-15

年份	1美元的现值	1美元的年金
第1年	0.862	0.862
第2年	0.743	1.605
第3年	0.641	2.246

123. 这个项目的净现值是(　　)美元。

A. 3 278　　B. 5 842　　C. (568)　　D. 6 270.4

124. 未折现投资的回收期和折现回收期分别是(　　)。

A. 1.88年,3年　　B. 3.00年,2.33年

C. 2.17年,2.87年　　D. 1.62年,2.87年

125. 从投资者的角度来看,下列债券中风险最小的是(　　)债券。

A. 信用　　B. 附属　　C. 收益　　D. 抵押

126. 有最低风险的有价证券的最好例子是(　　)。

A. 市政债券

B. 有AAA评级的公司的股票

C. 有AAA评级的公司的商业票据

D. 有AAA评级的公司股票期权

127. 下列分类中的证券按照风险由小到大的顺序排列的是(　　)。

A. US国债,公司一级抵押债券,公司收益债券,优先股

B. 公司收益债券,公司抵押债券,可转换优先股,次级债券

C. 普通股,公司一级抵押债券,公司二级抵押债券,公司收益债券

D. 优先股,普通股,公司抵押债券,公司一般债券

128. FMC公司正在考虑4个独立的投资计划。Woods有3 000 000美元的资金可用于投资。每个项目的投资以及相应的NPV显示如表3-16所示。

表 3-16　（单位：美元）

项目	投资成本	NPV
①	500 000	40 000
②	900 000	120 000
③	1 200 000	180 000
④	1 600 000	150 000

应该向公司的管理层推荐的项目是（　　）。

A. 项目①、②和③　　B. 项目①、②和④

C. 项目②、③和④　　D. 项目③和④

129. 为了资本预算的目的，管理层会对某些项目选择一个高的预设回报率，这是因为管理层（　　）。

A. 打算将项目资金专用

B. 相信太多的项目被拒绝

C. 相信银行贷款比资本投资的风险高

D. 将风险因素在项目决策中加以考虑

130. CB公司是一家大型集团，在很多行业有业务。它使用风险调整的折现率来衡量资本投资决定。考虑以下关于公司使用风险调整折现率的表述。

① 公司可以接受一些内部回报率小于公司总体平均资本成本的投资项目。

② 根据投资类型的不同而折现率不同。

③ 公司可以拒绝一些内部回报率大于资本成本的投资项目。

④ 折现率可能根据部门的不同而不同。

表述正确的是（　　）。

A. ①和③　　B. ②和④　　C. ②③和④　　D. 全部

131. 如果用于资本项目，敏感性分析（　　）。

A. 被广泛采用，如果现金流是确定的

B. 衡量折现现金流的变化，应当采用折现投资回收期法而不是净现值法

C. 是“如果——就怎样”的技术，分析如果资本预算模型原来的估计发生变化，给定的结果将如何变化

D. 是用于资本开支需求排序的技术

132. 当一个项目现金流的各个部分的风险是不同的，一个可以被接受的评估现金流的过程是（　　）。

A. 将每个现金流除以投资回收期

B. 使用公司的资本成本计算每个现金流的净现值

C. 将每个现金流的内部回报率与它的风险进行比较

D. 用反映风险程度的折现率来折现每个现金流

133. 企业有现金余额，短期内应该选择的投资方式是（ ）。

A. 联邦债券　　B. 地方政府债

C. 回购协议　　D. 市政公债

134. CB公司正在考虑采购新的、更有效的印刷机。印刷机的成本是360 000美元，并有6年的使用寿命和0残值。公司在财务报表和所得税中都使用直线折旧法，并要交40%的公司所得税。在评估这种类型的设备采购时，公司将目标定在4年的回收期。为了实现公司所期望的回收期，这台印刷机必须每年产生最小的税前现金节省是（ ）美元。

A. 90 000　　B. 110 000

C. 114 000　　D. 150 000

135. 当购买临时的投资，下面各项中最好地描述了在不做明显价格让步的情况下，与短期内出售投资的能力相关的风险是（ ）风险。

A. 利率　　B. 采购力

C. 财务　　D. 流动性

136. 在短期通知内证券不能以合理的价格被出售的风险被称为（ ）风险。

A. 违约　　B. 利率

C. 采购力　　D. 流动性

137. 内部收益率法和净现值法计算结果排序不一致是由于（ ）。

① 投资规模和时机不同。

② 两个指标不是都考虑货币时间价值。

③ 其中有一个指标没有考虑全部的现金流量。

④ 项目期间有两个年度出现正负两种现金流。

A. ①和④　　B. ②和③

C. ①③④　　D. 全部

138. 有最小违约风险的证券是（ ）。

A. 联邦政府代理债券　　B. 美国国债

C. 回购协议　　D. 商业票据

139. 一家企业的销售额、收款期、坏账如表3-17所示。

表 3-17

序号	销售额/万元	30天	60天	90天	120天	坏账/万元
①	520	100	200	200	0	20
②	630	100	100	200	200	30
③	770	200	200	200	100	70
④	800	100	200	200	300	100

资本成本是20%,应选择(　　)。

A. ①　　B. ②　　C. ③　　D. ④

140. 在资本预算中敏感性分析用于(　　)。

A. 确定能够改变目标回报的变量变化值

B. 确定约束条件下的最优边际贡献

C. 确定所需的市场份额,使得新产品具有可行性并且能够被接受

D. 模拟随机的客户对新产品的反应

141. 衡量税后现金流量能够收回项目初始投资额所需要的年数的方法被称为(　　)。

A. 净现值法　　B. 回收期法

C. 盈利指数法　　D. 会计收益率法

142. 下述各项均是用于净现值分析的比率,除了(　　)。

A. 资本成本率　　B. 最低回报率

C. 贴现率　　D. 会计回收率

143. 表3-18是关于A、B、C 3家公司的部分信息。

表 3-18

数　　据	A	B	C
销售额/美元	200 000	250 000	300 000
销售毛利率/%	20%	30%	25%
应收账款净额/美元	20 000	22 000	25 000
坏账准备/美元	10 000	6 000	10 000

基于以上信息,比较一下这3家公司,应收账款的管理效率(　　)。

A. A公司最好　　B. B公司最好

C. A公司最差　　D. C公司最好

144. M公司不想把公司所有的闲余资金都投资在一个项目里,公司的管理层想看看未来的经济趋势再做决定,这属于(　　)期权。

A. 扩张　　B. 紧缩　　C. 延迟　　D. 放弃

145. FM制造公司的借款成本为12%。公司的一个供应商刚刚给出了新的采购条款。以前的条款规定使用货到付款,而新的条款为2/10,全额/45(10天内付款折扣2%,到期日为45天)。公司应该在前10天内付款吗?(　　)

A. 应该,因为不接受商业折扣的成本高于借款成本

B. 不应该,因为交易信贷的成本超过了借款成本

C. 不应该,因为负债的使用应该尽量避免

D. 答案依赖于公司现在是否要借款

146. 以下各项中不是企业持有现金和有价证券的有效理由的是(　　)。

A. 满足补偿性余额的要求　B. 保持交易所需的足够现金

C. 满足未来的需求　　D. 在投资资产上获得最大的回报

147. 若要确定一个企业的营运资本的合理水平,要求(　　)。

A. 改变资本机构和企业的红利政策

B. 将短期负债保持在尽可能低的水平,因为它的成本比长期负债高

C. 以流动资产与流动负债的收益抵消了技术性破产的可能性

D. 保持流动资产与总资产的高比率,以使总投资回报的最大化

148. 以下关于营运资本的表述都是正确的,除了(　　)。

A. 对许多小公司来说,流动负债是融资的重要来源

B. 盈利性的变动与流动性的变动成反比

C. 融资的避险方法包括将负债的到期与特定融资需求相匹配

D. 用长期负债来为固定库存的设立提供融资是积极的营运资本政策的一个例子

149. 因为公司正在经历陡然增加的销售活动和稳定增加的生产,管理层采用了激进的营运资本政策。因此,公司现在的净营运资本的水平(　　)。

A. 最可能与其他业务情况下净营运资本的水平相同,因为久而久之业务周期将自动抵消变化带来的影响

B. 将最可能低于其他业务情况下的净营运资本的水平,因为公司将使利率最大化,减少营运资本的投资

C. 最可能高于其他业务情况下的净营运资本的水平，这样就有足够的资金来更新资产了

D. 最可能低于其他业务情况下的净营运资本的水平，因为利润增加了

150. 下面各项中将增加一个企业的净营运资本的是(　　)。

A. 现金支付应付工资税

B. 用 20 年的抵押贷款购买新厂

C. 应收款收到现金

D. 用 2 年的应付票据重新为短期票据融资

151. 以下不是投资分析所必需的是(　　)。

A. 现金流出量　　B. 内部收益率

C. 企业设定的权益回报率　　D. 项目寿命期

152. 公司考虑两个相互独立的项目 R 和 S，所需初始现金投资均为 500 000 美元，预期投资年限均为 10 年，项目 R 每年产生现金流为 95 000 美元，项目 S 每年产生现金流为 1 10 000美元。考虑到项目不同的风险特征，对项目 R 采用 12% 贴现率，对项目 S 采用 16%贴现率。应该建议公司(　　)。

A. 否定两个项目　　B. 选择项目 R，否定项目 S

C. 选择项目 S，否定项目 R　　D. 选择项目 R 和项目 S

153. 某单位要做一项投资，需投资 150 000 元，5 年，如果开零食部，每年收入 70 000 元，成本 20 000 元，要求回报 12%，直线折旧法计提折旧，税率 40%；如果开汤面馆，是免税的，收入 50 000 元，成本 10 000 元，收益目标按投资成本 9%计，两项投资哪项可行？(　　)

A. 开零食部，NPV 为 1 200 元

B. 开汤面馆，NPV 为 1 410 元

C. 两项投资都可选

D. 两项投资都不可选

154. 公司进行了大量的市场调研后决定投资一个新项目，此项目需购进新设备，市场调研成本属于(　　)成本，新设备成本属于(　　)成本。

A. 沉没　不可控　　B. 可控　可控

C. 沉没　增量　　D. 相关　机会

155. 公司相信通过改善收账流程，收账成本将下降，但这个行动将预期导致平均收账期从 28 天延长到 34 天，坏账比例没有变化，公司来年的预算赊账销售额是 27 000 000 美元，短期平均利率是 8%，为

了使收账流程的改变变得有成本效益，来年最小的收账成本节省将是(　　)美元(1年按360天计算)。

A. 30 000　B. 360 000　C. 180 000　D. 36 000

156. 某新项目开始时需要的净营运资本为1 000 000元；该项目10年后结束时投入的净营运资本收回，净营运资本对净现值的影响是(　　)。

A. 0～+1 000 000元　B. -1 000 000元

C. +1 000 000元　D. 0～-1 000 000元

157. 公司准备投资项目，现有一个项目内部报酬率IRR为14%，公司要求的报酬率为10%，项目的NPV是450万美元，如果公司要求报酬率调整到15%，以下选项中正确的是(　　)。

A. IRR、NPV均不变　B. IRR变小，NPV变大

C. NPV变小，IRR不变　D. NPV变大，IRR不变

158. 关于折现期产生的现金流量是以(　　)折现率再投资的。

	净现值	内部收益率
A.	公司贴现率	项目回报率
B.	项目回报率	公司贴现率
C.	项目回报率	项目回报率
D.	公司贴现率	公司贴现率

159. 公司资本成本是12%，调整后的要求贴现率为15%，则是假设该风险随着时间的变化而(　　)。

A. 增加　B. 减少　C. 不变　D. 以上都不对

160. 一个项目投资时间是15年，回收期为10年，如果第15年现金流减少，那么内含报酬率将(　　)，而回收期将(　　)。

A. 增加　减少　B. 减少　增加

C. 增加　不变　D. 减少　不变

161. 现有一项目有50 000美元的初始投资支出，投资期为8年，投资期间每年会带来15 000美元净现金流入，10%的贴现率，项目折现回收期为(　　)年。

A. 5　B. 4.26　C. 4　D. 3.33

162. 分析影响项目投资的各个变量变化对其计算结果影响的资本风险技术为(　　)。

A. 蒙特卡洛模拟　B. 情境分析

C. 敏感性分析　D. 差异性分析

163. A公司有600万元打算用于投资新产品，但需要销售很多件

才能收回，预计短时间内新产品没有高需求，但是未来有非常高的需求，A 公司现在最应采取的实物期权是(　　)。

A. 不投资新产品，观察一年，市场反应好时再投资

B. 用 300 万元投资新产品，如果效益很好则继续投资

C. 立即用 600 万元投资新产品

D. 不投资新产品，保留足够的现金用于保证现金交流

164. ABC 公司现有设备是在 15 年前购入的，由于机器的老化导致生产效率严重受损。随着产品的更新迭代，该设备逐渐不能再完全满足现在的生产需求了。管理会计师要帮助管理层做出决策，是否需要进行设备置换。预计购入的新设备的初始成本为 250 000 美元，预计有 7 年的使用寿命。该设备每年需要维护费 12 123 美元，每年将增加销售额 66 902 美元。如果资本成本为 14%，则该项目的内含报酬率最接近于(　　)。

A. 6%　　B. 12%　　C. 14%　　D. 19%

165. 在资本预算项目投资决策中，净营运资本是否应该考虑在内？(　　)

A. 不需要，因为净营运资本不是长期的

B. 不需要，因为净营运资本属于沉没成本

C. 需要，因为考虑了营运资本与会计利润的时间差异

D. 需要，因为营运资本与项目的增量收益相关

166. ABC 公司现有设备是在 15 年前购入的，由于机器的老化导致生产效率严重受损。随着产品的更新迭代，该设备逐渐不能再完全满足现在的生产需求了。管理会计师要帮助管理层做出决策，是否需要进行设备置换。如果选择置换设备，期初需要投入净营运资本 30 000美元，接下来每年收入 50 000 美元，每年产生的经营费用为 27 000美元，设备的折旧是 8 000 美元，公司税率为 40%，那么 ABC 公司第 1 年的期间增量净现金流为(　　)美元。

A. 9 000　　B. 15 000　　C. 17 000　　D. 23 000

167. 以下资本预算的过程，正确的是(　　)。

A. 预测现金流—事后审计—选择项目

B. 确定项目—预测现金流—事后审计

C. 预测现金流—选择项目—事后审计

D. 选择项目—事后审计—预测现金流

第 4 章

风险与回报

4.1 投资风险概述

风险可分为纯粹风险和投机/投资风险。纯粹风险是指发生不好情况的可能性,例如,买保险就是规避这种风险。纯粹风险只涉及损失和不好的情况。相对应,投资方面的风险既可能涉及损失又可能涉及收益。在此重点讲述投资风险。投机/投资风险是指偏离预期回报的可能性和程度,或者表达为预期回报率不确定性的程度。

预期回报的波动变化常常是投资者非常关心的,因为波动越大,发生亏损的可能性就越大。投资者不能光想着赚大钱,更应该考虑损失,因为大的损失可能会毁掉一个人。因此,投资者要考虑预期回报向上或向下的变化性。变化性越大,风险就越大。可能性多,意味着不一定会遇到什么情况。

资产在投资及投资风险管理方面是指各种投资工具,包括投资实物资产如房地产等,也包括投资金融资产如短期国库券、债券、股票等。参见图 4-1。

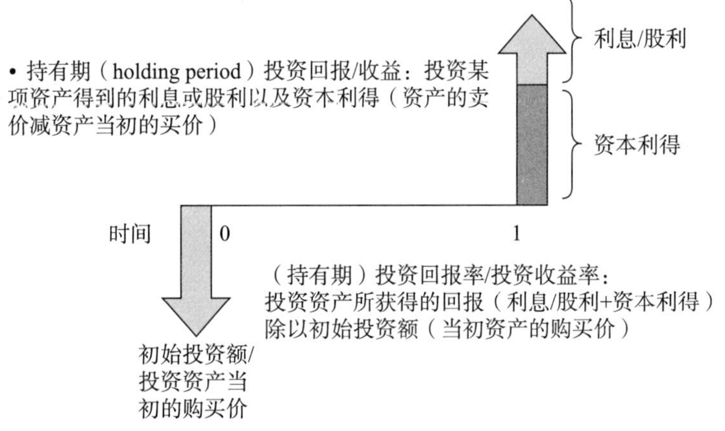

图 4-1 投资回报/收益

【例题 4-1】 ABC 公司花 4 500 元人民币投资购买普通股股票,持有 13 个月后出售,售价为 4 800 元。中间收到股利 27 元。因此,投资回报 = 27 +(4 800 − 4 500)= 327(元)。投资回报率 = 327 ÷ 4 500=7.3%。

4.1.1 系统风险与非系统风险

投资总风险＝系统风险＋非系统风险。系统风险也叫市场风险，不可分散风险，不可避免风险或相关风险；非系统风险又称非市场风险，可分散风险，公司特有风险，或个别风险。

系统风险是指所有资产都要受影响的风险，比如那些整个国家甚至全球的经济或政治因素，如利率、汇率、通胀、重大科技变革、经济周期（如经济萧条等）、政治动荡、战争等。这些又称宏观经济因素。

非系统风险独立于这些整体政治、经济因素，只与特定公司或行业相关，可以通过投资组合分散、减少。一个很好的分散化（well-diversified）的投资组合里的非系统风险会变得很小，甚至接近于零，这就是俗话讲的“东方不亮，西方亮”，通过相互抵消，可以得到预期/平均回报率。一个分散较好的投资组合（通过相互抵消）会使非系统风险变得很小，因此在一个分散较好的投资组合里的主要风险实际上是系统风险。

非系统风险包括经营风险和财务风险等。

（1）经营风险。是由企业经营活动产生的未来收益不确定性。影响经营风险的主要要素包括：市场对产品的需求；产品售价；产品成本；企业固定经营成本比重（即经营杠杆）①；企业产品研发能力；新市场开发能力等，这些可以简单地总结为企业运营的所有要素加固定经营成本的比重。

（2）财务风险。主要是指企业因举债从而产生定期必须支付的固定筹资成本（如利息、本金），从而当企业效益不好时，可以完全不发普通股股利，但债券本息必须支付。另外，上述固定融资成本是一把双刃剑，当企业下行时，净利润也会受到更大的影响。财务风险主要涉及企业的资本结构。

4.1.2 美国历史上的投资回报率统计

从20世纪30年代到21世纪初始的投资回报率的统计，主要针对五大投资资产，这5项资产按回报率从小到大排序如下：

（1）美国短期国库券；

---

① 固定经营成本比重越大，当企业销量大幅下降时，变动成本越可避免，但多数固定经营成本（比如，租金、工资、电费等）还必须支付，因此企业可能会出现困境。另外，固定经营成本比重越大，当企业销售下行时，息税前利润的降幅也越大。注意，经营风险和企业资本结构（即债务和权益的比例）无关。

（2）美国国债；

（3）公司债券；

（4）大公司普通股股票；

（5）小公司普通股股票。

将美国最常见的投资资产按照风险从最低到最高排序为政府短期国库券—政府债券—公司债券(其中从低到高排序又分为第一抵押债券—第二抵押债券—次级债券—收益债券)—优先股股票—可转换优先股—大公司普通股股票—小公司普通股股票。

回报率的顺序和风险的排序完全一样,这充分解释了风险和回报相辅相成的道理,即低风险回报率也低,高风险回报率随之增高。

4.2 投资风险量化

总风险的主要量化指标是标准差和方差。

（1）标准差。通过统计指标,度量、展示了围绕着平均期望回报率的各种可能性结果的分布以及偏离平均期望回报率的离散程度。

（2）根据统计,有68%的可能性,实际回报率会在平均期望回报率加/减1个标准差（SD）的范围中间,95.5%：加/减2个SD,99.7%：加/减3个SD。这些也叫置信区间。

（3）标准差和方差越大,意味着结果越分散和偏离。结果越分散,得到期望回报率的可能性就越小,风险越大。因此,标准差越大,风险越大。在做投资决定时,投资者不但要看平均期望回报率是多少,而且要考量标准差,因为标准差代表了可能发生结果的分散程度,即意味着风险。

概率理论提供了一种量化表达一件事发生的不确定性的程度,或者说,一件事确定能发生的可能性的程度。比如,可能性太分散,发生某件事的概率就小;反之则大。有两种概率：客观概率和主观概率。

（1）客观概率是通过大量的历史统计数据(过去实际发生的经验数据)或大量的试验等推理来确定的。比如,得某种怪病的概率是0.002%,这是根据过去的统计计算出来的。

（2）主观概率主要是一种心理评价和判断,更多的是一种感觉或直觉,判断具有明显的主观性。

概率分布是指:①一系列可能发生的结果;②每一种可能要发生的结果的概率/可能性。概率分布可分为离散型分布（discrete distribution)和连续型分布(continuous distribution)。离散型分布是指可能发生的结果是有限的、可数的,每一种结果的概率加总等于100%,而连续型分布是指可能发生的结果是无限的。连续型分布通过正态分布图来图示,正态分布即两边相互对称的钟形图样。

单独证券的风险分析主要涉及:

(1) 期望回报率(平均值);

(2) 方差和标准差;

(3) 变异系数(CV);

(4) 协方差和相关系数。

假设ABC公司的一个投资组合里包括两种有风险的投资资产:股票和债券(见表4-1)。每一种经济状况发生的可能性为$\frac{1}{3}$,即33.3%。债券的价值和利率成反比,当经济萧条时政府一般降息,此时债券价值升高,相反降低。

表 4-1

方案	概率	投资回报率——股票	投资回报率——债券
经济萧条	33.3%	−7%	17%
正常	33.3%	12%	7%
经济繁荣	33.3%	28%	−3%

某一证券的期望回报率=某一证券每一种方案的回报率乘以每一种方案各自的概率,然后加总。因此,案例中股票的期望回报率=$-7\%\times\frac{1}{3}+12\%\times\frac{1}{3}+28\%\times\frac{1}{3}=11\%$。

方差的公式:某一证券的每一种方案的回报率减期望回报率,然后进行平方,乘以每一种方案的相应的概率,最后加总即可。因此,案例中,股票的方差$=(-7\%-11\%)^2\times\frac{1}{3}+(12\%-11\%)^2\times\frac{1}{3}+(28\%-11\%)^2\times\frac{1}{3}=0.032\,4\times\frac{1}{3}+0.000\,1\times\frac{1}{3}+0.028\,9\times\frac{1}{3}=0.020\,5$。

标准差等于方差的平方根。案例中股票的标准差为14.3%,即0.020 5的平方根。

4.2.1 变异系数

同一期望回报率的不同证券,标准差越大,风险则越大;反之相反。但标准差因为没有考虑不同证券的期望回报率的差别，因此很难衡量和比较不同期望回报率的不同证券的风险，即标准差大不一定风险大，因为有可能此证券的期望回报率也很大，即不同证券的（期望回报率）基数规模不一样，而标准差只是一个绝对值的度量指标，因此很难对不同证券的风险进行比较。

变异系数（coefficient of variation），有时也翻译成差异系数/变动系数，适用于不同期望回报率的多种证券的风险比较。变异系数＝标准差÷期望回报率。变异系数越大的证券，相对投资的风险越大，变异系数越小的证券，风险越小。例如，证券 A 的期望回报率为 25%，标准差为 12%，证券 B 的期望回报率为 15%，标准差为 9%。因为期望回报率的基数规模不同，所以很难说标准差越大的证券风险越大。因此需要计算变异系数，A 和 B 的变异系数分别为 0.12÷0.25＝0.48，0.9÷0.15＝0.6，因此相比较而言，证券 B 的风险较大，虽然其标准差较小。

另外，最终投资哪个证券，标准差和变异系数只能是参考，因为人们对风险的看法不尽相同。人们对风险的看法/态度一般分 3 种：风险厌恶、风险中立和风险追求。对于风险大的证券，风险追求的人很喜欢，因为他们或许认为回报率可能也会相应地高，但同样对于风险大的证券，厌恶风险的人就对此不感兴趣。比如，经常有不少老年人在银行排队买一些风险极小但同样回报率也很小的证券，但另外有很多人对此感觉不可思议，这是因为他们对风险的态度不同。

4.2.2　投资组合及风险

某投资组合示例如表 4-2 所示。

表 4-2　投资组合

方案	投资回报率		组合	差异的平方
	股票	债券		
经济萧条	−7%	17%	5.0%	0.001 6
正常	12%	7%	9.5%	0.000 0
经济繁荣	28%	−3%	12.5%	0.001 2
期望回报率	11%	7%	9%	
方差	0.020 5	0.006 7	0.001 0	
标准差	14.31%	8.16%	3.08%	

投资组合的期望回报率＝组合里面所有证券的加权平均期望回

报率

$$加权数=\frac{某一证券的投资额}{整个组合的投资额}$$

$$E(r_P)=w_BE(r_B)+w_SE(r_S)$$

$$9\%=50\%\times 11\%+50\%\times 7\%$$

此示例是假设股票和债券的投资加权数各占50%。

4.2.3 投资组合的风险

投资组合风险(即标准差)并不是组合里所有证券的加权平均标准差，而是：

$$\sqrt{(W_BD_B)^2+(W_SD_S)^2+2(W_BD_B)(W_SD_S)R}$$

式中，W 为加权系数；D 为标准差；R 为相关系数，介于−1和1之间；B 为债券；S 为股票。B 和 S 只是象征性的两种证券。

投资组合的标准差≤投资组合的加权平均标准差，只有当 $R=1$ 时它们是相等的，即用上述复杂公式计算的结果和简单地用加权平均法计算的标准差是一样的(加权平均标准差=各自的标准差乘以各自权重然后相加)。

R 介于−1和1之间，只要 R 不等于1，投资组合的标准差<投资组合的加权平均标准差。这就证明了组合可以减少风险。

一般任意组合20种以上的证券，非系统风险基本消失或很小了。

注意：相关系数 R 始终是在−1和1之间。$R>0$ 叫作正相关，$R=1$ 叫作完全正相关，$R<0$ 叫作负相关，$R=-1$ 叫作完全负相关，$R=0$ 叫作完全无关。完全负相关最能分散降低风险，而完全正相关则不能分散降低风险。相关系数=协方差÷(两个证券的标准差的乘积)，而协方差=相关系数×两个证券的标准差的乘积。

4.2.4 投资组合管理和无差异曲线

投资者在选择投资组合时都希望能最大化回报及最小化风险。理想投资组合或者直译为有效率的投资组合(efficient portfolio)是指在同等的风险水平上此投资组合的投资回报最高或在同等的投资回报水平上此投资组合的风险最低。图4-2中的最高/最陡峭的曲线(注：每条曲线都代表上面有一系列的投资组合)，即 A 曲线，代表着有效率的投资组合。

这是因为：图中竖着的虚线和 X 轴交叉点代表着同一风险水平，

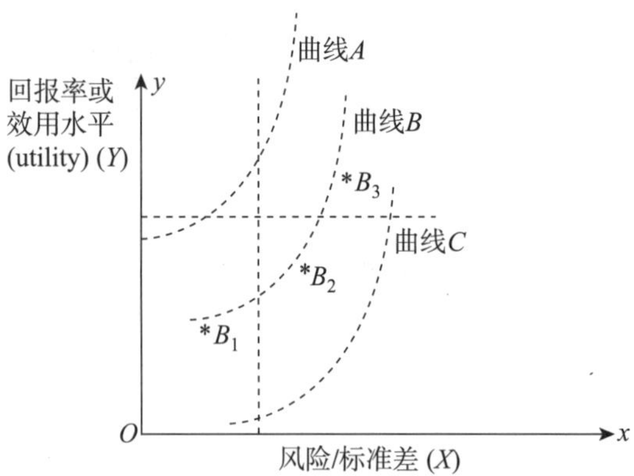

图 4-2 有效率的投资组合

此时曲线 A 的整体回报或效用水平最高，另外图中与 X 轴平行的虚线和 Y 轴交叉点代表着同一投资收益水平，此时曲线 A 的风险最低。

投资曲线 A、B、C 是平行运行的。总结：投资曲线越高（越陡峭），整体效用水平越高。画一条水平线贯穿3 条投资曲线，回报都一样，但曲线 A（最陡峭的曲线）的风险最低，因此代表着投资者对风险很敏感，最厌恶风险。当然投资者都希望能发现或组建曲线 A 这样的投资组合或项目。

刚才对曲线 A、B、C 进行了对比，但每条投资曲线本身的任何一个投资组合（如曲线 B 上的 B_1、B_2、B_3 3 个点代表着 3 个投资组合），它们都有同样的效用价值。因为 B_1 点的绝对回报率最低，风险也最低；B_3 点的绝对回报率最高，但风险也最高，因此相对回报或效用价值是无实质差异，每条曲线被称作无差异曲线。一定要注意：无差异是针对每条曲线的内部或上面的投资组合而言的，并不是相对于不同投资曲线之间的比较，如并不代表曲线 A、B、C 之间的比较。

4.2.5 系统风险

系统风险一般是指影响整个市场的风险，原则上来讲市场中成员都受影响，只是每个公司或证券受影响程度不同。系统风险主要来源于政治及宏观经济一些普通个体无法左右的因素，如利率、通胀、汇率、重大技术变革、经济周期、战争、政治动荡等。系统风险是没有办法通过投资组合消除的，所以也称不可分散风险，占总风险的 25%～50%。虽然市场风险不能通过分散的方法予以消除，但企业应想办法尽可能多地规避市场风险，例如，通过套期保值规避利率风险、汇率风险等，通过产品持续改进的机制尽可能减少技术变革的风险，通过跨国经营规避特定国家的市场风险/宏观风险等。

贝塔系数(Beta Coefficient,β值)是一种评估某证券系统性风险的工具,即用以度量一种证券或一个证券投资组合收益相对总体市场(比如某个国家,甚至全球)收益的波动性。β值反映了某个证券和整个大市场变化的关联程度。β系数是统计学上的概念,它所反映的是某一投资对象相对于大盘的表现情况。中国证券市场的上证、深证,或美国的NYSE,或伦敦证券交易所等都是整体市场的例子。一般一个国家最多也就两三个大的证券交易市场。上市公司的β值一般都可以在权威出版物上查看。

若某证券的β值等于1,则表明此证券的收益变化幅度和整个市场的收益变化幅度完全一样,吻合同步。

若某证券的β值大于1,则表明此证券的收益变化幅度比整个市场的收益变化幅度还要大,比整个市场的收益变化更活跃。而且β绝对值越大,显示其收益变化幅度相对于大盘的变化幅度越大。

若某证券的β值小于1,则表明此证券的收益变化幅度比整个市场的收益变化幅度要小,而且β绝对值越小,显示其收益变化幅度相对于大盘越小。另外,如果β值是负值,则显示其变化的方向与大盘的变化方向相反,大盘涨的时候它跌,大盘跌的时候它涨。很多投资者愿意在投资组合里包含β值为负数的一些证券。

注意:如果一个证券的β值等于0,这意味着此证券是无风险,往往是指政府证券,这些证券的β值等于0。

一个证券投资组合的β值=投资组合里的各资产β值的加权平均数。权重的计算是按照各个资产的投资额占整个投资组合总投资额的比例。

在资本资产定价模型(CAPM)的公式中,

证券回报率=无风险回报率+β值×(市场回报率-无风险回报率)

β值是一把双刃剑,β值越大,会在经济向好的时候更大地推动该证券的回报(即比整体市场回报率还要大),但同样在经济非常不好的时候,如果市场回报率小于无风险回报率时,β值越大则回报越少。

每个公司的具体β系数不尽相同,因此每个证券的β值是和这个企业的具体情形相关(β值一般是根据过去的数据计算出来的,β值随着时间的推移可能会变化)。决定每个企业或其某个部门(战略业务单元SBU,或者业务单元BU)的β值的要素如下。

(1) 企业受经济周期变化的影响程度。有些企业受经济周期(比如繁荣或萧条)影响很大,例如众多高科技公司。但有些企业是抗周期的,如电力、水利、食品行业等。一般受经济周期影响大的行业或公司 β 值大;反之则小。

(2) 经营杠杆。一般固定经营成本越大,经营杠杆越大,当然经营风险也越大(无论经营利润的波动还是支付固定成本的难度)。一般来讲,公司的经营杠杆越大,β 值也越大;反之则越小。

(3) 财务杠杆(也叫资产负债率)。形同经营杠杆,即财务杠杆越大,β 值越大;反之则越小。

现在很多大公司都是业务多元化,企业有多个战略业务单元/SBU,因此不同的 SBU 可能会有不同的 β 值,而不同的 SBU 可能会有不同的资本成本/要求回报率。在这种情况下,如果企业只使用一个平均的 β 值及相应的资本成本/要求回报率显然是不合适的。

决定某项目(此处项目往往是指资本预算里的长期投资项目,比如工厂扩建、并购等)的 β 值的因素如下:

(1) 项目受经济周期变化的影响程度;

(2) 项目的经营杠杆;

(3) 项目的财务杠杆(也叫资产负债率);

(4) 一般来讲,项目的年限较长,利率变化可能性就越大,项目的价值变化就越大,其 β 值也较高。

风险与回报知识点和融资以及投资都有关联,比如,融资方要了解风险与回报以便制定融资工具的回报率,使得融资方给予的回报率在市场上有竞争力,否则会影响融资的效果。企业投资时也要了解风险与回报知识点,以寻找最佳的投资工具,从而得到相对最大的回报,包括计算资本预算现金流时都会用到折现率,折现率的确定和风险是直接关联的等。

练 习 题

1. 预期报酬率和风险标准差相同的两种证券,(　　)的情况下最能帮助投资者分散风险。

A. 无此情况

B. 两种证券的相关系数完全负相关

C. 两种证券的相关系数大于 0

D. 两种证券的相关系数完全正相关

2. 在过去的几年里，尽管FWC的股票风险较高，但仍然是一个成功的股票。经济状况对公司的期望回报有极大的影响（如表4-3所示）。

表4-3

经济状况	概率	回报率/%
萧条	0.05	−45
衰退	0.15	−10
放缓	0.20	5
稳定	0.40	10
膨胀	0.15	30
显著膨胀	0.05	35

回报率的变异系数是（　　）。

A. −1.0　　B. 1.0　　C. 1.3　　D. 2.31

3. 一个有高风险的资产将有（　　）。

A. 低的期望回报　　B. 比低风险的资产的价格低

C. 增加的期望回报率　　D. 高的回报标准差

4. 一个描述一个投资项目的风险相对于其他总体投资的指标是（　　）。

A. 变异系数　　B. β　　C. 标准差　　D. 期望回报率

5. 两种股票投资，股票A的投资额是200 000元，标准差为30%；股票B的投资额是200 000元，标准差为40%，它们组合的标准差为35%。它们的相关系数为（　　）。

A. −1.0　　B. 0　　C. 1.0　　D. 3.5

6. FWC公司正在评估它的四个独立的投资项目。每个项目的期望回报率和标准差见表4-4。

表4-4

投资建议	期望回报率/%	标准差/%
①	16	10
②	14	10
③	20	11
④	22	15

以下投资建议中有最低的相对风险水平的是(　　)。

A. 投资①　B. 投资②　C. 投资③　D. 投资④

7. A公司股票的期望回报率是20%,标准差是15%;B公司股票的期望回报率是10%,标准差是9%。股票风险更大是因为(　　)。

A. 回报率更高　B. 标准差更高

C. 标准差更高　D. 变异系数更高

第 5 章

金融衍生品

金融衍生品是指其价值依赖于标的资产(uderlying asset,也叫原生资产/基础资产)的价值变动的合约。金融衍生品的原生资产可分为股票(及股指)、利率(债券等)、汇率和大宗商品(玉米、石油等)。这种合约可以是标准化的,也可以是非标准化的。标准化合约是指其标的资产(基础资产)的交易价格、交易时间、交易方式等都是事先标准化的,因此此类合约大多在交易所上市交易。非标准化合约是指以上各项由交易的双方自行约定,从而具有很强的灵活性。

根据交易方法,金融衍生品可分为以下两种。

- 场内交易(又称交易所交易)。指所有的供求方集中在交易所进行竞价交易的交易方式。这种交易方式的主要特点是交易所向交易参与者收取保证金;交易所同时负责进行清算和承担履约担保责任。此外,由于每个投资者都有不同的需求,交易所事先设计出标准化的金融合同,由投资者选择与自身需求最接近的合同和数量进行交易。期货交易和部分标准化期权合同交易都属于这种交易方式。
- 场外交易(又称柜台交易)。指交易双方直接成为交易对手的交易方式。这种交易方式有许多形态,能根据每个使用者的不同需求设计出不同内容的产品。但是,由于每个交易的清算是由交易双方相互负责进行的,交易参与者仅限于信用程度高的客户。掉期交易和远期交易等是具有代表性的柜台交易的衍生产品。

企业使用金融衍生品的主要目的是预防市场上不利变化的因素,如原材料价格大涨、债券价格大跌等。因此,采取这些衍生产品的最主要目的是套期保值,当然也有一些人或机构进行投机。

根据产品形态,金融衍生品可分为远期合约、期货合约、期权合约、互换(swaps,也叫掉期)合约。

5.1 期 货

期货合约(经常简称期货)和远期合约都是指交易双方约定在未来某一特定时间、以某一特定价格、买卖某一特定数量和质量的资产的合约。但期货和远期合约也有不同之处,下面介绍期货的特点(括号里是远期合约的特点)。

(1) 在交易所完成,风险较小(而远期合约风险较大,远期合约完全取决于交易的双方)。

(2) 标准化(而远期合约是个性化及一起商讨制定)。

(3) 实物交割很少,一般都是在到期日做相反方向的交易对冲关闭(而远期合约一般需合约结束时进行实物交割)。

(4) 交易者广泛,很多各种各样的公司或个人参与等。

期货合约是期货交易所制定的标准化合约,对合约到期日及买卖的资产的种类、数量、质量做出了统一规定。相比而言,远期合约是根据买卖双方的特殊需求由买卖双方自行签订的合约。因此,期货交易流动性较高,远期合约交易流动性较低。远期合约和期货合约上面的价格是现在的或最近的价格。

5.1.1 期货的形式

期货的形式有以下两种。

(1) 实物:农产品、金属、能源等。

(2) 金融产品期货具体包括以下 3 种。

① 利率期货。即买卖固定利息收入的证券,如债券、国库券等。若判断利息升高从而会导致债券价格下降,则(以现在的价格)在未来卖证券期货,如果判断利息下降从而会导致债券价格升高,则(以现在的价格)在未来买证券期货。注意,利率和这些证券的价格逆向而行。利率期货并不是实际上买卖利率。

② 汇率期货。即与国际贸易中的外币的价格变动相关的期货,判断外币升值还是贬值从而相应地以现在汇率买或者卖外币。

③ 股指期货。指与较大的证券所的股指水平变动相关的期货,如美国纽约证券交易所 NYSE 股指、标准普尔指数、恒生指数、上证指数等。

5.1.2 套期保值

期货从套期保值角度来讲,可以分为:①预测价格上升而购买期货,称为多头(long hedge),也叫买多;②预测价格下降而出售期货,称为空头(short hedge),也叫卖空。套期保值的宗旨是让交易的资产的价格在未来一段时间内固定下来而并非一定是赚钱。另外注意,期货一般不进行实物交割而是只进行损益的现金交割。

套期保值交易的操作例子如下。一家粥产品公司的原材料是玉米,该公司经理计划两个月后购买1 000吨玉米,他预测玉米价格会高于现在的每吨 500 元的价格,因此购买了相应的多头套期保值的期货,期货上规定的价格是现在的价格即500元/吨。

- 若两个月后期货合约结束时价格上升至600元/吨,则该经理通过期货赚了100 000元[1 000×(600－500)],但他另外在公开市场上购买1 000吨玉米时以600元/吨的价格购买,因此抵消后,价格仍相当于500元/吨,和两个月前价格一样。
- 若两个月后期货合约结束时价格下降至300元/吨,则该经理通过期货亏损了200 000元[1 000×(300－500)],但他另外在公开市场上购买1 000吨玉米时以300元/吨的价格购买,因此抵消后,价格仍相当于500元/吨,和两个月前价格一样。

因此,无论怎样,期货都可以使未来一段时期内价格固定在当前价,从而实现套期保值。

上述举例是多头期货套期保值。空头期货套期保值是:若预测某商品价格在未来一段时间会下跌,因此在期货交易所购买空头套期保值期货。其道理和上面的多头期货套期保值一样,即最终可以将商品价格在未来一段时期事先固定下来。

例如,一家农场种植玉米,农场主将在两个月后将1 000吨成熟的玉米卖向市场,农场主预测玉米价格会低于现在的500元/吨的价格,他因此购买了相应的空头套期保值的期货,期货上规定的价格是现在的价格即500元/吨。

(1) 若两个月后期货合约结束时价格上升至600元/吨,则此农场主通过期货损失了100 000元[1 000×(600－500)],但他另外在公开市场上以600元/吨价格售出1 000吨玉米,因此抵消后,售价仍相当于500元/吨,和两个月前价格一样。

(2) 若两个月后期货合约结束时价格下降至300元/吨,则此农场主通过期货赚了200 000元[即1 000×(300－500)],但他另外在公开市场上以300元/吨价格售出1 000吨玉米,因此抵消后,售价仍相当于500元/吨,和两个月前价格一样。

套期保值也叫对冲交易,比如在多头期货中,如果在期货市场上赚了钱,但在现货市场上因高价购买产品而回冲赚的钱,最终形成保值到原来的价格,从而保持价格稳定;相反,若在期货市场上赔了钱,但在现货市场上因低价购买产品而回冲赔的钱,最终形成保值到原来的价格,从而保持价格稳定。空头期货道理一样。

购买期货一般在初始时缴纳资产总价的很小比例的一定的保证金,然后需要每天盯市,结算每天的损益。

套期保值(也叫对冲交易):套期保值能避免不好的情况,但有可能会错过有利情况，比如，看好玉米要涨价，A公司买了半年期，1 000 吨玉米的期货价格为500元/吨，如果未来玉米真的涨到了800元/吨，A公司受益了，但如果玉米不是涨到800元/吨而是降到了300元/吨，企业则还得以500元/吨的价格买下或交割。

套期保值的意义如下。

(1) 让价格在未来一段时间内保持目前的水平或一定的水平，这样经理们就不用再总是为价格的波动操心和花费精力，而专注于为企业更增值的工作，如市场开发、产品研发等。事实表明，平常价格波动较大较频繁会牵动很多经理的精力。原材料一涨价，采购经理赶紧去谈判，随时召集销售经理、总经理、财务经理评估销售的产品需不需涨价，利润目标如何对待等。原材料若波动很频繁，发现高薪招来的经理们一年到头花了宝贵的精力和时间在原材料的价格变动上，而没有做好其他更重要的工作，企业因此遭受严重损失。

(2) 在成本高涨、企业利润空间受挤压的困难时期，套期保值可以让企业不致因成本上升而遭受灾难性的打击。“留得青山在，不怕没柴烧。”此时要以稳为主，如果成本进一步上升的可能性很大，此时不要存侥幸心理即“万一成本下降就亏了”的心态。

(3) 通过套期保值，可确保企业有足够的现金流用在不可或缺的投资上，如研发投资、客户维护、市场开发等。企业如果没有钱搞研发了，就等于失去未来。若在困难时期不用套期保值，企业资金情况一旦恶化就真的没有现金流投入必要的投资上了。

当然套期保值也有缺点，比如盯市“割肉”、可能会错过有利的情况、有一定风险等，因此企业要综合权衡利弊。

套期保值的主要工具除了期货、远期合约外，还有期权合约、互换合约。

5.2 期　　权

期权合约是指在某一特定时间，即到期日(欧式期权)，或在到期日之前的任何时间(美式期权)，以某一特定价格买卖某一特定种类、数量、质量原生资产的权利的合约。下面主要讲述美式期权。但请大家记住，欧式期权和美式期权的区别在于欧式期权只有在到期日才可以行权(行使权利)。

期权合同有在交易所上市的标准化合同，也有在柜台交易的非标准化合同。期权是一种赋予期权持有人在某特定日期及之前的任何时间以特定价格购进或售出一种资产的权利而非必须履行的义务的合约。合约是否被践行完全取决于期权持有者自身的判断和意愿。

5.2.1　看涨期权与看跌期权

期权的类型分看涨期权(又称认购期权或买方期权或买权)和看跌期权(又称认沽期权或卖方期权或卖权)。实际上,无论看涨期权还是看跌期权都会涉及两个交易方,即购买期权者(购买看涨期权或看跌期权)以及期权出售者(出售相对应的看涨期权或看跌期权),因此期权可以分为 4 种:①购买看涨期权;②购买看跌期权;③卖出看涨期权;④卖出看跌期权。

购买期权是有成本的。期权是有价格的。购买者将期权的价格支付给期权的出售方。一方购买看涨期权或看跌期权,一方出售相对应的看涨期权或看跌期权。

购买看涨期权:赋予期权持有者在固定的到期日及之前按照指定价格(交割价/行权价)购买(关键词)一定数量某特定资产的权利的合约。

购买看跌期权:赋予期权持有者在固定的到期日及之前按照指定价格(交割价/行权价)出售(关键词)一定数量某特定资产的权利的合约。

购买期权者的行权或放弃概念如下。

购买了看涨期权后,如果在期权期限内,资产的市场价格上涨并高过交割价/行权价,则期权持有者可买低(按行权价)卖高(按较高的市场价出售)。如果资产价格下跌、赚不到钱则不用行权,但此时会损失购买期权的成本。购买看涨期权行权的利润＝股票市价－行权价－期权成本。

购买了看跌期权后,如果在期权期限内,资产的市场价格下降并低过交割价/行权价,则期权持有者可买低(按较低的市场价)卖高(按行权价出售)。如果资产价格上涨、赚不到钱则不用行权。购买看跌期权行权的利润＝行权价－股票市价－期权成本。

5.2.2　期权的权利与义务

期权的权利与义务:对于期权的购买者,期权是一种权利而不是义务,若赚钱则行权,不合算则不行权,但对于出售期权者则是法律义务了,即当期权购买者想行权购买资产时,期权的出售者必须出售该资产给期权的持有者。例如，看涨期权的行权价＝100元，资产的市价到了160元，若期权的购买者想行权，期权的出售者必须接受100元（以远低于市价的）的价格将资产出售给期权持有者。

购买期权和出售期权都有风险，购买期权相对风险较小，最多赔进购买期权的成本，而出售期权风险较大，因此一般出售期权者最好是先买进资产然后再以买进资产的价格或高于此价格出售期权。

期权、期货与直接购买资产的比较：①相对购买期货，显然期权的风险小多了，因为期权是权利而不是义务，"不行就撤"，但期货涉及的既是权利也是义务，即投资者必须实现资产的交割（无论实物交割还是现金交割），赔赚都得面对和承担。但期权虽然可以不行权，但不行权也是有成本的，因为购买期权时，要支出期权的价格成本，但金额相对于期货的初始保证金一般要小，相对于全额购买资产的金额当然更小了。②期货相对直接购买资产各有利弊：购买期货杠杆效应较强，投资金额相对要小得多，只是先期缴纳资产总额的较小百分比的保证金，而直接购买资产需要一大笔资金，资金的机会成本高，但直接购买资产的好处是情况不好的时候可以不出手，可以等着，但期货要实时"割肉"。

5.2.3　期权定价

期权定价一般有布莱克—斯克尔斯期权定价模型、二项式期权定价模型和蒙特卡洛模型。

布莱克—斯克尔斯期权定价模型比较适合最普通、较简单的期权（比如假设行权价在整个期权期间不变等）的定价，适合欧洲期权。它不能用来计算美式期权。

二项式期权定价模型。发明较布莱克—斯克尔斯期权定价模型晚，现在比布莱克—斯克尔斯期权定价模型更为流行，在很多情况下更为准确，更适合较复杂的期权。此模型将整个期权期间打碎成很多小的期间。可以较准确地计算美式期权（即到期日之前随时可行权模式）。实物期权方面，二项式广泛应用，尤其是改进版，即蒙特卡洛模型。二项式和蒙特卡洛在计算较为复杂期权时都要强于布莱克—斯克尔斯。

1. 看涨期权价值的定价因素

看涨期权价值的定价因素如下。

（1）股价的预期波动越高，期权的价值越大。

（2）期权的到期日越长，期权价值就越高。因为时间越长股价变动的可能性就越大。

（3）市场利率越高，期权价值越高。因为直接购买股票要发生利息成本，无论是显性的借钱买股票还是隐性的因为买股票占压资金而丧失利息的机会受益/成本，因此利息高的时候，人们更愿意买期权，因为期权的支出金额很小，很少发生利息成本，因此对期权的需求旺盛可能会导致期权价格上升。

（4）行权价格越低，看涨期权价值越高。因为这样制造利润的空间更大。反之越低。

（5）股票目前的价格走势。股票价格预期上升的空间越大，则看涨期权价格越高，否则如果股价的预期上升空间就越小，则看涨期权价格越低。当股价快见顶时，看涨期权的价格肯定会低。

（6）股息发放政策的影响。股息发放多会影响股价的上升，因为股息可以"憋大"股价，因此股息发放越多的股票的看涨期权价值越小，因为股票价值上升的动力不足。

2. 看跌期权价值的定价因素

看跌期权价值的定价因素：看涨期权的（1）（2）（3）同样适合看跌期权；但看涨期权的（4）（5）（6）和看跌期权正好相反。

5.2.4 期权组合战略（用来减少投资风险及增加投资回报）

1. 保护性股票看跌期权战略

保护性股票看跌期权战略即购买股票，同时购买看跌期权。记忆窍门：购买股票后怕什么则加什么期权。购买股票后怕跌，则购买看跌期权。此组合的机制如下。

（1）若在期权期间，市场上股价大于行权价，看跌期权则无价值，从而不行权。但另外股票上涨赚取了回报，当然净回报是减掉购买看跌期权成本后的净额。

（2）若市场股价下跌了，小于行权价，则投资股票会发生亏损，但看跌期权可以行权赚取利润来补偿，从而减少亏损，一般只会亏损看跌期权的购买成本。对比而言，若只买股票就亏多了，而且如果股价下跌厉害的时候就太亏了。

相对单纯投资股票而言，这种组合基本上"只赚不亏"，即使亏，也只亏损购买期权的成本。但此组合在股价上涨而赚取回报的时候，其金额少于单纯投资股票的回报，因为购买看跌期权是有成本的。同时购进股票和购进看跌期权的策略被称为保护性卖权。这就好比为股票买了保险一样：无论股价跌到什么程度，投资者的亏损只限于购买期权的成本，大大降低了投资风险。股价上涨时赚钱无上限，只是少赚了一些，因为要减去购买看跌期权的成本。

2. 抛补的看涨期权战略

抛补的看涨期权战略即购买了股票后同时以同等或加价后的价格卖看涨期权，即买股票与卖看涨期权战略。这样可让此战略的投资者无论在什么情况下，都能赚取期权价格的收入。比如，A 投资者买了价值 100 元的股票同时出售行权价格为 100 元的看涨期权，出售期权价格为 5 元。若股价涨到 130 元，购买看涨期权的 B 投资者会行权，A 投资者有法律义务以 100 元的价格卖给 B 投资者，100 元买进 100 元卖出不亏不赚，但 A 投资者赚了 5 元的期权价格。若股价跌到了 90 元，购买看涨期权的 B 投资者肯定放弃行权，A 投资者稳赚 5 元，因此 A 投资者无论股票涨还是跌都赚取卖期权的价格的收入。但缺点是相对单纯买股票，在股价上涨的时候赚少了。

此战略的记忆窍门：和上一个战略都是购买了股票同时的行为，但此战略和上一个正好相反，上一个买跌，这个是卖涨，因此只记住一个就可以了，即记住第一个战略，到时候知道此战略后面的期权部分是正好相反即可。

3. 同价对敲战略

同价对敲战略也称作跨式期权组合(straddle)。即同时买进相同行权价、相同到期日、相同标的资产的看涨和看跌两种期权。适用于股票市场波动大的情形，这样无论大跌或大涨都可以得到不错的回报，而且跌得越厉害，涨得越厉害，越赚钱。但这也是一把双刃剑，即如果股票价格未动，则失去了双份买期权的成本，另外如果股票价格的变化小于两份买期权的成本之和时会亏一些钱。

【例题 5-1】 同时买进看涨期权和看跌期权，行权价为 50 元，期权价格为 2 元，如果股价涨到 53 元，看跌期权放弃因而亏了 2 元，但看涨期权赚了 1 元(53－50－2)，合计亏了 1 元。如果股价跌到 47 元，看涨期权放弃因而亏了 2 元，但看跌期权赚了 1 元(53－50－2)，合计亏了 1 元。因此无论涨还是跌，只要超过两个期权价格之和就可以赚钱，比如此例中，两个期权之和是 4 元，即跌过 46 元或涨过 54 元，而且跌得越厉害越赚钱，例如，若股价跌到 6 元，则看涨期权放弃了，从而亏了2 元，但看跌期权赚了 42 元(50－6－2)，合计赚了

40 元，在大涨的时候也大赚。

4. 蝶式买卖组合战略

蝶式买卖组合/蝶状价差组合(butterfly spread)战略是购进一个较低行权价的看涨期权以及一个较高行权价的看涨期权，另外同时卖出行权价为上面两个行权价的平均值的两个看涨期权。此组合共有 4 个期权，这 4 个期权到期日相同而且涉及同一标的证券。当证券价格达到卖出看涨期权的行权价格时，回报最高。

5.3 互换合约

互换合约(又叫掉期合约)是一种交易双方签订的，在未来某一时期相互交换某种资产的合约。更准确地说，互换/掉期合约是当事人之间签订的在未来某一期间内相互交换他们认为具有相等经济价值的现金流(cash flow)的合约。定义比较抽象，请结合下面的详细介绍进行理解。较为常见的是利率掉期合约和货币掉期合约。利率掉期是同一货币间进行的交易，而货币掉期是不同货币间进行的交易。

5.3.1 利率互换

利率互换是指两笔货币相同、债务额(贷款或债券等负债融资工具)相同、期限相同的债务的浮动利率的利息支付和固定利率的利息支付之间的互换，但本金并不进行交换。

注意：若债务金额及期限很难找到完全相同的另一方，双方如果愿意，也可以进行一些金额、期限的修改从而达成完全相同。

利率互换交易的先决条件是：①存在相反的筹资意向。即一方青睐浮动利率，而另一方倾向固定利率，或者正好相反。②存在品质加码差异，或叫利率的比较优势不同，通俗地讲，通过交换，双方都可以得到更优惠的利率条件。下面通过举例进行说明。

假设贷款总额是 3 亿元，期限为 5 年。A 公司的信用条件很好，它可以得到 7%的固定利率，浮动利率＝LIBOR(伦敦拆借)＋0.3%，B 公司的信用条件不太好，它得到贷款的利率价格为固定利率 8.2%，浮动利率＝LIBOR(伦敦拆借)＋0.7%。显然 A 公司的利率价格无论固定还是浮动都比 B 公司好，但相比而言固定利率低 1.2%(7%－8.2%)，而浮动利率低 0.4%(0.3%－0.7%)。A 公司因某些原因想用浮动利率，而B公司更青睐固定利率。如果不进行利率互换，A公司使用浮动利率的成本是LIBOR(伦敦拆借)+0.3%，而B公司的固定利率成本为8.2%，合计：LIBOR(伦敦拆借)+0.3%+8.2%=LIBOR(伦敦拆借)+8.5%。但如果进行利率互换，则A公司使用固定利率7%进行贷款，而B公司使用浮动利率LIBOR(伦敦拆借)+0.7%进行贷款，然后签署协议，A公司支付给B公司浮动利率即LIBOR(伦敦拆借)+0.7%，然后B公司在利率到期时支付给其贷款银行，而B公司支付给A公司固定利率7%，然后A公司在利率到期时支付给其贷款银行，这样合计利率成本=LIBOR(伦敦拆借)+0.7%+7%=LIBOR(伦敦拆借)+7.7%，相对比如果不进行利率互换，成本节约0.8%，即LIBOR(伦敦拆借)+7.7%-LIBOR(伦敦拆借)-8.5%。

在这种情况下，信用条件更好的A公司可以要求B公司给予一定的补偿，因为如果进行利率互换，A公司支付的是LIBOR(伦敦拆借)+0.7%，比自己的贷款银行给出的LIBOR(伦敦拆借)+0.3%还亏0.4%，而B公司只需支付固定利率7%，比自己的贷款银行给出的8.2%少1.2%。因为双方通过利率互换肯定要获益，因此A公司要求B公司至少补偿0.4%，以至少达到LIBOR(伦敦拆借)+0.7%-0.4%=LIBOR(伦敦拆借)+0.3%这一不使用利率互换就可以享受的利率水平，当然A公司希望给予的补偿越多越好。但B公司为了不亏而最多补偿给A公司1.2%，因为至少能保持到7%+1.2%=8.2%这一不使用利率互换就可以享受到的利率水平，当然B公司希望补偿小于1.2%，而且越小越好。因此为目前B公司给A公司的优惠范围在0.4%～1.2%，假设经过谈判双方取0.4%～1.2%的一个中间数，即补偿0.8%，这样A公司最终实际利息支付为LIBOR(伦敦拆借)+0.7%-0.8%=LIBOR(伦敦拆借)-0.1%，比不使用利率互换的LIBOR(伦敦拆借)+0.3%节省了0.4%，而B公司最终的实际利息支出为7%+0.8%=7.8%，比如果不使用利率互换的8.2%节省了0.4%。其实这样做的另外一种说法是，双方各享受使用利率互换节省的0.8%的各一半，即0.4%，措辞不一样，最终结果是一样的。当然实际谈判中除了这次假设的五五分成外，也可能七三分成等，但最终双方应该比不使用利率互换都得到优惠才可以，否则达不成交易。因此通过利率互换交易双方皆大欢喜。

利率互换的目的如下。

(1) 得到更优惠的利率条件，从而降低融资成本。通俗地讲，因为信用条件好，有着优越利率价格的一方，“变卖其良好的信用”给信用条件不好的一方，从而最终双方在利率价格上都得到比不进行利率互换更优惠的利率价格。

(2) 对利率风险保值。若当事双方只可以选择一种形式的利率，则如果用浮动利率的一方担心利率总是波动给运营带来干扰，从而可以交换成固定利率以进行利率保值。当然如果交易成功，肯定是双赢，用固定利率交换成浮动利率的一方肯定也受益，比如，浮动利率更符合他们的运营特点，或者他们认为利率已高到见顶，利率将开始下行等原因。

(3) 资产负债的管理。利率互换将固定利率的债务换成浮动利率的债务，或者相反操作。目前的会计准则并不要求对此进行披露，可对外保密。

(4) 风险较小，因为不互换本金。

(5) 手续简单，交易可迅速达成。

利率互换的缺点：①利率互换不像期货交易等那样有标准化的合约，有时也可能找不到互换的另一方。②利率互换的双方有违约的风险，因此最好通过第三方的约束进行交易。

5.3.2　货币互换

货币互换是指两笔金额相同、期限相同，但货币不同的债务资金之间的互换，它一般包括本金的互换和利息支付的互换。本金初期交换时一般用即期汇率，债务到期时，本金交换时可以用即期汇率也可以用远期汇率，无论怎样都是将汇率固定下来，从而避免汇率波动的干扰。

例如，中国某企业 ABC 经常需要用美元支付在美国进口的货物的款项；或者 ABC 企业需要融资美元支持在美国分公司的生产扩建，希望得到 10 亿美元的贷款(假设按照即期汇率折合成人民币大约是 68 亿元人民币)，但 ABC 企业不太容易得到美元贷款或者得到美元贷款的利率太高，而此时，一美国企业 MNO 经常需要用人民币支付在中国进口的商品货款或者该企业想得到人民币的融资以支持其在中国的分公司的运营，但该美国企业很难直接得到人民币的贷款或者得到人民币贷款的利率太高。该美国企业需要的人民币贷款也大概在 70 亿元人民币，因此双方企业达成共识，决定进行货币互换，即：ABC 企业在中国以较优惠的利率(相比如果美国企业直接进行人民币贷款)得到 68 亿元人民币贷款，双方协定初始和货币到期的汇率价格都是即期汇率 6.8∶1，而美国MNO企业以较优惠的利率(相比如果中国ABC企业直接进行美元贷款的利率)在美国贷到一笔10亿美元的贷款,双方进行交换。

美国MNO企业将10亿美元给中国ABC企业,中国ABC企业将68亿元人民币给美国MNO企业,另外双方约定中国ABC企业向美国MNO企业支付美元利息款,MNO企业将这些美元利息支付给美国的银行,而美国MNO企业向中国ABC企业支付人民币利息款,然后ABC企业将人民币利息款定期支付给中国的银行,另外在贷款到期时,中国ABC企业归还给美国MNO企业10亿美元,从而美国企业偿付本金给其贷款银行,而美国MNO企业归还68亿元人民币给中国ABC企业,ABC企业然后偿付本金给其贷款银行。

注意:货币互换金融衍生品随着不断地发展可能还存在其他形式。

货币互换的目的或优点如下。

(1) 降低融资成本。企业本身如果进行外币贷款利率会较高,而通过货币互换可以享受较低的利率。

(2) 对汇率进行套期保值,从而规避汇率波动的风险和对运营的干扰。这样上述中国企业在支付美元时不用每次都用人民币去兑换而承担汇率风险。

(3) 拓展了融资渠道。因为一方可能不太容易进行某外币的融资,但可以通过货币互换得到该外币贷款。

货币互换的缺点:①存在双方违约的风险,因此最好通过第三方的约束来进行;②寻找特殊小币种的交易方有时不太容易,等等。

练习题

1. 一家公司持有股票,为了防止其下跌的风险,应采取的措施是(　　)。

A. 买入一个看跌期权,卖出一个看涨期权

B. 买入一个看涨期权,卖出一个看跌期权

C. 买入一个看跌期权,卖出一个看跌期权

D. 买入一个看涨期权,卖出一个看涨期权

2. 某公司持有多头6个月的美国国库券的远期合同,如果在这6个月内利率下降,那么合同的价值将(　　)。

A. 下降

B. 上升

C. 保持不变

D. 什么可能都有，取决于利率下降的幅度

3. FWC公司购买了QQ公司的一股普通股和一份卖出期权。它同时购买了一份买入期权，期权写在QQ公司的股票商并有相同的到期日和行权日，行权价(40美元)与股票价格相同。而且，期权只有在到期日才能行使。假设QQ公司的普通股在到期日的价格要么是30美元，要么是40美元。因股票价格在到期日的不同，而造成这个组合的净回报的差额是(　　)美元。

A. 10.00　　B. 7.50　　C. 5.00　　D. 0

4. 如果一个公司有一个要在6个月后交付美国国债的远期合同，在这6个月里，利息下降了，在6个月月末，远期合同的价值将(　　)。

A. 下降

B. 上升

C. 保持不变

D. 任何回答都是正确的，取决于利息下降的幅度

5. 一家公司最近购买了一些竞争对手的股票，作为收购竞争对手的长期计划的一部分。但是，它有些担心这个股票的市场价格在短期内会下降。公司可以规避股票市场价格下降而使用的方法是(　　)。

A. 购买那个股票的买入期权

B. 购买那个股票的卖出期权

C. 卖出那个股票的卖出期权

D. 获得那个股票的认购权证

6. 美元现价100美元，购买看涨期权105美元，看涨期权价格是2美元，行权时期权涨至110美元，问行权的净收益是(　　)美元。

A. 5　　B. 3　　C. 10　　D. 2

7. 一家美国公司在德国的分公司有100万欧元的销售，约定一年后支付，主计长担心汇率风险，但是现在的国际势头发展良好，主计长判断对公司有利，他将会(　　)。

A. 购买欧元兑美元的看涨期权

B. 购买美元兑欧元的看跌期权

C. 购买欧元换美元的期货合约

D. 购买美元换欧元的期货合约

8. 下列各项中是对未来收入的对冲的是(　　)。

A. 农民卖出小麦期货　　B. 农民买入小麦期货

C. 面包店卖出小麦期货　　D. 面包店买入小麦期货

9. ABC公司购买了两个期权，期权A的标的物是一块价值为40 000 000美元的土地。期权B的标的物是一栋房子，价值为42 000 000美元，预计土地的价值将增长到46 000 000美元，房子的价值预计增加6 000 000美元。不考虑其他因素，下列各说法中正确的是(　　)。

A. 期权A的价值更大　　B. 期权B的价值更大

C. 期权A和B的价值一样大　　D. 无法判断

10. 想要降低汇率波动对企业的影响，对于外币计价的应收账款和应付账款，若本币升值，则推迟付款，提早收款；若本币贬值，则提早付款，推迟收款。当然，除了这种手段外，企业也可以通过利用金融衍生品来降低交易的风险。美国公司与欧洲客户签订一个设备销售合同100万欧元，但款要等设备安装完成后的12个月欧洲客户才会支付，美国公司为规避12个月后欧元波动，应该采取以下措施中的(　　)。

A. 购买100万欧元远期合同

B. 出售100万欧元期货

C. 现在借入100万欧元，12个月后还

D. 购买100万欧元看涨期权

11. TS是一家投资债券市场的投资基金公司，TS购买了美国国债的看涨期权，一年后可以105美元购买美国国债，TS购买该期权时，美国国债的市场价格为100美元，看涨期权的价格为2美元，一年以后，美国国债的市场价格为110美元。这意味着(　　)。

A. TS应该行权，因为该期权的价值为10美元

B. 行权将导致支出10美元

C. 如果行权，TS可以在交易中获得3美元的利润

D. 如果行权，TS可以在交易中获得8美元的利润

12. 看跌期权在(　　)情况下有价值。

A. 标的资产价格在购买看跌期权以后开始下降

B. 标的资产价格高于看跌期权的履约价格

C. 标的资产价格低于看跌期权的履约价格

D. 标的资产价格在购买看跌期权以后开始上涨

13. AA公司从QQ公司购买了一股股票和一份看跌期权，同时出售了一份看涨期权，这项期权写在QQ公司的股票上，有一样的到

期日和行权价。行权价(40美元)和股票价一样,而且,期权只能在到期日行权。如果行权价是60美元,看涨期权的成本为3美元,那么在到期日股价为(　　)时,看涨期权的出售方能获利。

A. 67.00　　B. 64.00　　C. 61.50　　D. 63.00

14. 一个农民合作社从会员那里收购了大量的谷物,并储存在谷仓里。当时谷物的价格处于高位,但是在接下来的3个月内合作社的客户并不打算购买这些谷物。为了给这些谷物做套期保值,以避免未来3个月谷物价格的不利变化,合作社可以采用以下财务风险管理技术中的(　　)。

A. 做空套期保值　　B. 做多套期保值

C. 裸露期权　　D. 利率互换

15. 某公司将在一年内从其一个部门的销售中得到100 000 000欧元。该公司的财务主管担心与此现金流有关的外汇风险,因为该公司需要这笔资金来偿还一笔以美元计价的美国债务。另外,该财务主管认为目前外汇市场的走势会有所好转,对本公司有利。该财务主管应该(　　)。

A. 签订以欧元换美元的看涨期权合约

B. 签订以欧元换美元的看跌期权合约

C. 签订以欧元换美元的期货合约

D. 签订以美元换欧元的期货合约

16. 看涨期权,行权价是100美元,期权费是2美元,一年后标的物价格上涨到110美元。行权后的所得是(　　)美元。

A. 10　　B. 12　　C. 8　　D. 6

17. 一家从英国进口服装的美国进口商签订了一份3个月之后支付固定英镑金额的合同,若该进口商担心届时美元兑英镑大幅贬值,则该进口商应(　　)。

A. 在远期外汇市场上购买英镑

B. 在远期外汇市场上出售英镑

C. 在远期外汇市场上购买美元

D. 在远期外汇市场上出售美元

18. 生产小麦的农户,因不愿意承担6个月后小麦价格波动的风险,他可以采用以下措施中的(　　)。

A. 6个月卖出小麦的期权　　B. 买入小麦的看涨期权

C. 6个月买入小麦的看跌期权　　D. 6个月买入小麦的远期

第6章

公司重建

公司重建又称公司重组(corporate restructuring),主要包括使目前公司现状发生重大改变的事项,例如,兼并其他公司,剥离目前的某个或某些业务,企业遇到极大困难从而寻求破产保护等。严格意义上来讲,破产不属于公司重建/重组,因为破产意味着公司不存在了。

6.1 并购与反并购

并购包括兼并(merger)和收购(acquisition)。兼并是指购买了另外一个公司,但另外一个公司从此法律上不再存在。可以诠释为,假设实施兼并的公司为A,被兼并的公司为B,则A+B=A,B从此不再存在。而收购是指购买其他公司半数以上的股份,从而拥有实际控制权,但目标公司(即被收购的公司)仍然在法律意义上存在,当事的两个公司都会继续存在。另外一个和并购相近的形式是合并(consolidation),合并是指两个公司合并为一个新公司,而当事的两个公司都不再存在,可以诠释为:A+B=C。

并购的3种形式如下。

(1) 水平并购。两个或多个存在直接竞争关系的同行业内的企业合并。比如吉利汽车收购沃尔沃轿车。

(2) 垂直兼并。对上下游企业的并购。比如航空公司收购旅游公司。

(3) 混合兼并。非同行业也非上下游关系企业之间的并购。比如房地产企业收购足球俱乐部。

并购的优点如下。

(1) 并购可以得到立即的、可量化的现金流及利润。

(2) 可得到有成功履历的现成的企业及市场,以及现成的需要的技术及相应的人才。这样通过并购可实现比内部增长更迅速的发展。

(3) 可通过并购达到更大的规模经济效应。比如共用管理层,共用一个CEO、CFO等,共用销售渠道等。

(4) 可以丰富企业的产品类别,从而减少经营风险。

(5) 创造更多的员工发展机会。

(6) 利用结转的亏损额(达到税务优惠目的)等。

并购的缺点如下。

(1) 企业因此可能要承担巨额负债,增加了企业经营风险,影响股价。

(2) 整合可能会很难、很费时间,可能因此出现并购失败。

(3) 被并购的公司因继续独立经营可能造成和总公司的目标不一致等。实际工作中,因为文化的差异、心理落差等原因,确实可能会出现上述情况。

6.1.1 并购时对企业的估值

评估一个公司的整体价值在企业并购时很常用,主要方法有以下几种。

(1) 现金流折现法。此方法被认为是理论上最准确的方法,其具体机制是:预测目标企业未来创造的自由现金流(自由现金流＝营运现金流－此项目后续必要的固定资产支出)的现值,从而来计算企业的内在价值。折现率是使用并购方的(税后)要求回报率。并购企业的买价不应该大于此现金流现值。优点:①对企业进行彻底全面的评估;②理论上是最准确的。缺点:①复杂,耗时;②很多数据难预测,有些数据可能相对较主观。

(2) 相对估值法。我们以前讲过用此方法评估一个公司的股票价格,在此处道理类似,只是现在变成了对整个企业的估值而不是以前讲的对该公司股票股价的估值。相对估值法使用最多的倍数是市盈率(P/E)。

具体机制是:找到和目标企业类似的公司。①如果被并购的公司是上市公司,则方法和股票估价完全一样,即在上市公司中找出同类企业的市盈率,然后乘以目标公司的每股收益率(EPS),两者相乘,得出目标公司的股票价格,再乘以目标公司的股票数量从而得出目标公司的整体估值;②如果目标公司是未上市公司,则在上市公司中寻找同类企业的市盈率,然后用目标公司的年净利润乘以该市盈率就是目标公司的整体估值。也可以寻找最近卖出的同类未上市企业,用其卖价/年净利润,乘以目标企业的年净利润,从而得出企业整体估值。当然实际工作中,还有市净率、市销率等倍数。企业针对具体情形采用最适合的市场倍数。

(3) 会计估价法/账面价值调整法。在企业的账面净资产基础上进行调整,需进一步评估资产和负债的公允价值、评估商誉。优点:会计信息比较全面;缺点:公允价值估计较为困难和复杂等。

并购时,可同时用上述 3 种方法。

6.1.2 反并购的主要措施

现在越来越多的企业遇到不情愿被并购的困扰，采取反并购的措施(也叫“驱鲨计策”)企业必须掌握足够的反“骚扰”、自卫的技能，具体措施如下。

(1) 错开到期之董事会制。即董事会成员的任期到期时间错开，不在同一时间。比如，董事 A 在 20×1 年任期到期，董事 B 在 20×2 年任期到期，这样收购方很难短时间内占有董事会多数议席。

(2) 绝大多数投票原则。公司章程规定公司重大事项需有绝大多数股东同意才可以，比如 80%(一般企业过半就可以)。公司有可能常规的章程并非如此，而是在遇到“骚扰”时，及时通过董事会决议改变公司章程从而变为上述模式。

(3) 金色降落伞。公司章程规定如果企业被并购，高管须拿到巨额赔偿。

(4) 白衣骑士。被收购企业找一个友好企业佯装参与收购并报出非常高的收购价，以此将别的收购者吓跑。

(5) “毒丸”。规定在遭到一定威胁的情形下，比如，公司股份被收购了一定比例，公司可进行一些极端行为来减少公司的价值，例如，给现有股东低价配股以稀释股价；规定让债券持有者可赎回债券从而企业现金流遭重创等。收购者知晓此规定后往往知难而退。

(6) 派克曼(Pacman，有人翻译成帕克门)式防御。以进为守，主动攻击去购买收购方的股票。

(7) 溢价回购措施(Greenmail＝Greenbucks(美元)＋Blackmail)，又译作绿票讹诈或绿色邮件等。是指目标被收购公司向收购企业以有吸引力的溢价回购该收购企业先前购买的本公司的股票，以阻止收购企业对本公司的收购行为。在溢价收购后，公司经常和收购企业达成约定，即收购企业停止对本公司的收购行为。之所以叫绿票讹诈是因为有一种可能是：有的企业，假设称作 A，故意大肆宣扬要收购 B 企业，且购买了一定数量 B 企业的股票，A 实际并无意收购 B 企业，但此时 B 企业担心被收购，为了不被收购，则只好高价回购 A 企业手中的股票，就好像给 A 企业“赎金”以“保平安”。

(8) 企业私有化。比如杠杆私有化(LBO)。

(9) 售卖“皇冠之珠”(crown jewels)战略。企业的“皇冠之珠”往往是形容一个公司有吸引力和颇具收购价值的部分，可能是指某种业务，某项专利或多项此类优质资产等。这些往往引起收购者垂涎。如果企业将“皇冠之珠”卖掉或抵押，收购者可能就对该企业失去兴趣从而离开。

(10) “龙虾夹”(lobster trap)战略。公司章程上规定股份比例超过10%的股东不得将可转换证券(例如可转债等)转换成股票以拥有更多的投票权。这样可一定程度上防止收购，即防止该股东拥有更多的股权。“龙虾夹”的原意是该夹目标是抓大龙虾，而放过小虾。

(11) 员工持股计划。即公司鼓励自己的员工持有公司股份，而员工为了自己的工作及前途考虑，不会轻易出售自己手中的股票，而且如果持股的员工数量众多，收购企业更是无从下手。

(12) 筑建资本结构堡垒策略。通过改变和“修建”公司的资本结构来防御被收购，具体策略有：①回购股票策略：公司回购股票从而造成在外流通的股票减少，而且股票价格随之增高，因此这两种因素(即在外流通的股票数量减少和股价增高)都会一定程度上防御被收购。②增发股票：扩大流通股票的数量等。

(13) 法律起诉。起诉收购企业干扰运营等的一些行为，以推延收购从而尽快想其他办法。

标购/收购要约(tender offer)是收购企业的一种形式，是指收购企业公开向被收购企业的股东们就股票进行较高的报价，以收购股份。一般绕过管理层，很多时候属于恶意收购。恶意收购的定义是指被收购企业管理层并不同意被收购。

6.2　公司重建的其他方式

6.2.1　剥离

公司理财/资本运作，不仅要积极兼并和收购，还应定期评估目前已有的业务(比如用BCG模型)，该剥离的就应该及时剥离。剥离的主要动机如下。

(1) 剥离非核心业务，以使得企业专注于自己的特长。

(2) 获得需要的资金。

(3) 通过剥离，以实现企业(比不剥离前)更大的市场价值。

(4) 通过剥离那些让企业遭受股价动荡的业务，从而使得股价更稳定。

(5) 摒弃那些拖累公司，业绩不好的业务。

(6) 来自管制机构或者/以及股东的压力等。

主要剥离的方法如下。

(1) 分拆(spin-offs)。先将某部门剥离出来成立独立公司,但原公司的股东同比例的拥有此剥离出来的公司的股份。成为独立公司后,该公司的经营者压力更大,有利于企业改善经营。

(2) 切股/股权割让(equity carve-outs)。先将某部门剥离出来成立独立公司,但独立公司的部分股票应向公众出售。

(3) 分解(split-up)。将原来的公司拆分成两个或两个以上独立运营的公司,原公司从此不再存在。

6.2.2 企业经营失败

技术上的破产(technically insolvent)是指企业无法支付目前到期的债务,但此时该企业的资产大于负债。而法律意义上的破产是指资不抵债,即负债大于资产,从而导致所有者权益为负值(资产负债表必须是平的,即资产=负债+权益)。财务危机的定义是公司的现金流不足以偿付现有负债。下面讲解美国相关破产法。

企业正式破产是指企业按照相关规定提出破产申请,在美国破产申请有两种形式:①申请破产保护从而对企业进行重组(联邦破产法第十一章 企业重组);②进行破产清算,从此企业不再存在(联邦破产法第七章 破产、清算)。

6.2.3 企业重组

企业如果申请了企业重组(reoganization,又称破产保护),则债权人此时须停止催债、收债行为,企业从而得到缓冲和保护。该申请给公司一个重组从而继续生存的机会。此申请适合公司、个体户、合伙企业、个人等。

此申请可以由企业提出(企业自愿),也可以由债权人提出(企业不自愿)。申请破产保护不一定非要等到无力偿还债务时才可以申请,在未达到如此恶劣情形时也可以申请破产保护。

重组的方法有很多,比如,剥离不良资产、缩减企业规模、债务转股权(从而债权人不再收债而债权人变为股东)等。重组计划将债权人分成不同的层级来协商诉求的解决方案。重组期间,企业可以照常运营。寻求破产保护的公司的经理一般依然保持对企业的控制权,可以说寻求破产保护企业的经理就相当于受托人(除非存在欺诈、欺骗等,那时由公司外的受托人进行对企业的控制)。

在提出破产保护后的 120 天内,该企业经理有排他的权利(即优先的权利)提出重组计划,债权人对此计划进行投票。如果在 120 天内负债人没有提出法院认可的重组方案,债权人可以提出重组方案,进行表决。

重组方案由每一类债权人对此进行表决,如果多数类别的债权人表决接受该重组方案,则法院会批准此重组方案。有时,即使债权人表决反对负债公司提出的重组方案,若法院认为该重组方案对债权人是公平、公正的,法院可以十分慎重地行使“填塞(cram down)”权,将此重组方案强加给债权人。

如果最终法院批准了企业重组方案,则企业可以继续存在。历史上有不少大企业寻求过破产保护,通过重组继续生存下来而避免了清算而消失,例如,通用汽车、联合航空等。

从严格意义上来讲,从法律角度上,按第十一章成功进行破产重组并不属于真正破产。

6.2.4 破产清算

破产清算(bankruptcy)是指企业将不再存在,企业此时应变卖资产偿还债权人和股东等相关利益者。此时,一般会有被委托的破产受托人(trustee)负责管理破产事宜。款项支付的顺序如下。

第一,有担保权益的债权人(secured creditors,即相关债务是有担保的,比如存货抵押、固定资产抵押等)。

第二,优先级别的(first priority)无担保权益的债权人(unsecured creditors)。偿还优先级别无担保的债权人又分以下顺序:

(1) 破产管理的费用;

(2) 在破产申请后但在破产受托人被委任前发生的经营费用;

(3) 在破产申请前 3 个月发生的未支付员工的工资,但每位员工不能超过2 000 美元;

(4) 未支付的员工社会福利费,但每位员工不能超过 2 000 美元;

(5) 客户的预付存款,但每个客户不超过 900 美元;

(6) 未付联邦、州和地方政府的税费。

注意:上面提到的支付金额在未来有可能发生变化,请关注最新破产法律规定。

第三,普通的无担保权益的债权人(即非优先级别的)。

第四,优先股股东。

第五,普通股股东。

6.2.5　其他的公司重建形式

还有其他的一些公司重建形式。重建并不一定代表公司遇到了困难。重建的目的是为了利益更优化。一些其他的公司重建形式如下。

(1) 公司从上市公司变为私有化公司。经常是指其他机构或/及本公司的某些管理层人员通过债务杠杆(leveraged buyout,LBO)收购市面上的股票,从而使得公司退市而成为私有化公司。债务杠杆是指对上市公司进行收购的机构或/及一些管理层人员本身出资很少,其中大部分收购资金来源于通过对被收购的上市公司的资产进行抵押而获得的银行贷款或者发行的垃圾债券等。上述称作杠杆收购(LBO),当然杠杆收购也可以发生在非上市公司身上。如果杠杆收购中没有其他机构参与,而只有被收购公司的一些管理层人员参与,此时称作管理层收购(management buyout,MBO)。

上市公司私有化会使得公司管理费用比上市公司时发生的管理费用降低,以及管理层及相关员工变为公司的所有者,这样会使得他们有更大的激励和更大的运营灵活性。当然公司上市与不上市各有优缺点。另外,他们以后也可以选择让公司再度上市。

(2) 员工持股计划(employee stock ownership plan,ESOP)。即将公司一定比例的股份转移给员工,有偿的或者无偿的,用以激励员工。员工持股计划可以一定程度上有效地将员工的利益和公司的利益挂钩,即公司好了,员工也直接受益,公司不好了,员工的利益也直接受损。这样可以大大提高员工的工作积极性和对公司的忠诚度。其实任何公司都必须(而不是应该)将公司的利益和员工的利益直接挂钩,当然除了员工持股计划还有其他方式,比如期权、设计更科学有效的奖金制度、亲情化管理等。否则,公司不可能真正持久成功。

(3) 发行追踪股票(tracking stock),又称存信股票(letter stock),或者称目标股票(targeted stock)。集团公司的某个部门(战略业务单元 SBU/业务单元 BU)单独发行股票,这样更有利于业绩考核和好部门与不良部门的分开分析等。

练习题

1. 企业的联合按法律规定可以分为兼并、合并和收购。以下各项业务联合的描述中按法律应该归类为兼并(merger)的是(　　)。

A. 剩下的公司是联合公司中的一个

B. 剩下的公司不是联合公司中的任何一个

C. 建立了投资人和被投资人的关系

D. 建立了母公司和子公司的关系

2. 水平兼并是以下(　　)项之间的兼并。

A. 来自不同的和不相关市场的两个或多个企业

B. 来自生产流程不同阶段的两个或多个企业

C. 生产商和它的供应商

D. 相同市场的两个或多个企业

3. 不需要股东的正式投票来批准的收购是(　　)。

A. 兼并　　B. 购买股票

C. 购买企业的所有资产　　D. 合并

4. 以下各项中涉及一家公司吸收另一家公司的是(　　)。

A. 兼并　　B. 合并

C. 代理权之争　　D. 收购

5. 当B公司与C公司合并成立公司BC,那么发生了(　　)。

A. 投标报价　B. 收购资产　C. 收购股票　D. 合并

6. 一家公司将一个分部的所有权转移给公司的现有股东,股东获得表示这个分部单独的所有权的新股票。这个过程称为(　　)。

A. 清算　　B. 分拆

C. 杠杆收购管理层收购　　D. 以上都不对

7. 当接管发生后支付给高层管理者高额补偿称为(　　)。

A. 绿票讹诈　B. 金色降落伞　C. 毒丸　D. 勒索

8. 当债务人是(　　)时,联邦破产法的第七章允许债务人免除债务。

A. 一家公司或合伙人

B. 一家能够按照联邦破产法第十一章成功重组的实体

C. 一家保险公司

D. 毫无理由地毁坏与破产诉讼相关的信息

9. 以下各项表示无力偿还债务的是(　　)。
A. 推迟支付给债权人
B. 企业股票的市场价值显著下降
C. 企业的营运现金流不能满足流动负债
D. 留存收益不足而无法宣布股利

10. 在联邦破产法第十一章下的重组计划(　　)。
A. 在法院的暂免令之后的120天内可以由任何一个利益方提出
B. 由托管人提出,并在法院的暂免令之后的180天内由债权人批准
C. 必须对所有级别的请求和所有者利益都一视同仁
D. 必须对所有同一级别中的所有请求和利益一视同仁

11. 以下各项中不是潜在财务危机的早期迹象的是(　　)。
A. 负的收益　　B. 裁员
C. 快速下降的股票　　D. 停滞的现金流

12. 无力偿还债务是(　　)。
A. 低的现金余额　　B. 缺乏流动性
C. 不能支付债务　　D. 缺乏贷款能力

13. 对一个无力偿还债务的公司,以下各项中最可能选择的是(　　)。
A. 增加研发和资本开支　　B. 购买稳定的公司
C. 申请破产　　D. 回购股票

14. 一个企业不可以从(　　)中获得无力偿还债务中所带来的利益。
A. 被迫关注于核心业务
B. 重新调整资本结构
C. 进入联邦破产法第十一章破产程序和重组企业
D. 被迫清算业务

15. 在破产清算的请求已经提交,并且法院已经签发了暂免令后,(　　)。
A. 法院通常任命一个永久的托管人来控制债务人的资产
B. 债权人必须立即停止他们的收款行动
C. 破产法官通知债权人,搜集债务人的非免除资产,并将财产分配给债权人
D. 债权人主持会议,对重组计划进行投票

16. 在破产清算中,正确的请求优先顺序是(　　)。

A. 管理费用,不超过4 650美元的工资要求,欠税,一般或没有担保的债权人的要求,股东的要求

B. 管理费用,不超过4 650美元的工资要求,欠税,股东的要求,债权人的要求

C. 所有的工资要求,管理费用,债权人的要求,欠税,股东的要求

D. 所有的工资要求,管理费用,债权人的要求,股东的要求,欠税

17. 联邦破产法的第十一章涉及的是重组问题。在第十一章下(　　)。

A. 个人不是符合条件的债务人

B. 只有自愿的申请才能立案

C. 无力偿还债务是先于提出申请的条件

D. 主要目的通常是为了业务能够持续

18. 以下各项中关于联邦破产法第十一章的破产案件中的重组计划的表述,正确的是(　　)。

A. 债务人可能在某个期间内独有提出重组计划的权利

B. 重组计划必须对所有债权人一视同仁

C. 只有债权人委员会可以提出重组计划

D. 重组计划必须由每个债权人级别的绝对多数批准

19. 第十一章破产重组中的托管责任通常由(　　)项来实施。

A. 法院　　B. 自我管理的债务人

C. 债权人委员会　　D. 审查员

20. 一家大型乳制品企业,认为现在市场的增长潜力巨大,企业正处于一个快速发展的阶段。经过缜密的讨论,现在正在考虑两种合并方案,一种是后向一体化战略,是与一家拥有并经营的奶牛场的企业合并,一种前向一体化战略,是与一家杂货店合并,下面说法中正确的是(　　)。

A. 两种都是横向合并

B. 两种都是纵向合并

C. 奶牛场是横向合并,杂货店是纵向合并

D. 奶牛场是纵向合并,杂货店是横向合并

第7章

国际理财

现在越来越多的企业选择进行全球化/国际化经营，因此这些企业将面临跨国理财/国际理财(international finance)的一些独特的问题，比如汇率、异国融资、他国投资、跨国转移定价、国际贸易等。

7.1 汇 率

汇率是指一单位某国货币能买多少单位其他国家的货币。例如，在某个时期，1美元可以买6.8元人民币，相应1元人民币能买(1÷6.8)美元。汇率代表着货币的价格。汇率是外汇市场决定的。汇率的表达方法有直接法和间接法。

(1) 直接法。以1单位外币能兑换多少单位本位币来表达，例如，在中国，1美元兑换6.8元人民币，1欧元兑换8.3元人民币，1英镑兑换8.1元人民币。

(2) 间接法。1单位本位币能兑换多少单位外币，例如，在中国，1元人民币能兑换多少美元、欧元、英镑等。

直接法更常用，因为国际贸易收支如果用外币，用直接法很实用，收和付都很方便计算，用间接法就很不方便。如果国际贸易收支用本位币则直接法和间接法都不需要用。

直接法和间接法的转换是：1除以直接法＝间接法；1除以间接法＝直接法，它们互为倒数。例如，人民币和欧元的直接法表示为1欧元买8.3元人民币，则间接法为$\frac{1}{8.3}$，即1元人民币买$\frac{1}{8.3}$欧元，另外间接法的倒数为直接法，即$1\div\frac{1}{8.3}=8.3$，即1欧元能买8.3元人民币。

汇率的历史：①1876—1913年(和黄金挂钩)；②1944年布雷顿森林协议(和美元挂钩，基本是固定的，浮动的幅度很小)；③1973年至今使用浮动汇率。

注意：中国使用浮动汇率机制时间较晚。

固定汇率(比如过去中国人民币兑美元汇率始终为1美元＝8.28元人民币)的优点如下。

(1) 固定汇率可以防止政府为了自己的利益干预汇率的变化。

(2) 防止汇率投机。因为汇率是固定的，因此买卖货币的投机行为受限。

(3) 减少外币结算的不确定性。固定的汇率减少了汇兑损益的发生。

浮动汇率机制的优点如下。

(1) 促进国际贸易的自然调节,可防止国际贸易收支的极端化,可促进国际贸易和世界经济的稳定。具体而言,浮动汇率机制可以让一个国家自动调整其国际贸易,即低汇率可促进出口销售从而获得更多的贸易顺差,但大量商品出口会形成外汇市场上对出口国货币的需求增加,从而汇率会升值,随之该国出口商品价格会上升,从而减少出口贸易及贸易顺差。下面会细讲。当然国际贸易除了受汇率影响外,还和一个国家产品的品质等因素有关。

(2) 促进货币自治。每个国家都拥有自己的自主汇率,不是非要和美元挂钩。

注意:浮动汇率的优点正好是固定汇率的缺点,而固定汇率的优点正好是浮动汇率的缺点。另外,目前的浮动汇率机制不是完全/绝对的浮动汇率机制,但比以前的固定汇率已经灵活了很多。

汇率变化规律(影响汇率升值或贬值的因素)。汇率代表货币的价格,和其他商品一样都受供求关系的影响,供不应求则价涨(升值),供大于求则价跌(贬值)。影响汇率的主要因素如下:

(1) 进出口贸易(国际贸易收支);

(2) 利率,准确地讲利率的差异;

(3) 通胀,准确地讲通胀率的差异;

(4) 国家的货币政策;

(5) 一个国家的整体经济情况,比如经济繁荣、经济很萧条;

(6) 公共债务水平等。

7.1.1　汇率和进出口贸易的关系

汇率和进出口贸易/国际贸易收支的关系一般为某国若是贸易顺差,即出口大于进口,则该国汇率一般会上升;相反,若是贸易逆差,即出口小于进口,则本汇率一般会下降。进一步解释,假设A国出口远大于进口从而形成贸易顺差。A国出口时,无论进口方用出口国货币支付还是用本国货币支付都会形成对出口国货币的需求,因为如果用出口国货币支付,则进口国需用本国货币换取出口国货币进行支付,从而形成对出口国货币的需求,如果进口国用本国货币支付,出口国收到进口国国家的货币后需换取本国货币从而形成对出口国货币的需求，因为在出口国无法使用进口国的货币。

因此两个贸易国之间（假设A、B两国），如果其中一国（假设是A）出口大于进口，从而会形成对出口国货币的需求量相对增加，而因进口少，从而对B国货币需求量相对减少。在货币供给不变的情况下，因商品的供求博弈从而导致出口国货币升值。但会导致该国出口商品的价格开始增长，继而导致该国出口减少，慢慢恢复国际贸易收支平衡。

若A国出口远小于进口从而形成显著贸易逆差，导致对A国货币的需求量减少，在货币供应不变的情况下，因商品供求博弈导致A国货币贬值，导致该国出口商品价格降低，因而促进该国商品出口增加，慢慢恢复国际贸易收支平衡。

总结：在进出口贸易中，相对两个国家之间，一般是某国出口多（进口少），在该国货币一般会升值；若是出口少（进口多），则该国货币一般会贬值。

7.1.2 汇率和利率的关系

一个国家利率高（相对于别的国家的利率）会吸引很多热钱来投资，热钱进入时要先购买此国家的货币，这样就会造成对该国货币需求增大，从而在货币量供应不变的情况下，会促进该国货币升值。世界上很多热钱游资，它们对利率的差异非常敏感，哪里投资回报率高，它们就去哪里，无缝不钻，这也体现了资本的逐利性。

7.1.3 汇率和通胀的关系

一般来说，一个国家通货膨胀会造成本国商品价格不断攀升，从而对出口不利，根据上述汇率和进出口贸易的关系，从而造成货币贬值。另外，通胀很多时候是因为货币供应量太大，货币量供大于求也容易造成货币贬值。另外，通胀情况下，实际利率回报会降低，可能会推动资本外逃，随之因为对该国货币需求量的减少也会形成汇率降低。相反，一般低通胀的国家的货币容易升值。当然如果因为发生通货膨胀一段时间后，国家加息、实行货币紧缩政策来抑制通胀，汇率可能会回升。两个国家之间，如果A国的通胀率高于B国，则在A、B两国间，A国货币相对于B国货币会贬值。

7.1.4 汇率和其他因素的关系

一个国家的整体经济形势,繁荣还是不景气,会影响汇率。一个国家经济好一般会吸引大批外资,和上述利率道理一样,会形成对该国的货币需求量增加,从而导致该国货币升值;相反则贬值。另外,一个国家如果政治、经济较稳定,汇率也会相对稳定,否则汇率可能也会变化较大。投资者都青睐政治、经济稳定的国家;相反,如果一个国家政治、经济动荡,则投资者会出逃,从而引起该国货币贬值。影响汇率的因素还包括以下两点。

(1) 货币政策。一般来讲,一个国家若实行货币宽松政策,其货币相对来讲会贬值;相反则升值。

(2) 公共债务水平。一般来讲,一个国家公共债务水平(level of public debt)过高,会引发投资者的担忧,可能会引发资本外流,从而造成货币贬值。

7.1.5 汇率变化对公司及经济的影响

汇率变化对公司及经济的影响:①汇率升值对依赖出口的国家和公司影响很大,因为汇率升值会造成出口商品价格升高,从而阻碍出口。但汇率升值可使得进口商品更便宜,进口商品的成本降低了。②汇率贬值对出口有利,但对进口不利。对待汇率的变化,企业应做以下应对。

(1) 若本国货币贬值,企业则应考虑大力促进在国外的营销,因为货币贬值会促进出口。但在进口方面可能会出现进口的成本增加,因此可选择本地供应商,或在其他国家进口,必要时使用套期保值等手段规避汇率风险。

(2) 若本国货币升值,企业则应考虑大力促进国内销售或卖往其他国家,同时可加大进口力度,因为相对进口成本会降低,必要时使用套期保值等手段规避汇率风险。

7.1.6 汇率风险的规避方法

汇率风险的规避方法:①购买外汇远期合约或期货合约;②外汇互换(两个国家或两个国家的公司直接交换币种)和远期合约差不多,但外汇互换时间更长、更灵活;③尽量减少外汇应收或负债,使用本国货币收支;④设置外币账户,除了降低外币收支的风险外还可以省手续费;⑤关注汇率变化,采用对自己有利的推迟或提前支付外币以尽可能减少损失等。

7.2 国际理财的其他方式

7.2.1 国际贸易

完全自由贸易和完全贸易保护是贸易形态的两个极端，一般国家都是处于两者之间，不同国家其程度可能不一样。自由贸易是指国际贸易中不存在人为的壁垒，其优点：①获得国与国之间的相对竞争优势(各取所长，取长补短，双赢)；②促进世界资源的最大化(可以接触到各国的资源)；③因为充分竞争以及没有关税等贸易保护从而促进价格合理，降低价格；④因为竞争压力以及没有贸易保护从而促进提高效率等。

贸易保护是指国际贸易之间有人为的壁垒，如关税；进口限制、进口配额；出口限制、出口配额；严格审批等。贸易保护的优点：①保护本地就业；②保护本国民族工业；③经营产品多样化促稳定，防止特殊时期出现问题，比如战争时期，军事上的自给自足等。

注意：自由贸易的优点是贸易保护的缺点；相反亦然。

1. 国际贸易的作用

国际贸易(或称全球贸易、跨国贸易)的作用如下。

(1) 促进世界资源的最大化，促进生产要素的充分利用。劳动力、技术、资本等生产要素在各个国家的分布往往是不平衡的，有的国家劳动力富余而技术落后，有的国家资本丰裕而劳动力短缺等。若没有国际贸易，这些国家的发展都会受到其短缺的生产要素的制约，一部分生产要素将闲置或浪费，生产潜力得不到发挥。通过国际贸易，这些国家就可以采取国际劳务贸易、技术贸易、资本投资等方式，将国内富余的生产要素与其他国家交换国内短缺的生产要素，从而使短缺生产要素的制约得以缓解或消除，富余生产要素得以充分利用，扩大生产规模，加速经济发展。

(2) 面对竞争压力，提高效率。

(3) 发挥比较优势，提高生产效率。利用比较优势进行国际分工和国际贸易，可以扩大优势商品生产，缩小劣势商品生产，并出口优势产品，从国外换回本国处于劣势的商品，从而可在社会生产力不变的前提下提高生产要素的效能,提高生产效率,获得更大的经济效益。

(4) 促进参与国人民更高的收入。

(5) 因为充分竞争从而促进价格合理,降低价格。

(6) 促进竞争,防止垄断等。

2. 国际贸易的问题

国际贸易面临的问题如下。

(1) 不同国家之间的法律的差异。

(2) 不同国家不同的习俗。

(3) 资产被征收的威胁。

(4) 国内企业受到冲击。

(5) 国内就业可能受到影响。

(6) 战争、政治风险等。

3. 跨国资本预算和融资

进行跨国资本预算(长期投资决策)和融资(multinational budgeting and financing)除了考虑在国内制定资本预算时应考虑的因素以外,还需考虑以下因素。

(1) 项目要求回报率需根据所处国家的政治、经济等的风险情况进行相应的调整,调高或调低。

(2) 通盘考虑整个公司的总的现金流数据,因为在一个国家可能赚取了正的净现值现金流,但在另外的国家,包括母公司的业务和市场,可能受到不利影响。

(3) 需考虑货币汇率变化给项目带来的影响。当然,公司也可以采用规避汇率风险的措施。

(4) 需考虑通货膨胀的影响。①通胀会影响项目所在国的材料成本以及产品定价等;②通胀可能对汇率也会产生一定的影响,即高通胀往往和货币贬值有关联,低通胀和货币升值有一定关联。

(5) 税率的影响。不同国家的税率高低不同,而且某时期的税收优惠不同。

(6) 不同的会计制度和会计标准等。

4. 国际贸易的融资和支付

相对于国内贸易,国际贸易面临着更大的违约的风险。较常用的国际贸易付款的方式如下。

(1) 信用证。信用证是指银行根据进口方(买方)的请求,开给出

口方(卖方)的一种保证承担支付货款责任的书面凭证。出口商因此会减少一定的顾虑;

(2) 即期汇票(sight draft)。货到后立即开出汇票对出口商付款。

(3) 远期汇票(time draft)。承诺在未来的某一个特定时间付款的汇票。

(4) 赊账贸易又叫记账贸易。出口商给予进口商一定的账期,一般只有双方签订的合同约束。但这样的做法有一定的风险。

(5) 进口商先支付预付款。

(6) 寄售形式(consignment)。即出口商发运商品至进口商,只有货品销售后,进口商才进行付款,即随售随付,对于还未售出的商品,进口商不予付款等。

国外贸易的融资方法如下。

(1) 银行承兑汇票。

(2) 以外币收款或付款的交易,因为汇率变化的影响会产生汇率风险,即用本位币换取外币进行付款时因汇率的变化会产生汇兑损益。因此,企业可采用货币互换、货币期货、货币期权、跨国应收账款保理/让售、福费廷(forfaiting)、对销贸易等方法规避汇率风险。

(3) 对销贸易/互抵贸易/反向贸易(countertrade)。即贸易双方交换商品或劳务,而不是支付货币。

(4) 福费廷。出口商将应收账款相关的应收票据出售,从而立即得到现金。福费廷确切来讲是应收账款保理的一种,但相比其他应收账款保理,福费廷的风险对于购买者(即融资提供者)更小,因为不是出售的应收账款,而是出售的应收账款相关的本票、汇票等应收票据。购买应收票据的买方一般是对出口商无追索权。福费廷的购买者,即融资提供方,一般是专业做出口融资的银行或其他金融机构。

福费廷一般涉及的票据期限是中远期的,至少180天,但现在也有短期的。票据金额一般在10万美元以上,属于较大金额贸易。

(1) 跨国保理(cross-border factoring)。出口商出售其应收账款从而得到现金。跨国保理一般通过跨国保理网络。出口国的保理商可以联系进口国的保理商,进口国的保理商可以进行相关的收款等工作。

(2) 外币贷款(为了容易区分开贷款和货款,下面将外币贷款称作外币借款)。企业在国际贸易时可能会发生外币借款,以进行货款支付等行为。外币借款除了产生利息费用以外,还可能会产生因为汇率浮动引起的汇兑损益。因而,在计算实际利率时要考虑汇兑损益。

具体计算如下。假设一中国公司从银行获得了一笔1 000万美元的外币借款以支持其在国外的生产运营以及外币货款支付业务。假设借款时的汇率是美元兑人民币 1∶6.8。借款年利率为 5%，借款期限为 9 个月，借款到期日一次性还本付息。

有外币业务时，中国公司需记两套账。两套账包括本位币账，即人民币账；外币账，即美元账。借款时，记本位币账，借：现金——人民币@1 000万×6.8＝6 800(万美元)(汇率为 1∶6.8)；贷：短期贷款。同时记美元外币账，DR：现金——美元@1 000万美元；CR：短期——美元贷款@1 000万美元。3 个月下来假设汇率一直保持不变，(当然如果有变化，需要每月月底计算未实现汇兑损益，简单起见假设汇率一直未变)直至利息及本金支付日当天，汇率变为 1 美元可购买 6.95 元人民币(美元升值、人民币贬值)，在 3 个月的最后一天应该支付的 3 个月总的美元利息支出为@1 000万×0.05×90÷365＝123 288 (美元)，另外应该支付的本金为1 000万美元，本息共计 10 123 288 美元。支付美元本息时发生的汇兑损益为 10 123 288×(6.95－6.8)＝1 518 494(元)(因为多付出了人民币去兑换美元以还本付息，因此为汇兑损失)。

根据本位币账，此期间发生的利息费用为 6 800 万×0.05×90÷365＝838 356(元)(注：本位币的利息费用＝当初外币借款时按照当时的汇率计算的本位币本金×规定的书面利率)，因此实际利率＝[(838 356＋1 518 494 元)÷6 800 万元]×365÷90＝14.1%，即一定要考虑汇兑损益的影响。利率的计算一定要除以当初外币借款时按照当时的汇率计算的本位币本金。注意，在会计核算中汇兑损失和利息费用是两个会计科目。

如果汇率在还本付息日也未发生变化，则利息费用＝6 800 万×0.05×90÷365＝838 356(元)，因此实际利率＝(838 356÷6 800 万元)×365÷90＝5%。实际利率和书面利率一样。

外币借款的实际利率计算的总结：①利息费用应该以最初外币借款时按当时汇率折算的本位币本金金额为基础，然后乘以规定的书面利率进行计算；②计算因汇率变化产生的汇兑损益，注意，外币利息和外币本金都要计算汇兑损益，然后相加；③本位币的利息费用加汇兑损益(加汇兑损失，减汇兑收益)，然后除以当初外币借款时按当时汇率折算的本位币本金金额，乘以 365 天，除以贷款天数，从而得出外币借款的实际利率。

7.2.2 美国存托凭证

美国存托凭证(American depository receipts,ADRs)是指美国以外的外国公司可以在美国卖股票从而参与美国的资本市场进行融资,但无须通过美国证监会 SEC 烦琐的审批和注册过程。具体操作是外国公司在美国的银行存一些股票,此银行帮助在美国卖这些股票从中收取手续费。当然,ADR 也促进了美国投资者购买外国的股票。

除了美国存托凭证外,还有欧洲存托凭证、中国存托凭证等,道理是一样的,它们的统称叫作全球存托凭证(global depository receipts,GDRs)。

国外直接投资(foreign direct investment,FDI)是指在国外直接投资运营设施并直接参与管理运营,例如,直接去国外建立合资或独资企业。这是相对于间接投资,比如购买国外股票、出口、技术转让等。国外直接投资的优点如下。

(1) 可避开国际贸易壁垒如关税、禁售等。

(2) 可享受国外的低税率或/及税收优惠(很多国家对外企有税收优惠)。

(3) 可利用当地廉价劳动力和较低的原材料成本。

(4) 延长产品生命周期。在有些发达国家,产品可能已经达到下滑期,但在新兴市场国家可能还属于导入期或快速发展期。

(5) 更好、更快地服务当地客户。

(6) 可更直接、更大力度地参与投资企业的运营、管理等。

7.2.3 转移定价与税收

集团公司考虑其子公司或部门所在国家的所得税税率的不同,集团公司可在法律允许范围内利用转移定价制定有利于公司总体利润的决策。注意一定要合法。一般方法为产品由所得税税率较低的国家(A 国)卖到税率较高的国家(B 国)时,相对制定较高的转移价格;相反,产品由所得税税率较高的国家(B 国)卖到税率较低的国家(A 国)时,相对制定较低的转移价格。用上述的转移定价方法会使得总公司得到较高的净利润,因为那样更多的利润留在了所得税税率较低国家的子公司,因此总体缴纳的所得税就减少了,从而净利润提高了。

注意:如果一下子记不住转移价格是高合适还是低合适,试着分析就可以得出结论。例如,假设卖方的所得税税率较低,则可试算高转移价格或者低转移价格。高转移价格会让卖方利润高,低税率正合适,因此结论是制定高转移价格。而低转移价格会让卖方利润低,显然低税率派不上用场了,因此结论是制定低转移价格。

具体推理如下。

假设转移价格$=Y$,卖方A公司的成本$=C$,买方B公司的对外销售价格$=S$。若卖方国的所得税税率为TS%(S是英文sell的第一个字母),买方国的所得税税率为TB%(B是英文buy的第一个字母)。因此如果没有关税,总所得税支出$=(Y-C)\cdot TS\%+(S-Y)\cdot TB\%=Y\cdot TS\%-C\cdot TS\%+S\cdot TB\%-Y\cdot TB\%=Y\cdot(TS\%-TB\%)+S\cdot TB\%-C\cdot TS\%$,因此若TS%小于TB%,即卖方所在国的所得税税率小于买方所在国的所得税税率,则(TS%-TB%)为负数,因此Y越大,总所得税支出,即$Y\cdot(TS\%-TB\%)+S\cdot TB\%-C\cdot TS\%$就越小,因为$S\cdot TB\%-C\cdot TS\%$是已定的,而$Y$越大则$Y\cdot(TS\%-TB\%)$就是越大的负数。反之相反。因此总结为:若TS%小于TB%,即卖方所在国的所得税税率小于买方所在国的所得税税率,则转移定价越大越好;反之相反,即若卖方所在国的所得税税率大于买方所在国的所得税税率,则转移定价越小越好。另外,如果TS%=TB%,则Y是什么对结果都没有影响,因为$Y\cdot(TS\%-TB\%)$永远为零。

【例题7-1】 JAK公司在A国的分公司卖给在B国的分公司1 000件商品,单位成本为10 000元,B国分公司购买后卖给外部客户的售价为20 000元,A国所得税税率=40%,B国=20%。

方法1 卖方的转移定价=12 000元,则A国分公司的所得税费用=(12 000-10 000)×1 000×40%=80(万元),B公司的所得税费用=(20 000-12 000)×1 000×20%=160(万元),JAK公司总的税负=240万元。

方法2 卖方的转移定价=15 000元,则A国分公司的所得税费用=200万元,B公司的所得税费用=100万元,JAK公司总的税负=300万元。

总结:这两个方案JAK公司总税前利润都是=1 000×(20 000-10 000)=1 000(万元),但显然方案1的总税负小多了,因此JAK公司总的净利润相对较高。

注意:除了考虑所得税、关税等外,转移定价还经常考虑政治及外汇风险等。

7.3 国际收支差额

国际收支差额(balance of payments/balance of international payments)是指一个国家在某一段时间内(月/季度/年等)和国外进行的所有经济活动的收入和支出以及净额(差额)。这涉及该国的个人、公司、政府机构等。国际收支差额对一个国家来讲很重要,原因是:①国际收支差额提供了详细的该国货币的供求信息。一般来讲,该国若出口大于进口,则对该国货币需求旺盛,可能会形成该国货币升值;相反,该国若进口大于出口,则对该国货币需求较少,可能会形成该国货币贬值。②国际收支差额在某种程度上可以用来评估该国在国际经济舞台上的竞争力。顺差一般意味着该国的竞争力强,但不是绝对。

国际收支一般包括两部分:①经常性账户(current account);②资本性账户(capital account)。经常性账户包括国际贸易差额(balance of trade),即出口收入减去进口支付的净额,主要涉及商品、服务在国际上的买和卖;投资收益差额,即国外投资的收益收入减去支付到国外的属于外国投资者的投资收益。经常性账户的收入若大于支出,则称为顺差/盈余;相反,若收入小于支出,则称为逆差/赤字。一个国家如果存在长期较大的经常性账户逆差则可能意味着该国的债务增长或者该国的资产的所有权,相对来讲,被外国投资者拥有的较多。

资本性账户,从广义的概念上来讲,是指对国外资产拥有权的净差额,具体包含国际上的贷款、投资以及一个国家央行的外汇市场的运营等。狭义的资本性账户的定义不包括一个国家央行的外汇市场的运营。

国际收支差额(顺差/逆差)=经常性账户收支差额(顺差/逆差)+狭义的资本性账户收支差额(顺差/逆差)。注意,经常性账户收支差额(顺差/逆差)+广义的资本性账户收支差额(顺差/逆差)=0,因为就像会计分录一样,在经常性账户和广义上的资本性账户之间,一方是借,另一方肯定是贷;相反亦然。

练习题

1. 不是国际贸易的一种支付方式的是(　　)。

A. 福费廷　　B. 跨国保理

C. 美国存托凭证　　D. 信用证

2. 想规避对境外公司实施股权投资的法律限制的美国投资人,最为常用的非直接投资方式是购买(　　)。

A. 信用证　　B. 银行承兑汇票

C. 美国存款收据　　D. 国际存款收据

3. 有关一家美国公司进行国际转让定价的叙述,正确的是(　　)。

A. 对海外子公司的转让定价必须和对国内子公司的定价一样

B. 国外关税的存在使得对海外子公司的转让定价应稍高

C. 国外政府对转移利润的限制可通过对海外子公司制定较高的转让定价来规避

D. 转让定价的制定必须考虑到内部收入条款限制,即国外子公司所贡献的应税收入不大于总(母公司加上子公司)的应税收入

4. 公司进行直接对外投资的收益不包含以下选项中的(　　)。

A. 可以更容易地占有稀有资源

B. 增加收入的机会

C. 加强国际互相理解

D. 更多被征收的机会

5. (　　)是跨国公司国际多样化为国内带来的好处。

A. 更好的国际货币体系

B. 就业流失到国外子公司

C. 工会可能会被削弱

D. 减少在国外政治体系中运作的灵活性

6. 从出口商角度来看,国际贸易中风险最小的支付方式是(　　)。

A. 记账贸易　　B. 信用证

C. 预付款　　D. 商业承兑汇票

7. 涉及出售中期或长期应收款的为国际贸易融资的方法

是(　　)。

A. 福费廷　　B. 物物贸易

C. 跨国保理　　D. 银行承兑汇票

8. 跨国保理涉及(　　)。

A. 使用其他国家的保理网络

B. 与其他国家的客户交易产品和服务

C. 出口商将长期应收款卖给其他国家的保理

D. 与其他国家的客户发生寄售贸易

9. 某公司持有6个月的美国国库券的远期合同,如果在这6个月内利率下降,那么合同的价值将(　　)。

A. 下降

B. 上升

C. 保持不变

D. 什么可能都有,取决于利率下降的幅度

10. 若在外汇市场上,1美元=0.75欧元变为1美元=0.70欧元,则说明(　　)。

A. 欧元兑美元贬值

B. 从欧洲进口的商品在美国更贵了

C. 美国旅游者在欧洲会发现美元可以买到更多的欧洲商品

D. 美国到欧洲的出口减少了

11. 一个高估的外汇汇率(　　)。

A. 代表了对出口征税和对进口进行补助

B. 代表了对出口补助和对进口进行征税

C. 对资本流动有影响但对贸易没有影响

D. 对资本流动没有影响但对贸易有影响

12. 一家美国公司在加拿大投资了100 000美元为期1年,该项投资回报率为10%。进行投资时的加元即期价格为0.65美元,投资到期时为0.70美元,则该项投资的收益率大约为(　　)。

A. 2.14%　　B. 7.69%　　C. 10.00%　　D. 18.46%

13. 两个国家之间存在灵活的外汇制度及活跃的贸易关系。若国家1的收入(　　),假设其他条件均相等,则国家1的货币相对于国家2的货币(　　)。

A. 上升　保持不变　　B. 下降　贬值

C. 上升　贬值　　D. 保持不变　升值

14. 美元实行浮动汇率,当美元对其他货币贬值得太多,

则(　　)。

A. 因浮动汇率,美国经常性账户的余额既不是赤字也不是盈余

B. 因浮动汇率,美国资本性账户的余额既不是赤字也不是盈余

C. 美元的贬值不会对美国贸易账户的余额有影响

D. 便宜的美元帮助美国出口

15. 如果美元相对于多家美国贸易国的货币贬值,那么可能产生的结果是(　　)。

A. 外币相对于美元将贬值　B. 美国贸易账户的赤字将加剧

C. 美国将增加出口　D. 美国将增加进口

16. 近来,美国支付账户的余额保持赤字。该赤字表明(　　)。

A. 出口超过进口

B. 进口超过出口

C. 过度的进口,私人资本对外流出以及汇款超过出口和私有资本流入

D. 进口商品超过服务进口

17. 如果美国的通胀率预期为5%而外币预期对美元贬值10%,一家意大利公司从美国总公司进口所造成的外币成本将(　　)。

A. 下降10%　B. 下降5%

C. 上升5%　D. 上升16.6%

18. 一家美国计算机制造厂的生产经理本杰明,被要求对销售给科威特的台式机进行报价。科威特政府希望用英镑进行报价,并要求明年交货。本杰明知道明年美国市场上的售价将平均上升3%,她的业务往来银行预测英镑今年相对于美元将贬值5%。如果本杰明对于立即交货报价700英镑,那么对于明年向科威特交货的产品应报价为(　　)英镑。

A. 735　B. 721　C. 757　D. 745

19. 跨国贸易对母国的最可能的利益是(　　)。

A. 跨国公司对国内对手的竞争优势

B. 获得资源

C. 新资本投资

D. 把利润从母国寄出

20. 跨国贸易对母国的最可能的负面效应是(　　)。

A. 专利税和股利流出母国　B. 操纵转移价格

C. 失去技术　　　　D. 失去税收

21. 一家企业将产品运到海外的子公司，收取的价格将提高进口关税，但会降低子公司支付的所得税。造成这些结果最可能的原因是(　　)。

A. 价格是正常的价格　　　　B. 价格是成本加成的价格

C. 转移价格太低　　　　D. 转移价格太高

22. 以下交易将会带来美国收支账户借方分录的是(　　)。

A. 美国公司从其德国子公司收到红利

B. 科威特投资者购买 IBM 股份

C. 美国向沙特阿拉伯出口军用武器

D. 美国公民在法国度假的开支

23. 国内货币的价值在国际范围的短期投资性上升可以通过中央银行的(　　)行动来遏制。

A. 在外汇市场上出售本国货币

B. 在外汇市场上购买本国货币

C. 在外汇市场上出售外国货币

D. 提高国内利率

24. 当美元相对其他货币升值时，一家有外币应收款及应付款的美国公司应当(　　)。

A. 减缓收款并加快付款　　　　B. 减缓收款并减缓付款

C. 加快收款并加快付款　　　　D. 加快收款并减缓付款

25. 一家公司总部设在韩国，业务销往非洲，有 5 亿先令的应收账款将在 1 年后收回。财务总监有意减少风险，并不介意损失部分利润折扣，降低风险的方式应为(　　)。

A. 跨境保理约定　　　　B. 信用证约定

C. 银行承兑汇票约定　　　　D. 未尝债务买卖约定

第 8 章

综合练习题

一、选择题

1. 在有两种证券组合中增加一只股票，和证券组合是不完全正相关。3 种组合会使总的组合风险(　　)。

A. 降低　　B. 增加　　C. 不变　　D. 以上都不对

2. 短期融资的高成本使公司重新评估它给顾客的信用条件。目前的政策是 1/10，全额/60。如果顾客可以在主要利率下借款，那么当主要利息达到(　　)时，公司必须改变信用政策，才能避免不希望看到的应收款账期的延长。

A. 2%　　B. 5%　　C. 7%　　D. 8%

3. CF 公司目前有一项保守的信贷政策，并且正在审查其他 3 项信贷政策。当前的信贷政策(政策 A)每年可以产生的销售额为 12 000 000 元。政策 B 和政策 C 可带来更多的销售额、应收账款和存货余额，但也会带来更高的坏账和催收成本。政策 D 相较于政策 C 而言给予较长的付款期限，但是如果客户利用较长的付款期限，则需要支付相应的利息。表 8-1 列出了这些政策。

表 8-1　　(单位：元)

内　容	A	B	C	D
销售额	12 000 000	13 000 000	14 000 000	14 000 000
平均应收账款	1 500 000	2 000 000	3 500 000	5 000 000
平均存货	2 000 000	2 300 000	2 500 000	2 500 000
利息收入	0	0	0	500 000
坏账费用	100 000	125 000	300 000	400 000
催收成本	100 000	125 000	250 000	350 000

如果产品的直接成本是销售额的 80%，短期资金的成本是 10%，则 CF 公司的最佳政策是(　　)。

A. 政策 A　　B. 政策 B　　C. 政策 C　　D. 政策 D

4. 一家英国公司目前只有国内业务。它计划要么在美国要么在中国投资同等金额的项目。项目的选择将基于国内公司与海外公司的组合的风险和回报，当发生以下(　　)时，国际投资(50%的英国国内经营与 50%的海外经营)的风险降低利益是最大的。

A. 英国的回报与美国的回报有正相关性

B. 美国的回报与中国的回报有负相关性

C. 美国的回报与中国的回报有正相关性

D. 英国的回报与中国的回报有负相关性

5. 下列各项中不是企业持有现金有效的原因的是(　　)。

A. 满足余额补偿的要求

B. 为交易持有充足的现金

C. 满足未来的需要

D. 从投资的资产那里获取最大回报

6. 普通股拥有以下所有权利,除了(　　)。

A. 每年收取股利

B. 在清算时按比例分享支付债务后的剩余财产

C. 投票选举公司董事

D. 对股东重大事件(比如合并)进行表决

7. 预期报酬率和风险标准差相同的两种证券,(　　)时可以帮助投资者分散风险。

A. 无此情况

B. 两种证券的相关系数完全负相关

C. 两种证券的相关系数低于完全正相关

D. 两种证券的相关系数完全正相关

8. 下列对利息期限结构图描述最准确的是(　　)。

A. 长期利率与短期利率的关系

B. 利息贴现后补偿投资数的平均年数

C. 名义利率与通货膨胀率对利息的影响

D. 即期利率与远期利率的关系

9. 以下(　　)选项为半强型有效市场相关的内容。

A. 可以获得公开和非公开的信息

B. 当前价格反映以前的信息

C. 可以获得非公开信息

D. 可以获得公开信息

10. 某公司得到一张 15 000 元的发票,要求在 45 天内还清,如果 7 天内付款可以得到 3%的折扣,假设一年 360 天,请问折扣金额为(　　)元,实际利率为(　　)。

A. 450　24.7%　　B. 450　29.3%

C. 1 050　7.2%　　D. 1 050　57.7%

11. 市场的无风险报酬率 6%,市场平均报酬率 11%,有 3 只股票 A、B 和 C,实际的报酬率分别为 11%、12.5%和 8.5%,β 值分别为 1、1.2 和 0.86,这 3 只股票的回报率(　　)。

A. A股票和B股票都被高估

B. A股票和B股票都被低估

C. B股票被高估,C股票被低估

D. B股票被低估,C股票被高估

12. 已知无风险收益率是2%,市场预期回报率是5%,β值是1.2,税前债务资金成本是4%,所得税税率是25%,债务对总资产比率是50%,加权平均资本成本是(　　)。

A. 4.3%　　B. 4.8%　　C. 4.2%　　D. 4%

13. 债券现在的价格是根据以下选项计算的,除了(　　)。

A. 利息支付金额　　B. 债券到期时的价格

C. 市场利率　　D. 票面价格

14. 假设一个公司的财务政策从激进型财务政策变为保守型财务政策,对公司的影响是(　　)。

A. 盈利能力增加,风险增加　B. 风险增加,流动性减少

C. 风险减少,流动性增加　　D. 盈利能力增加,流动性增加

15. 某公司贷款100 000美元,利率是10%,补偿性余额是25%,公司实际利率是(　　)。

A. 10%　　B. 11.76%　　C. 12.38%　　D. 13.33%

16. 某公司以10 000 000美元的股本和30 000 000美元的长期债券为其经营融资。该公司的β值为1.125,无风险回报率为6%,预期市场回报率为14%。该公司发行的长期债券的市场利率为9%,假定该公司处于最佳资本结构。实际所得税税率为40%,该公司的加权平均资本成本为(　　)。

A. 7.8%　　B. 8.6%　　C. 9.5%　　D. 10.5%

17. A企业股票价格由60美元上涨到69美元,不派发股利。B企业股票价格由10美元上涨到12美元,并且派发股利2美元。现企业打算放弃回报率低的项目,应放弃(　　)。

A. 出售A,因为A回报率15%,B回报率20%

B. 出售A,因为A回报率15%,B回报率40%

C. 出售A,因为B分股利

D. 出售B,因为A股价上涨得多

18. 以收购为目的的企业寻找友好的投资人竞标,属于(　　)防范收购措施。

A. 白衣骑士　B. 金降落伞　C. 毒丸计划　D. 融资

19. CF有一家子公司专门研究和开发使用替代燃料汽车,该子

公司 CF 决定出售其持有子公司的股票,同时保持一定的股权有效控制,此类事物称为(　　)。

A. 清算　B. 析产分股　C. 股权分割　D. 部分抛售

20. 做空股票的投资者(　　)。

A. 打算在 3 个月内出售股票

B. 利用借来的资金支付股利

C. 股价下跌时会赚钱

D. 期望在一年之内股票转为债务

21. 企业正在评估目前持有的金融资产,将低收益率的金融资产进行处置。企业目前持有 A、B 两家公司的普通股,A 公司购买时 60 美元/股,现市价 69 美元/股,至今没有发放过股利。B 公司普通股购买时 10 美元/股,现市价 12 美元/股,并发放过股利 2 美元/股。企业应该(　　)。

A. 出售 A 公司股票,其收益率为 15%,B 公司收益率为 40%

B. 出售 A 公司股票,其收益率为 15%,B 公司收益率为 20%

C. 两个都不出售

D. 两个都出售

22. 已知公司融资结构是普通股 50%,优先股 20%,债 30%,税后债务成本 6%,所得税 40%,优先股 100 元面值,市价 105 元,股利率 10%,股票收益率 12%,加权平均资本成本是(　　)。

A. 9.80%　B. 9.70%　C. 9.08%　D. 8.98%

23. 按照一定规则能转化为普通股的优先股是指(　　)。

A. 累计优先股　B. 可持有债券

C. 可转换债券　D. 普通股优先认股权

24. 一家美国公司的子公司设立在英国,日常业务以欧元结算,德国公司为其融资,其功能货币为(　　)。

A. 美元　B. 欧元　C. 英镑　D. 马克

25. 企业的应收账款周转天数去年 29 天,今年 41 天,引起这种变化的因素是(　　)。

A. 信用期限的增加　B. 信用期限的减少

C. 向供应商付款时间的延长　D. 向供应商付款时间的减少

26. 公司正在考虑两种信用政策:45 天全额付款和 90 天全额付款。这两个提案对信用政策的变化的比较分析包括下述各项因素,除了(　　)。

A. 公司的资金成本

B. 现在坏账

C. 仅对某些客户延长付款期限对现有客户的影响

D. 银行贷款关于应收账款天数的条款

27. 某财务分析师正在使用股利增长的两阶段模型对一家公司进行估值，该公司去年支付的年度股利为每股 4 美元。假设未来 3 年的年度股利按每年 10% 的速度增长，3 年后再按每年 5% 的速度增长。假定需要报酬率是 12%。以下各项变化中会使股票价值更高的是(　　)。

A. 需要报酬率从 12%更改为 14%

B. 股利增长率从 5%更改为 4%

C. 3 年期假设更改为 5 年

D. 10%的增长率更改为 8%

28. 采用资本资产定价模型，分析师计算出某公司普通股的预期风险调整回报率为 17%。该公司股票的 β 值为 2，股票的总体预期市场回报率为 10%。无风险回报率为 3%。其他条件不变，在(　　)的情况下该公司股票的预期风险调整回报率将增加。

A. 无风险回报率减少

B. 公司股票的 β 值减少

C. 股票的总体预期市场回报率减少

D. 公司股票的波动性减少

29. 某上市公司正计划以 1 亿美元的价格剥离其部门 A。私人投资者已筹集了 1 000 万美元的资金，并计划以部门 A 的资产做抵押通过债券融资对其余的 9 000 万美元进行融资。新所有者打算通过提供股票期权向新管理层提供公司的更多股份。他们还为员工重新设计了绩效指标和激励机制，以尽量减少低效行为和官僚作风。此情况最准确地描述了(　　)。

A. 管理层资本重组　　B. 管理层收购

C. 杠杆资本重组　　D. 杠杆收购

30. 财务分析师进行两项投资项目分析，希望一年期的税后现金收益最大化，公司的所得税税率为 25%。参见表 8-2。

① 购买 100 美元的市政债券，一年后按 100 美元售出，并获得免税的 4%的利息收入。

② 购买 100 美元的商业票据，一年后按 99 美元售出，并获得税前 6%的收益。

表 8-2

资金来源	资本权重	资本成本
长期负债	40%	12%×(1－30%)＝8.4%
优先股	15%	$\frac{8\%}{1-2\%}=8.16\%$
普通股	25%	14%
留存收益	20%	13%

A. 应该选择商业票据，因为其收益率为 6%，大于市政债券收益率 4%

B. 应该选择商业票据，因为其收益率为 5%，大于市政债券收益率 4%

C. 应该选择市政债券收益率 4%，因为大于商业票据 1.25% 的收益率

D. 应该选择市政债券收益率 4%，因为大于商业票据 3.25% 的收益率

31. 投资银行在股票发行中具有以下作用，除了(　　)。

A. 投资银行为股票发行需要的手续提供建议

B. 投资银行将包销的股票销售给投资者

C. 投资银行将吸收的借款提供给发行公司

D. 投资银行为发行公司发行股票提供服务

32. 下列(　　)是对未来收入对冲的事例。

A. 小麦农卖出小麦的期权　　B. 小麦农买入小麦的期权

C. 面包商卖出小麦的期权　　D. 面包商买入小麦的期权

33. 公司准备通过债务和股权进行融资，长期债券的利率是 8%，普通股的权益成本是 15%，税率是 40%，公司的加权平均资本成本是 10.92%。则公司长期债占资本结构的比例是(　　)。

A. 0.24　　B. 0.4　　C. 0.6　　D. 0.76

34. 一家企业有家子公司，继续拥有子公司控制权，将子公司部分上市出售，下列(　　)是对的。

A. 完全析产分股　　B. 分拆

C. 股权分离　　D. 追踪股

35. 公司有多余现金购买有价证券，最不用考虑的是投资的(　　)。

A. 到期时间　　B. 利率　　C. 价格　　D. 投票权

36. 有3个互斥投资项目,NPV和IRR如下,项目一,30 000元,15%;项目二,15 000元,24%;项目三,10 000元,22%。则应做出的选择是( )。

A. 无法选择

B. 选择项目二,拥有最高的IRR和正的NPV

C. 选择项目三,有最高的IRR

D. 选择项目一,有最大的NPV

37. 下列资金来源税后资金成本最低的是( )。

A. 留存收益 B. 债券 C. 优先股 D. 普通股

38. FM公司计划投资30万美元购置新设备生产木偶娃娃,该设备预计年度税后现金净流量为前3年70 000美元,后5年每年税后现金净流量50 000美元,该新设备的投资回收期是( )年。

A. 4 B. 4.2 C. 4.8 D. 5.4

39. FM公司上一年的毛利率为30%,销售额为9 000 000美元,其中75%是赊销,其余是现金,应收账款平均收款期为20天,存货周转率为9,求应收账款和存货各是( )美元。

A. 369 863 700 000 B. 383 692 300 000

C. 400 000 700 000 D. 400 000 700 000

40. 美国进口对货币的影响是( )。

A. 美国进口创造了外国对美元的需求

B. 美国进口创造了美国国内对外币的需求

C. 美国进口减少了外国对美元的供给

D. 美国进口增加了美国对外币的供给

41. 减少资产负债表中的( )能使净营运资本增加。

A. 应收账款 B. 应付账款

C. 固定资产 D. 存货

42. 下列不是公司重组方式的是( )。

A. 兼并 B. 收购 C. 剥离 D. 破产

43. 一名银行代表联系了某大型厨房用具零售商的现金管理经理,想要为该零售商建立一个锁箱收款系统。该公司的收入分析表明,这一系统可以将收款时间平均缩短两天。该公司每天大约收到2 500张支票,每张支票的平均价值为600美元。银行将对每张支票收取0.28美元用于运营该系统。该公司目前正在以平均7%的利率投资短期基金。如果该公司采用锁箱协议,每年将会获益或损失( )美元。

A. (150 500)　　B. (45 500)　　C. 45 500　　D. 210 000

44. CFO 在公司董事会上宣布公司融资政策着重于资产负债到期配比和对冲，下列(　　)项不符合配比和对冲。

A. 商业票据，为永久性营运资本融资

B. 发行长期债券，为投资国外子公司融资

C. 获取信用额度，为营运资本的季节性波动融资

D. 应付账款展期，为未及时到账的应收账款融资

45. 某公司以10 000 000 美元的股本和30 000 000 美元的长期债券为其经营融资。该公司的 β 值为 1.125，无风险回报率为 6%，预期市场回报率为 14%。该公司发行的长期债券的市场利率为 9%。假定该公司处于最佳资本结构。实际所得税税率为 40%。该公司的加权平均资本成本为(　　)。

A. 7.8%　　B. 8.6%　　C. 9.5%　　D. 10.5%

46. TS 公司今年的赊销额为 100 000 美元，赊购额为 80 000 美元，平均应收账款为10 000美元，平均应付账款为 8 000 美元，存货周转率为 8，那么 TS 公司的现金周期为(　　)天(假设一年 360 天)。

A. 40　　B. 45　　C. 50　　D. 35

47. 公司应收账款政策由“30 天内全额回款，10 天内回款享受 2%折扣”改为“30 天内全额回款”，给公司带来的影响是(　　)。

A. 回款额可能增加，回款速度可能加快

B. 回款额可能增加，回款速度可能降低

C. 回款额可能减少，回款速度可能加快

D. 回款额可能减少，回款速度可能降低

48. 普通股是指代表公司最终所有权的证券。普通股持有人会享受一定的权利。以下(　　)项不属于普通股股东的权利。

A. 每年获取现金股利

B. 清算时支付完债权人后的求偿权

C. 股东会投票权

D. 重大决议投票权

49. 公司发行债券的面值为1 000美元，票面利率是 8%，期限是 20 年，市场平均债券收益率是 10%。并且，公司以面值发行了 100 000 美元的优先股，优先股票面股息率为 12%。公司还打算回购 20 000股普通股用于股票期权奖励计划。在不考虑发行成本的情况下，公司发行 1 000 张债券的所得是(　　)美元。

A. 830.12　　B. 1 000 000　　C. 830 120　　D. 169 880

50. 某投资商正在评估过去12个月的股票投资组合的绩效，考虑出售投资回报率低的股票，现在A股票市值从60美元上升到69美元，不支付股息，B股票已支付现金股息2美元，股价从10美元上升到12美元，以下是出售的选项信息，应该出售(　　)。

A. A股票，因为A股票的投资回报率为15%，B股票的投资回报率为20%

B. A股票，因为A股票的投资回报率为15%，B股票的投资回报率为40%

C. B股票，因为A股票股价上升9美元，B股票股价上升2美元

D. A股票，因为A股票不支付股息出售A，因为A的投资回报率为15%，B的投资回报率为20%

51. TS公司的管理人员目前正在浏览公司的资金安排；公司目前的资本结构是750 000美元为普通股；优先股200 000美元，每股面值50美元；债务融资为30万美元；今年年初支付每股股利2.0美元，分析师预期股利将以每年8%的稳定速度增长。如果投资者期望得到14%的回报率；债务的到期收益率为12%；优先股的股息率是9%，其到期收益率为11%；公司保留了足够的留存收益来满足权益融资；公司的所得税税率为40%；基于以上信息，公司的普通股股价是(　　)美元。

A. 30.00　　B. 36.75　　C. 42.50　　D. 36.00

52. 适时增发最适用于(　　)。

A. 为股票已经上市的公司募集资金

B. 清理劣质金融证券市场

C. 为股票尚未上市的公司募集资金

D. 出售首次发行的剩余股票

53. TS公司在东南地区经营了一家连锁餐厅，稳步发展到现在48家餐馆的规模，公司董事会目前通过了一项大规模装修的提议。目前面临着以下两种融资选择。

① 第一种选择是Roger公司无风险利率为2%，市场风险溢价为5%，β系数为1.2，所得税税率为25%，负债与总资产比为50%。税前债务融资成本为5%，那么，TS公司的加权平均资本成本为(　　)。

② 第二种选择是公开发行债券，市场利率是11%，通胀影响下的净成本是48美元百万当期普通股过去12个月的普通股股利为3美元/股，投资者期望的股利增长率为6%，该公司的所得税税率

是 40%。

公司选择第一种方案后其加权平均资本成本是(　　)。

A. 5.5%　　B. 5.875%　　C. 6%　　D. 6.25%

54. 供应商的发票提供"45 天内还清,如 7 天内还清可享受 3% 折扣"的还款条款。发票金额为 15 000 美元。假设一年为 360 天,折扣金额和未利用折扣的实际年利率分别是(　　)。

A. 450 美元 和 24.7%　　B. 450 美元和 29.3%

C. 1 050 美元和 7.2%　　D. 1 050 美元和 57.7%

55. 企业借入1 000 000 美元,利率为 10%,银行要求有 250 000 美元的补偿性余额,企业活期账户中已有 100 000 美元,并且包含在补偿性余额中,实际利率是(　　)。

A. 13.33%　　B. 17%　　C. 15%　　D. 12%

56. 某期间期初与期末的货币 A 和货币 B 的汇率如下所示

期初:0.24 货币 A=1.00 货币 B

期末:0.28 货币 A=1.00 货币 B

在此期间,货币 A 与货币 B 相比,(　　)。

A. 升值 14.4%　　B. 贬值 14.4%

C. 升值 16.7%　　D. 贬值 16.7%

57. 在计算机的协助下让决策者获取一个投资项目可能结果的完整的分布情况。以上定义是(　　)。

A. 敏感性分析法　　B. 情境分析法

C. 蒙特卡洛模拟法　　D. 确定性等值法

58. 新增设备价款 39 000 元,运输及安装费1 000元。使用期 5 年,各年折旧率 1 年为 40%,2 年为 21%,3 年为 15%,4 年为 14%,每年的增量税后现金流量是 13 200 元,公司预计在 4 年后处置该设备 7 000元,税率是 40%。计算第 4 年的增量现金流量,结果是(　　)元。

A. 13 200　　B. 19 640　　C. 21 240　　D. 22 440

59. FM 公司需要一年期 1 亿美元的贷款。Todd 公司的银行家为其提供了以下两种选择。

选择 1:贷款的名义利率为 10.25%,无补偿性余额要求。

选择 2:贷款的名义利率为 10.00%,有无息的补偿性余额要求。

则当选择 2 中要求的补偿性余额为(　　)美元时,选择 2 的实际利率等于选择 1 中 10.25%的利率水平。

A. 250 000　　B. 2 440 000

C. 2 500 000　　D. 10 250 000

60. 利率的期限结构图如果是一条水平线，以下各项中正确的是(　　)。

A. 长期借款利率高于短期借款利率

B. 长期借款利率等于短期借款利率

C. 中期借款利率高于债券利率

D. 长期借款利率将增加

61. ABC 证券公司的分析师正在研究 XYZ 公司的一些基本情况，具体信息如下所示。

① XYZ 公司过去 10 年股票价格的走势。

② XYZ 公司过去 5 年的债券融资信息。

③ XYZ 公司过去 2 年的战略持股信息。

④ XYZ 公司去年的年报。

基于上述的信息，当前资本市场的效率应为(　　)。

A. 有效金融市场的半强有效性

B. 有效金融市场的强势有效性

C. 资本结构理论的半强有效性

D. 资本结构理论的半弱有效性

62. 某企业从国外进口增多，则该国货币(　　)。

A. 升值　　B. 贬值　　C. 不变　　D. 无法判断

63. FM 公司现在考虑 3 个投资项目。总经理希望总会计师准备一份报告，并提出一个合适的投资建议。总会计师对 3 个投资项目计算的结果如表 8-3 所示。

表 8-3

项目	净现值/美元	内部回报率/%
①	20 680	12
②	30 300	10
③	15 000	13

公司期望从可接受的项目中所获得的最低净现值为 20 000 美元。项目之间互斥，WR 公司的资本成本为 8%。以下选项中，(　　)是总会计师可能提供给总经理的建议。

A. 项目③，因为它的内部回报率(IRR)最高

B. 项目②，因为它的净现值(NPV)最大

C. 项目①②和③，因为每个项目的 IRR 都比资本成就高

D. 项目①和②，因为它们都超过了预期的 NPV

64. FM 公司去年的应收账款收款天数是 73 天。今年的是 91.25 天。与同期相比，销售降低了 20%。公司今年的应收账款发生的问题是（ ）。

A. 应收账款增加

B. 应收账款减少

C. 应收账款没有变化

D. 没有提供足够的信息来做出判断

65. 情境分析作为风险分析技术的最佳描述是，该方法（ ）。

A. 更改关键变量来评估影响

B. 采用预先决定的概率分布情况来预测风险结果

C. 评估更改一组假设会产生怎样的影响

D. 合并负相关资产，降低整体风险

66. FG 公司正在评价两个互斥的项目，其中一个需要初始投资 4 000 000 美元，另一个需要6 000 000美元。财务部门对每个项目都进行了广泛的分析，首席财务官曾经表示这些项目在资本分配上没有先后优劣的问题。以下各项描述（ ）项是正确的。

① 如果两个项目的回收期都比公司的标准长，那么，两个都应该被否定。

② 选择内部回报率（IRR）最高的项目（假设 IRR 都大于最低资本回报率）。

③ 选择具有最大正净现值的项目。

④ 不管何种评价方法，都选择初始投资额较小的项目。

A. ①②和④　　B. ①②③　　C. ①和③　　D. ②和④

67. FM 公司对以前采用投资回收期法做出的资本预算决策备感失望。该公司实施了一项新要求：对于所提议的金额超过 300 000 美元的采购，需采用现金流量折现分析法来计算其净现值。公司的食品加工部门正在考虑购置一台新机器，这台机器每年可以减少的人工成本的税前金额为 175 000 美元。有关这项可能的采购的其他信息如下所示。

① 这台机器的成本将为 450 000 美元。此外，还需支付 25 000 美元的安装费用。

② 这台机器的使用寿命为 3 年，届时将无残值。第 1 年、第 2 年和第 3 年用于税务方面的折旧率分别为 25%、38%和 37%。

③ 公司的资本成本 12%被视为合适的贴现率。

④ 所得税税率为 40%。

⑤ 现金流量应该会在日历年末产生，日历年末与公司的财政年末重合。以下各项中最准确地指出了所提议的这项投资的净现值以及相应的采购决定的是(　　)。

A. 约 73 000 美元；建议进行此项投资

B. 约－73 000 美元；建议不进行此项投资

C. 约 55 000 美元；建议进行此项投资

D. 约－55 000 美元；建议不进行此项投资

68. 一个项目初始投资 200 万元，每年收回 90 万元，贴现率为 10%，则贴现回收期是(　　)年。

A. 1.657　　B. 2.647　　C. 3.0　　D. 3.678

69. TS 公司有 200 000 股普通流通股，本年年末公司的净利润是 500 000美元，股票的市盈率 P/E 为 8。董事会刚刚宣布，两股换三股的股票分割计划。如果投资者在股票分割前拥有 100 股普通股，股票分割后其在 TS 公司股票投资的近似值(四舍五入到美元)是(　　)美元。

A. 4 000.0　　B. 2 000.0　　C. 1 333.0　D. 3 000.0

70. TSC 电子产品公司在全球有几个子公司，担心外汇风险。对于货币贬值的国家，TSC 电子产品公司应该鼓励实施下述各项政策，除了(　　)。

A. 无论何时尽可能给予贸易信贷

B. 将多余的现金用于购买存货或其他实物资产

C. 贸易信贷为基础，购买材料和物料

D. 如果可以获得合适的利率，借贷当地货币资金

71. TSC 实业公司正在考虑购买一台新的玻璃切割机，以缩短生产相框的时间。新玻璃切割机将花费 750 000 美元。TSC 实业公司计算了在未来 7 年内使用该机器每年节省的现金(见表 8-4)。

表 8-4　　(单位：美元)

年份	每年节省的税后现金流
第 1 年	180 000
第 2 年	210 000
第 3 年	190 000
第 4 年	170 000
第 5 年	150 000
第 6 年	100 000
第 7 年	20 000

如果 TSC 的资本成本是 10%，并且该公司使用现金流量折现分析法，则该机器在第（ ）年才能收回投资。

A. 4 B. 5 C. 6 D. 7

72. BC 公司计划做一个资本预算项目投资，打算购入一台新设备来替换已经使用了 10 年的旧设备。决策者认为使用新设备可以带来更高效的生产。分析师对该资本项目的数据进行审查，第一年的数据如表 8-5 所示。

表 8-5 （单位：美元）

收入	50 000
运营成本	30 000
折旧费用	8 000

公司的所得税税率为 25%，该资本项目税后资本现金流为（ ）美元。

A. 9 000 B. 15 000 C. 17 000 D. 23 000

73. TS公司计划出资 240 000 美元购买设备，设备使用期限为 3 年，无残值，使用直线折旧法进行折旧。在第 3 年年初，Moss 公司承担了 20 000 美元的维修费用，每年税前现金流 180 000 美元，所得税税率为 40%，资本成本为 12%，折现回收期为（ ）年。

A. 1.71 B. 1.78 C. 2.13 D. 2.20

74. 管理者除了利用本量利分析进行决策之外，还能对决策方案进行敏感性分析。敏感性分析是一种“假如（what-if）”分析法，可以协助决策者了解在条件（外生变量）发生变化时，决策的结果会相应地发生什么样的变化。ABC 公司管理者想要对投资项目进行敏感性分析，该投资项目的内部回报率（IRR）为 10%，净现值（NPV）是 500 000 美元，现在管理层要求将报酬率从 8%提高到 10%，对 IRR 和 NPV 的影响是（ ）。

A. IRR 和 NPV 增加 B. IRR 减少，NPV 不变

C. IRR 不变，NPV 减少 D. 信息不足，无法判断

75. 在介绍资本预算决策的非贴现现金流模型时，某分析师对回收期法提出了以下两项陈述。陈述 1：它是接受/拒绝项目的最佳决策标准陈述；陈述 2：它可能过度鼓励短期项目的投资，而损害长期项目的决策。陈述正确的是（ ）。

A. 陈述 1 对 B. 陈述 2 对

C. 都不对 D. 都对

76. ABC 公司的管理会计师正在为一项设备改造计划编制资本预算。该项目的期限为 5 年。她的最初计算包含列折旧税盾及其现值，并正在考虑将通胀因素纳入净现值的分析中。如果折旧税盾是基于设备的初始价值，该一项目初期投资 60 000 美元，未来 5 年每年正净现金流 15 000 美元，要求的投资回报率是 10%，是否投资？(　　)

A. 是，净现值 56 823 美元　　B. 是，净现值 15 000 美元

C. 否，净现值负 3 135 美元　　D. 否，净现值负 4 523 美元

77. 本杰明经营一家公司，该公司不受资本配额制约。本杰明计算了两个项目的净现值(NPV)和内部回报率(IRR)。项目 A 的 NPV 为 1 000 000美元，IRR 为 20%，项目 B 的 NPV 为5 000 000美元，IRR 为 12%，为使股东价值最大化，如果这两个项目(　　)。

A. 是互斥项目，仅应该选择项目 A

B. 不是互斥项目，则应该选择这两个项目

C. 不是互斥项目，仅应该选择项目 B

D. 是互斥项目，则应该拒绝这两个项目

78. 某财务分析师认为资本投资未来的现金流的波动性比较大，项目的风险较大，于是准备执行一项资本投资的风险分析，该分析师用大量的数据更改一个财务变量，分析其变化对该项投资所产生的影响，此类分析为(　　)。

A. 情境分析　　B. 敏感性分析

C. 蒙特卡洛模拟分析　　D. 保本点分析

79. 作为贴现现金流法的一个具体方式，内部回报率法能为投资项目的评估与选择提供更客观的基础，因为该方法不但考虑了资本投资项目各期预期现金流的数量，而且考虑了它们的时间价值。但是 ABC 公司的管理会计师认为使用内部回报率法可能受到了一定条件的限制，他发现当存在两个项目可选且互斥的时候，那就无法使用内部回报率法，所以管理会计师认为使用净现值法进行分析更为合理。ABC 公司正在考虑表 8-6 中的项目，这些项目的贴现率都是 10%，公司应当接受项目(　　)。

表 8-6　　(单位:美元)

项目	净现值
项目①	1 000
项目②	40 万
项目③	−500

A. ②　　B. ①和②　　C. ①和③　　D. ①②和③

80. 某公司的工厂主计长收到了一份包含资本预算项目财务分析的报告。该工厂打算购买一台价值1 000 000美元的机器，该机器在5年内每年产生相同的税后现金流。此项目的净现值为105 656美元，贴现率为15%，报告还指出，该项目的投资回收期为2.86年，主计长(　　)。

A. 了解此回收期是使用未贴现现金流计算的，因为贴现现金流的回收期为4年

B. 发现回收期的计算是错误的，因为使用折现投资回收期的贴现期为5.5年

C. 使用未贴现现金流自行重新计算回收期，并确定回收期实际为3.5年

D. 验证2.86年的回收期是使用未贴现现金流计算的，然后使用贴现现金流计算的回收期是5.5年

二、论述题

1. 某医院位于洛杉矶市中心，为老年提供服务。该医院可容纳250个床位。由于现金余额不足和短期融资需求，医院管理层正在考虑申请15 000 000美元的信用额度。行业平均流动比率为2.55。主计长还计划寻找一种方法来减少未偿还的应收账款总额。表8-7是该医院最近一年的资产负债表摘录。

表 8-7　　(单位：美元)

现　金	150 000
应收账款	6 375 140
存货	675 125
长期资产	385 000
总资产	7 585 265
应付账款	875 000
短期应付票据	455 000
长期负债	1 250 000
递延收入(流动)	375 000
应付工资	672 212
总负债	3 627 212

(1) ① 定义营运资本。

② 计算医院的营运资本。要求写出计算过程。

(2) 明确可能导致现金余额不足的一种原因。

(3) ① 计算医院的流动比率。

② 解释流动比率如何有助于决定医院是否能获得所申请的信用额度。

(4) ① 定义应收账款出让。

② 解释有追索权的应收账款出让与无追索权的应收账款出让之间的区别。

③ 解释应收账款出让的一个优点和一个缺点。

(5) 推荐两种增加现金余额的方法(应收账款出让和信用额度除外)。

2. FM是一个太阳能产品研究、生产和服务的综合型公司。目前,公司正在考虑两个互相排斥的投资项目。项目A需要起始投资额为2 000 000美元,并预计在未来的5年内为公司每年带来1 000 000美元的收入增长,同时在这5年里,该项目预计增加400 000美元年度运营成本。项目B需要起始投资额为5 000 000美元,并预计在未来的5年内为公司每年带来2 000 000美元的收入增长,同时在这5年里,该项目预计增加800 000美元年度运营成本。假设两个项目残值均为0。使用直线折旧法对1～5年的起始投资进行折旧,假设公司有效所得税税率为30%。

(1) 请分别计算每个项目在周期内每年的税后现金流。请写明计算过程。

(2) 如果折现率为9%,那么每一个项目的净现值是多少?请写明计算过程。

(3) 每个项目的内部回报率约为多少?请写明计算过程。

(4) 请确认和阐述该公司在决策时应考虑的两个定性因素。

3. BD是一家制造儿童玩具的公司。BD公司正在考虑发行1 000 000美元债券,以便为两个独立项目融资,债券将在20年内到期。每张债券的面值为1 000美元,年息票利率为8%。类似债券的价格收益率为10%。项目的使用期结束时无残值,BD公司的加权平均资本成本率为12%。表8-8是这两个项目的信息。

表 8-8

项目	初始投资/美元	每年的税后现金流/美元	项目期/年
项目 A	50 万	10 万	10
项目 B	38 万	10 万	5

项目 A 将提高 BD 公司的制造能力，以便根据需要生产更多的玩具，项目 B 没有这样的功能。董事会希望在投资项目完成后进行事后审计。

(1) ① 计算两个项目的净现值(NPV)。给出您的计算过程。

② D 公司应接受哪个或哪些项目？请解释您的答案。

(2) 如果公司只能够接受回收期为 4 年的项目，BD 公司应该投资哪个或哪些项目？给出您的计算过程。

(3) 确定在资本预算中使用净现值的两个优点，以及使用回收期的一个缺点。

(4) 假设没有筹资成本，BD 公司发行 1 000 份债券的所得是多少？给出您的计算过程。

(5) 确定并解释项目 A 中嵌入的实物期权类型。

(6) 解释资本预算过程中事后审计的作用。

附录 A

参考答案

第 2 章

1. 答案：A。5%+(12%−5%)×0.6=9.2%。

2. 答案：C。要仔细看题，不要将风险溢价和市场风险溢价混淆。此题是要求计算风险溢价，因此：

2.2×(12%−5%)=15.4%

3. 答案：B。如果用负债而不是权益来融资，每股收益一般会更高，除非公司过度使用杠杆。理由是负债成本一般低于权益成本，因为利息是可以扣税的。但是更高的 EPS 前景往往伴随着更高的风险。实际工作中必须 EPS 最大化同时使风险可控。

4. 答案：A。

5. 答案：C。分期还本债券有不同的到期日，它们在一系列的时间点到期，因此，投资者可以通过选择到期日来满足投资需求。

6. 答案：D。零票面利率债券不支付期间的利息。债券用面值的折扣价销售，投资者只有在债券到期时才能得到利息，发行者不需要每年发生现金支出，但是折扣必须每年摊销，并形成利息费用。

7. 答案：C。A 和 D 都说反了，B 明显不对。C 的说法也不是绝对正确的，但相对来说是最恰当的。

8. 答案：B。A、C、D 都是对投资者利好的事项。票面利率低些也可以接受。但 B 是对投资者不利，因此投资者期望更高的收益来抵消此不利。

9. 答案：D。$A\times(1-5\%)=12$(万元)，则 $A=\dfrac{120\ 000\text{元}}{0.95}$，

$$\text{实际利率}=\frac{120\ 000\div0.95\times12\%}{120\ 000\times0.95}=\frac{15\ 158}{114\ 000}=13.3\%,$$

$$\text{支付银行的利息}=\frac{120\ 000}{0.95}\times12\%=15\ 158(\text{元})。$$

10. 答案：A。从过去的历史来看，短期利率一般比长期利率更低。这是因为短期的风险更小。

11. 答案：B。

12. 答案：C。优先购买权的目的是允许股东保持他们现有的股份比例，公司有 2 000 000 股普通股(10 000 000÷5)，增发 40 万股普通股，则相当于目前每股可以额外得到 0.2 股，即$\dfrac{40\text{万股}}{200\text{万股}}$，因此持有

20 000股的股东可以购买 2 万股×0.2=4 000 股。

13. 答案：B。面值表示股票的法定资本，它是股票发行前主观定的价值，面值代表股东责任的上限。

14. 答案：D。

15. 答案：C。因为银行规定在 20 万美元的信用额度里无论使用多少金额，都要在银行存 20×5%=1(万美元)，注意关键词：要求存款为总额度的 5%；因此企业实际使用的钱为净额，此题说企业使用信用额度 10 万美元，则

$$实际利率=\frac{10\text{万}\times 10\%-20\text{万}\times 0.05\times 2\%}{10\text{万}-20\text{万}\times 0.05}=10.89\%。$$

16. 答案：C。留存收益不属于流动资金。

17. 答案：C。普通股对累计的未支付股利没有权利。这个权利属于优先股股东。

18. 答案：D。到期日匹配是避险的方法。否则，如果资产时间长，而融资工具的期限短，企业会面临有可能届时融不到资金从而没有钱支持资产运营的风险。相反，企业不需要融资了，但融资工具还未到期，则企业有浪费融资费用的风险。

19. 答案：B。因为可兑回债券在投资者眼中不如一般债券那样有价值，因此 50 元的兑回权证将从1 000元的价值中减去，得到950 元的价值。

20. 答案：A。期权和认股权证的区别。认股权证的英文是 warrants，在香港又翻译成涡轮。认股权证同样是赋予持有人在一定时间内按照特定价格购买一定数量普通股股票的权利而非义务。但认股权证是公司发行的，而期权是证券交易所的产品。常见的认股权证有可转换债券，在可转债中就包含了认股权证。因此选 A。

21. 答案：D。当股票价格是 960 元时，优先股的股息是 100 元，结果成本是 10.4%(100÷960)。注意，一定要使用市价，而不能用面值。

22. 答案：C。资本成本主要用于面对未来的决策，如资本预算等，因此要关注新资金。

23. 答案：A。公司所得税税率的增加可能会鼓励一个公司多借债，因为利息是可以扣税的，这样税收抵扣就越大；B 不对，因为经济不稳定，企业不敢增加负债，万一经济形势不好，可能会发生债务违约；C 明显不对；D 不对，市盈率和负债没有多少直接关系。

24. 答案：C。

$9\%\times(1-40\%)\times\frac{2}{5}+12\%\times\frac{3}{5}=2.16\%+7.2\%=9.36\%$

25. 答案：D。注意，D只是最优化资本结构的条件之一。每股收益最大化太笼统。

26. 答案：D。因为股息不能扣税，所以税的影响可以忽略。因此，相关的计算是将10元的年股息除以发行股票所收到的资金。在这个案例中，收到的现金是96元(101－5)，因此，成本是10.4%(10÷96)。

27. 答案：A。

债券的成本＝[(1 000×8%)÷(1 000＋30－30)]×(1－40%)
＝4.8%，

优先股的成本＝8÷(105－5)＝8%，

普通股的成本＝$\frac{7}{100-3-5}+0\%=7.6\%$，

留存利润的成本＝7÷100＝7%。

注意：留存收益只有目前的股票市价，而不用未来的股票市价，因此用100元，而不用97元(100－3)。因为需先用完10万元的留存收益，因此需要发行新普通股40万元，最后计算这4个要素根据资本结构进行加权：

30%×4.8%＝1.44%

20%×8.0%＝1.60%

40%×7.6%＝3.04%

10%×7.0%＝0.70%

合计：6.78%。

28. 答案：C。

负债的成本＝$\frac{100\times8\%}{101-100\times2\%}\times(1-40\%)=4.85\%$

股票融资的成本＝5%＋0.6×(12%－5%)＝9.2%

因此答案＝$4.85\%\times\frac{15\ 000\ 000}{50\ 000\ 000}+9.2\%\times\frac{35\ 000\ 000}{50\ 000\ 000}$
$=1.46\%+6.44\%=7.90\%$

29. 答案：D。此题并没有说明新发行股票是指：①普通股；②普通股加上优先股；③优先股。

(1) 先算普通股，看是否有答案。由于公司已经有15 000 000元的现金，因此公司必须再融资60 000 000元。其中有70%，也就是42 000 000元应该来自新发行的普通股股票。42 000 000元占75 000 000元的56%，答案选D。

(2) 再看普通股加上优先股。由于公司已经有15 000 000元的现金，因此公司必须再融资 60 000 000 元。其中有 75%，也就是45 000 000元应该来自新发行的普通股股票和优先股股票。45 000 000元占 7 5 000 000元的 60%，答案中没有此选项。

(3) 再看优先股。由于公司已经有15 000 000元的现金，因此公司必须再融资60 000 000元。其中有 5%，也就是 3 000 000 应该来自新发行的普通股股票和优先股股票。3 000 000元占 7 5 000 000元的4%，答案中没有此选项。

因此，最后选 D。

30. 答案：B。负债融资，如债券，通常比权益融资有更低的税后成本。负债的利息是可以扣税的，而股利不能扣税，而且债券的风险比权益的更小，因而给投资者的回报也可以更低。

31. 答案：D。

新普通股的税后成本＝下期股利÷净现金收入＋股利增长率

＝(3.00×1.06)÷(30×95%)＋6%

＝17.16%

32. 答案：B。债券没有提到是溢价还是折价发行，因此认为发行价就是面值，市场利率就是票面利率，即 9%。因此债券的税后成本＝[9%÷(1－4%)]×(1－40%)＝5.625%；优先股在题中没有提到面值和市价的不同，认为是相同的，因此优先股的成本＝6%÷(1－4%)＝6.25%。普通股的税后成本已经在前面计算了，即 17.16%。

另外，需计算这 3 种融资方式的权重。

债券的权重＝19 200 000÷48 000 000＝40%，

优先股的权重＝4 800 000÷48 000 000＝10%；

普通股的权重＝24 000 000÷48 000 000＝50%。

因此，第一个融资方案的加权平均资本成本如表 A-1 所示。

表 A-1

项　目	权重		资本成本	加权成本
长期负债	40%	×	5.625%	＝2.25%
优先股	10%	×	6.25%	＝0.625%
普通股	50%	×	17.16%	＝8.58%
合计				11.455%

33. 答案：D。C 正好说反了。边际成本代表了负债与权益的加权平均。边际资本成本是下一个单位美元投资的成本，有时候边际成

本将持续上升，因为低成本的资金被先使用，但这不是绝对的规律。

34. 答案：C。

35. 答案：C。

36. 答案：B。

A供应商现金折扣的回报率＝[2％÷(1－2％)]×360÷(30－10)
＝36.73％；

B供应商现金折扣的回报率＝[5％÷(1－5％)]×360÷(90－10)
＝23.68％。

如果公司放弃这样的现金折扣，原因一般是：①存款利率高于此；②企业根本拿不出钱来提前还款，如果融资，融资的利率高于此，因此不合算。第①种可能性没有，应该是第②种可能性。

企业一般情况下原本可以提前20天从而在第10天支付给A供应商24 500美元，从而节省500美元。企业没有这样做，是因为企业没有现金而且无法以低于上述利率(36.73％)通过别的途径借24 500美元，从而在第10天支付给A供应商，以获得500美元的现金折扣。因此，在这种情况下就相当于企业只能以上述利率(36.73％)向A供应商融资24 500美元，20天后，支付给A供应商24 500美元本金和500美元利息，共计25 000美元。虽然A供应商实际上并没有将24 500美元贷款给企业，但A供应商给了相当于24 500美元的产品，等同给了贷款。如果没有上述现金折扣条款，实际上意味着企业向A供应商融资25 000美元，30天后支付给A供应商25 000美元本金和零利息。

同样道理适用于B供应商。企业一般情况下原本可以提前80天从而在第10天支付给B供应商47 500美元，从而节省2 500美元。企业没有这样做，是因为企业没有现金而且无法以低于上述利率(23.68％)通过别的途径借47 500美元，从而在第10天支付给B供应商，以获得2 500美元的现金折扣。因此，在这种情况下就相当于企业只能以上述利率(23.68％)向B供应商融资47 500美元，80天后，支付给B供应商47 500美元本金和2 500美元利息，共计50 000美元。虽然B供应商实际上并没有将47 500美元贷款给企业，但B供应商给了相当于47 500美元的产品，等同给了贷款。如果没有上述现金折扣条款，实际上意味着企业向B供应商融资50 000美元，30天后支付给B供应商50 000美元本金和零利息。

在计算加权平均贷款额时，不能直接用24 500美元加47 500美元，因为它们的基础不同，前者是20天期的借款金额，后者是80天期的借款金额，因此可以将它们统一基础然后可以直接相加，即都折算成每天计算利息的金额，因此 A 供应商＝24 500×20＝490 000（美元），B 供应商＝47 500×80＝3 800 000 美元，因此 A 供应商的加权系数＝490 000÷（490 000＋3 800 000）＝11.42％，B 供应商的加权系数＝3 800 000÷（490 000＋3 800 000）＝88.58％。

因此，36.73％ × 11.42％ ＋ 23.68％ × 88.58％ ＝ 4.19％ ＋ 20.98％＝25.17％。

37. 答案：D。C 肯定不对。B 不对，因为权益类融资属于长期融资，此处用短期融资更合适。A 肯定不对。

38. 答案：C。

39. 答案：D。书上都有详细的讲解。

40. 答案：D。注意，此题问的是每年的利率，而不是第 1 年的，而且第 1 年的数据也没有说得很清楚。每年的利息是 36 000 元（300 000 × 12％），得到的资金是 255 000 元［300 000－（15％ × 300 000）］。因此，实际的利率是 14.12％（36 000÷255 000）。

41. 答案：A。［250 000 × 6％ －（50 000 － 25 000）× 2％］÷（250 000－25 000）＝6.44％。因为银行里平常已经有 25 000 元，因此补偿性余额只需25 000元（50 000－25 000）。这 25 000 元每年的利息收入＝25 000×2％＝500（元）。另外，企业真正可使用现金的贷款额为225 000元（250 000－25 000）。在 6％的利率情况下，250 000 元贷款每年需要支付的利息是 15 000 元。另外，25 000 元补偿性余额每年的利息收入＝25 000×2％＝500（元）。这样使用225 000元的实际利息是 14 500 元。

42. 答案：D。债权资本成本是市场利率乘以 1 减税率，也就是 6.60％［11％×（1－0.4）］。注意，看清楚题，题中已经给出了市场利率。

43. 答案：B。分别计算这 4 种资金来源的成本。

（1）因为此题指明利息费用和佣金并不在放款时提前扣除，因此保理商每个月预先付 100 000 元（80％×125 000），相当于贷款给企业。因为应收账款账期是 1 个月，因此 1 个月后保理商可以收到现金/本金，就相当于企业还了保理商贷款，贷款期为 1 个月，每年发生 12 次这种情况，每笔贷款的利息 ＝ 100 000 × 10％ × 30 ÷ 360 ＝ 833.33（元），1 年的利息＝833.33×12＝10 000（元）。注意，如果其他题中说账期是 2 个月，则每个月都会支付 2 个月的利息，例如，1 月支付 1 月的利息以及去年 12 月的第 2 个月的利息，2 月支付 2 月的利息以及1月的第2个月的利息……因此每个月的利息费用＝100 000×10％×60÷360，然后乘以12等于1年的利息，若其他题中是45天，则每月支付1.5个月的利息。

此外，公司的年度费用是30 000元，所以总的年度净成本是16 000元（10 000＋30 000－24 000）。因此，每年的成本是16％（16 000÷100 000）。

(2) 虽然公司将借1 10 000元，它只能用到100 100元，因为有9％的补偿性余额。有效的年利率是13.2％（12％×1 10 000÷100 100）。

(3) 这和折价贷款道理一样。通过发行商业票据，公司将收到100 000元，然后每6个月偿还1 10 000元。因此，公司使用100 000元的资金，每6个月要支付10 000元的利息，也就是每年20 000元。所以年度平均利率是20％(20 000÷100 000)。

(4) 公司将得到100 000元(80％×125 000)，每年的成本是25 000元。所以年度利率是25％(25 000÷100 000)。

因此公司应该使用第②种途径。

44. 答案：D。注意，此题中的7％是指合同利率，而不是实际利率，因为题中说的是折扣利率，折扣利率是指较小的利率，实际利率显然是更大的利率。7％÷(1－7％－20％)＝9.59％。或者假设1 000元的贷款，1年的利率7％，利息是70元。贷款的资金是930元(1 000－70)。而且，20％的贷款，即200元不能被借款人使用，因为它是补偿性余额。因此，只有730元可以被借款人使用。支付70元的利息，使用730元，得出利率是9.59％(70÷730)。

45. 答案：C。

年度费用＝平均余额的利息费用＋未使用部分的承诺费
　　＝平均余额×年利率＋(信用额度－平均余额)×承诺费比率
　　＝100 000×6％＋(300 000－100 000)×0.5％
　　＝7 000(元)

46. 答案：D。公司每月平均将从代理商那里收到80 000元。从整年来看，预先支付的80 000元的平均利息是8 000元(10％的利率)。此外，代理商还要收取2％的费用，即每年24 000元(100 000×12×0.02)。但是，24 000元的费用被18 000元的节省抵消了一部分，净支出是6 000元，将6 000元加上8 000元的利息得到净成本14 000元。将14 000元的成本除以80 000元的资金，得到融资的年度成本17.5％。

47. 答案：D。

48. 答案：C。金融市场将有资金进行投资的实体与有融资需求的实体聚在一起，它便于资产和负债的转移。鉴于这个活动，金融市场导致人们改变他们的消费方式。金融中介通过更好地分配金融资源，提高了金融市场的效率，但它并不是市场出清的决定者，市场的所有参与者来市场出清。市场出清就是调节市场供需实现平衡的意思，一般来讲商品价格会自动调节供需从而形成市场出清。

49. 答案：D。

50. 答案：C。企业资本结构里如果是由太多比重的负债来支撑，这意味着该企业债务违约导致企业出问题的风险会更大，因此融资者必须支付更多的利息来平衡风险，否则债券购买者不会购买该企业的债券。

51. 答案：A。

52. 答案：A。A 是指过去的信息。

53. 答案：A。有效市场假设说的是当前的股票价格立即并完全地反映所有相关信息，纠正定价错误。因此，如果一个证券被准确地定价，一个反映未来现金流估计的证券价格一定等于现金流的净现值(NPV＝0)。而且，如果所有证券都被准确地定价，每个证券的 NPV 都等于零，因而所有的证券都是完全可替代的。

54. 答案：A。书上有详细的解释。C 正好说反了，成熟的企业相对分红较多。

55. 答案：D。在股息的剩余理论下，有了利润优先考虑好的投资项目，之后才考虑支付股息。因为公司想保持目前的资本结构，因此明年的资本项目开支中有 60％来自权益，无疑留存收益是最优先的，因此资本开支 1 200 000 美元中 60％来自今年的利润，金额＝资本开支是 720 000 美元，因此明年净利润还剩下80 000美元，即(800 000－720 000)，可以考虑分红。公司想保持目前理想的资本结构，因此剩余的 80 000 美元净利润必须分红，否则会改变资本结构，因此股息支付率是 10％(80 000÷800 000)。

56. 答案：B。股票红利并不影响总所有者权益，只是在所有者权益里面的内部科目之间调整，但它会增加股票数量，从而减少 EPS。

57. 答案：D。根据此题的意思猜测，第 2 年是未发优先股股利，因为特别说明第 1 年没有拖欠，而没有提及第 2 年。如果公司有累积的优先股，所有的以前和当前的未付优先股股息必须在支付普通股股息之前进行支付。所以总的优先股股息是 60 000 美元(2×5％×100×

6 000)，普通股是 350 000 美元(1 750 000×20%)，一共是 4 10 000美元。答案是 D。

58. 答案：B。反向股票拆股减少股票数量，因而提高每股股票价格。

59. 答案：C。$P/E=\frac{市值}{EPS}$。EPS 是 2.50 美元(500 000÷200 000)，因此每股市价＝8×2.5＝20(美元)，所以 100 股的价值＝100×20＝2 000(美元)。股票拆分增加了股票数量，但同时同比减少了股票的单价，因此股票整体市价不变，因此答案是 C。

60. 答案：C。股票数量乘以 1.2 倍，股价除以 1.2，因此股价＝50÷1.2＝41.67(美元)。

61. 答案：C。

62. 答案：B。股利在宣布之日应该做会计分录。借记留存收益，贷记应付股利。库藏股是不用支付股利的。

63. 答案：B。购买库藏股涉及减少资产(通常是现金)和相应地减少权益。因此，负债权益比和财务杠杆都提高了。

64. 答案：A。

65. 答案：A。此题按照正常的股票股利模型无法计算股价，因为没有给出股利增长率。但大家做题时一定要非常灵活，每年都会出新颖的题。股价的最根本的估值方法是现金流折现法，也叫公允价值法。公允价值法是所有金融以及实物产品的最根本的估值方法之一。因此，此题可以将已经知道的现金流折现进行计算。本题有两个现金流，一个是 1.25 美元的股利，一个是一年以后的 45 美元股价，10%的一年年末的折现率＝0.909，因此，(1.25＋45)×0.909＝42.04(美元)。因此选 A。

66. 答案：B。16%＝4%＋β(12%－4%)；β＝1.50。因此选 B。

67. 答案：D。

68. 答案：A。

69. 答案：C。

70. 答案：D。B 不对，因为有些优先股股利是不可累积的。

71. 答案：B。债务的资本成本＝12%×(1－40%)＝7.2%。优先股的资本成本＝11%，普通股的资本成本＝2×(1＋10%)÷38＋10%＝15.8%。发行成本都是 3%，不用考虑。因此选 B。

72. 答案：B。SML 线/CAPM 某种程度上相当于基准。如果预测的回报率在 SML 线上面或者说大于 SML/CAPM 的数(基准)，则是股票价值被低估。相反，如果预测的回报率在 SML 线下面或者说小于 SML/CAPM 的数（基准），则是股票价值被高估。股票价值高估或低估正好和回报率的高或低相反，回报率高了说明股票价值低估了，回报率低了说明股票价值高估了，具体验证可以通过公式，股票股价 $=\frac{\text{下一期股利}}{\text{要求回报率}-\text{股利增长率}}$。注意，在实际工作中，慎用这种对股票股价的高估/低估的判断。

此题的预期回报率＝10%，CAPM＝5%＋0.9×12%＝15.8%，因此预期回报率＜基准的回报率，因此股价被高估了。因此选 B。

73. 答案：B。必要回报率＝5%＋1.25×(14%－5%)＝16.25%。因此选 B。

74. 答案：A。下一期股利＝4×0.35＝1.4。要求回报率＝7%＋1.25×15%＝25.75%，注意市场风险溢价和风险溢价的区别，若是风险溢价，则要求回报率＝7%＋15%。因此股价＝1.4÷(25.75%－10%)＝9。因此选 A。

75. 答案：A。有价证券不属于资本市场。

76. 答案：C。先计算长期债券和普通股权益的各自权重。假设长期债券的权重为 Y，则 8%·(1－40%)·Y＋15%·(1－Y)＝10.41，4.8%·Y－15%·Y＝10.41%－15%，Y＝45%。因此若筹集 10 万美元，普通股权益需筹集＝10·(1－45%)＝5.5(万美元)，因为优先动用留存收益，因此答案为 0。故选 C。

77. 答案：D。A、B、C 都会明显影响 β 值。

78. 答案：D。

79. 答案：B。假设第 2 年股利为 Y，则(1 000×10%÷887)×(1－40%)×0.7＋[8%＋Y÷50×(1－10%)]×0.3＝8.3%，因此 0.047 35＋0.024＋0.3×Y÷45＝8.3%，Y＝1.75，第 3 年的股利＝1.75×(1＋8%)＝1.89。因此选 B。

80. 答案：C。

81. 答案：D。

82. 答案：C。长期融资决策要用边际成本，即新的资本成本。因此选 C。

83. 答案：B。

84. 答案：A。B 不对，因为可以稀释每股收益。C 不对，因为可以影响控制权，D 完全错误。因此选 A。

85. 答案：C。①不对，降低经营杠杆会降低 β 值，一般会降低股票收益率。②不对，税率上升会降低债务成本，因为抵税作用增加。③会让企业只有成本更高的权益类融资。④会提高资本成本。因此选 C。

86. 答案：D。B、C 明显错误。A 不对，因为那样会无限加大债务融资，会让企业风险太大。因此选 D。

87. 答案：A。

88. 答案：D。计算 NAL。但此题并没有告知折旧的方法和所得税税率，因此不用考虑这些因素。采购成本＝30 万美元。租赁成本＝68 000×4.212(6%，5 年的年金现值)＝286 416(美元)。显然租赁要比购买节约 13 584 美元(300 000－286 416)。因此选 D。

89. 答案：C。应收款保理商将保留 6 000 美元(6%×100 000)作为储备以防出现问题，1 400 美元(1.4%×100 000)作为佣金，剩下的 92 600 美元将减掉年利率 15%，利息＝(92 600×0.15)×(60÷360)＝2 315(美元)，企业最后得到的资金是 90 285 美元(92 600－2 315)。

90. 答案：D。假设因为银行要求 5%补偿性余额，因此公司为了获取1 900 万元的流动资金贷款，需要向银行获得贷款额为 A，则 $A\cdot(1-5\%)=1\ 900$(万元)，则 $A=1\ 900\div 0.95=2\ 000$(万元)，半年支付给银行的利息为 $2\ 000\times\frac{12\%}{2}=120$(万元)。但同时增量的补偿性余额的银行存款的利息收入为 $(2\ 000\times 5\%-20)\times 4\%\div 2=1.6$(万元)，因此为此笔贷款企业发生的增量利息额＝120－1.6＝118.4(万元)。

91. 答案：C。此题说的是企业需要 1 亿元的额外资金进行投资，因此不能考虑留存收益融资，因为留存收益无法额外融到现金。此题中的“普通股权益的资本成本为 13%”是指留存收益和普通股的平均。我们要使用的是普通股的边际融资成本，即应该用 14%。因此 $40\%\times 12\%\times(1-30\%)+15\%\times 100\times 8\%\div(100-100\times 2\%)+45\%\times 14\%=3.36\%+1.22\%+6.3\%=10.88\%$。因此选 C。

92. 答案：D。此题股票价格要使用 100 美元，而不是 130 美元。因此发行股票的净收入为 100－5＝95(美元)，因此答案＝$\frac{6\times(1+10\%)}{100-5}+10\%=16.9\%$。因此选 D。

93. 答案：B。企业通过表外融资——特殊目的子公司借款可以有效降低公司的资产负债率。因为公司有负债权益率限额的规定，所以不能全额进行债务融资。假设公司现有债务为 Y，则 $\frac{Y}{19\text{M}}=35\%$

(M 代表百万美元),则 Y＝19M×35％＝6.65M(美元)。因为规定负债权益率不得超过 50％,因此最高负债额÷19M＝50％,因此最高负债额＝19M×0.5＝9.5M(美元),因此公司还可以借债＝9.5M－6.65M＝2.85M(美元),但公司需要 10M 的债务融资,因此剩余的 7.15M 可以通过表外融资形式之一——特殊实体——进行融资,这样既可以满足 10M 的债务融资,又能将负债权益率保持在 50％及以内。注意从常理来讲,企业应该优先选择利率低很多的正常债务融资,而不是 8％的特殊实体融资,更何况这么做各方面都没有冲突。除非企业特意想利用特殊实体达到“隐瞒负债”的目的。因此最终选 B。

94. 答案:C。

95. 答案:C。C 是赊账交易或赊账采购的意思。

96. 答案:C。和企业给客户提供现金折扣的道理一样,只是正好反过来去理解,答案$=\frac{2\%\div(1-2\%)\times 360}{40-10}=24.49\%$。

97. 答案:B。2％＋0.5×6％＝5％。因此选 B。

98. 答案:C。计算 X 股票的预期回报率少了市场回报率的数据。通过 Z 股票的预期回报率可以倒推出市场回报率,16％＝4％＋2×(市场回报率－4％),因此市场回报率＝10％,因此 X 股票的预期回报率＝4％＋0.8×(10％－4％)＝8.8％,因此选 C。注意,在一个大市场中,比如全国或某一大型证券交易所中,不同股票的无风险利率和市场回报率是一样的。

99. 答案:C。

100. 答案:D。D 描述较正确。

第 3 章

现金与有价证券投资管理练习题

1. 答案:A。支票现在的兑现时间是 11 天(6 天邮寄,3 天处理,2 天通过银行)。如果这个周期减少至 3 天,因此加快了 8 天,DLF 的现金余额将上升1 200 000美元(8×150 000)。

2. 答案:D。将 700 张支票乘以 360 天,得到每年总的支票数 252 000张。因此,在方案 A 下的每年成本是 126 000 美元(0.50×252 000),没有方案 B 的 125 000 美元好。由于每年的进账是 453 600 000美元(1 800×700×360),因此它的年费用是136 080 美元(0.03％×453 600 000),方案 C 更差。保持补偿性余额1 750 000 美元,当资金的成本是7%时，总成本是122 500美元(0.07×1 750 000)。因此选D。

3. 答案：B。如果付款可以提早2天到账，公司可以得到120 000美元的收益(20 000×50×2×0.06)，而成本是59 125美元[50 000+(50×365×0.50)]，净收益是60 875美元。

4. 答案：D。假设转移的金额是Y，则$Y \cdot 2 \cdot 0.02=25$，则$Y=$62 500(美元)。注意，也可以年化，但年化后的结果相同。另外，请一定注意，很多题是指每天有银行入款/付款，而此题是两个星期才一次，因此即使年化，也不可以乘以此题中的350天，应该乘以2再乘以(350÷7)。乘以2是一周两次，350÷7=50，是一年50个星期的意思。

5. 答案：D。标准账户的成本是每月10美元加8美元(0.10×80)，每月18美元，每年216美元。高级账户没有费用，但是它要求超过2 000美元的最低存款。资本成本按10%计算，2 000美元的最低存款的成本是每年200美元。因此，高级账户应该被选中，因为它每年少花16美元。

6. 答案：B。A似乎对，但实际上错的。企业集中支付业务会减慢付款。通过汇票支付，第三方(出票人要求受票人付钱给收款人)是减慢现金外流的方法。支票是一种最常用的汇票，支票在途时间是从支付到支票通过银行系统过户的时间。

7. 答案：D。可转让CD是一种储蓄存款，在没到期前不能兑现。可转让CD可以交易。CD一般有还不错的利率，因为它们是固定的、长期的，但是它的收益不如商业票据和银行承兑汇票，因为它的风险更低。

8. 答案：D。

9. 答案：D。A翻译错了，应该是US国库券。D不属于，因为D是债券，债券的到期日在一年以上。

10. 答案：A。US国库券的到期日是一年以下而且折价发行，但平常不再支付利息。此题中年折现率是6%，因此半年的折现率为3%，因此发行价$=\frac{100}{1+3\%}=97.09$(美元)。

11. 答案：C。此题的语言表达有些问题，应该是对赊账支付的客户。但即使是“对立即支付的客户”，此题也只能选C。因为提高了现金折扣会更加促使企业早支付货款，所以在此基础上A、B都是错的，D明显是错的，而C是对的。当然现金折扣也可能会引起销售增加。

12. 答案：D。B和C不对，因为如果能以较优惠的利率融资就不用此条款了。A 有些道理，但 D 更全面、更准确。

13. 答案：C。经营周期定义为从获得库存到收到应收款的这段时间，即 IDS＋DSO。卖家给买家提供的信用期相当于买家的应付账款周转天数，即 DPO。若 DPO 大于 IDS＋DSO 之和，例如，IDS＝30 天，DSO＝45 天，而 DPO＝90 天，那就意味着应付账款还未到期时，买家已经因应收账款信用期到期而收回了货款。因此 C 对。A 不对，因为买家可能应收账款水平比较高，但应付账款水平更高。B 不对，因为买家的存货额和买家的应付账款额是不可比的，买家的存货额可能大于也可能小于买家的应付账款额。D 明显不对。

14. 答案：D。公司用多余的现金购买有价证券，其目的就是为了获取收益而不是控制，因此最不用考虑的就是投资的投票权。

15. 答案：C。付款期为 4 天意思是第 4 天末该付账，但钱真正收支是第 2 天早晨，到了第 5 天早晨，企业要借 15 万元用于支付，因为第 6 天早晨才会收到 11 万元，到了第 6 天早晨时企业有了 11 万元，但马上又要付下一个 15 万元，因此第 6 天早晨又要借 4 万元，以后每天都要借 4 万元。

应收账款投资管理练习题

16. 答案：C。现在的政策的应收账款额＝(5 000×70%÷360)×75＝7 291 650(万元)，新政策的应收账款额＝(5 000×0.95×60%÷360)×50＝3 958 350(万元)，差额＝3 958 350－7 291 650＝－3 333 300(元)。因此选 C。

17. 答案：B。如果应收账款周转天数不变，销售增长则应收账款理应增加，如果这里应收账款却减少了，可以肯定是应收账款周转天数减少了。也可以用公式衡量，即 $\text{DSO}=\frac{\text{应收账款}}{\text{每天的销售收入}}$，分子小了，分母大了，DSO 肯定小了。A 不一定，因为折扣增加了；C 也不一定，因为虽然折扣增加了，但销售收入也增加了，因此销售成本可能会减少。D 肯定是错的。

18. 答案：A。如果应收账款周转天数不变，销售增长了则应收账款理应增加，如果这里应收账款却减少了，可以肯定是应收账款周转天数减少了。也可以用公式衡量，即 $\text{DSO}=\frac{\text{应收账款}}{\text{每天的销售收入}}$，分子小了，分母大了，DSO 肯定小了。B 和 D 明显是错的，C 说反了。

19. 答案：A。

20. 答案：B。A 要考虑，因为这样会增加应收账款。C 要考虑，因为公司给其中一些客户增加信用期天数，其余客户可能会不满意，D 明显需要考虑，B 不用考虑，因为它是沉没事项。

21. 答案：C。①＝365 天，②＝应收账款余额，③肯定不等于应收账款余额。因此一定要熟记应收账款周转天数、应收账款周转率公式，并会拆开组合。

22. 答案：D。

23. 答案：B。数量折扣是为了促进销量提高。

24. 答案：C。由于 40％的销售在 15 天支付，40％在 30 天，20％在 45 天，应收账款天数可以将收款期分别乘以它们的比重。因此，预计的应收账款天数等于 27 天[(40％×15)＋(40％×30)＋(20％×45)]。

25. 答案：D。要能翻转地使用 DSO 公式，此题是求应收账款余额，因此应收账款余额＝应收账款周转天数×每天的赊销额。应收账款周转天数＝60％×10＋40％×30＝18(天)，每天的赊销收入＝150×300＝45 000(美元)。因此应收账款余额＝18×45 000＝810 000(美元)。

26. 答案：B。答案＝30×4 000＝120 000(美元)。无论是支票还是信用卡支付都会抵消应收账款的账，但在支付之前都是先形成应收账款。

27. 答案：D。40 500 000美元的销售额中，80％是信用销售，即 32 400 000 美元。每天的信用销售是 90 000 美元(32 400 000÷360)。因此平均应收账款余额是 30×90 000＝2 700 000(美元)。如果信用销售增加 20％，前面的 90 000 美元平均每天销售额将增加到 108 000 美元(120％×90 000)。因为有 40 天的平均账期，平均应收账款余额是4 320 000美元(40×108 000)。因此，增加了 1 620 000 美元(4 320 000－2 700 000)。

28. 答案：B。DSO＝30 000 000÷[(20 000×25 000)÷360]≈22(天)。

29. 答案：C。增量销售将产生边际贡献 144 000 美元(20％×720 000)，但是，这个数量将被投资到应收账款的资金的成本所抵消。与增量销售相关的变动成本是 576 000 美元(80％×720 000)。因为是 75 天的账期，投资到应收账款的平均投资是 120 000 美元[576 000×(75÷360)]。因此，额外应收账款的投资成本是24 000美元(20％×120 000)，计划中的信用条款变化的收益是 120 000 美元(144 000－24 000)。

存货等投资管理练习题

30. 答案：C。最佳库存水平受到经济订货量模型中的因素以及交付和生产周期的影响。这些因素是每年的需求量、持有成本(包括投资在库存上的资金成本)、使用频率，以及下订单的成本或生产设置的成本，现在的库存水平与最佳库存水平没有关系。注意，此处的使用频率是指生产用量或销售用量的意思。例如，在汽车生产公司，轮胎的使用频率是一天使用 500 个，即每天生产汽车需要用 500 个轮胎。

31. 答案：D。持有成本是保持库存时发生的，包括仓库、保险、投入库存中的资金成本、库存税，以及过时或损害的成本。运输和存货自身的成本都不是持有成本。

32. 答案：D。C 原意应该是运输成本，如果运进物品的运输成本则属于存货本身成本的一部分；若是运出物品的运输成本则属于销售运费。但若是仓库内部的一些整理搬运成本则属于持有成本。

33. 答案：C。订单成本包括下订单与收订单时发生的成本。它包括采购成本、运输成本、装卸成本等。

34. 答案：A。A 公司一次购买 180 000 箱，相当于一次购买了 6 个月的特殊订单(180 000 ÷ 30 000)，6 个月的平均库存是 900 000 元(180 000×10÷2)。如果不做这个特殊采购，同期每月的平均库存是 180 000 元(30 000×12÷2)。因此，增量库存量为 720 000元(900 000 − 180 000)，6 个月投资的利息成本是 32 400 元$\left(720\ 000\times9\%\div\frac{6}{12}\right)$。

35. 答案：C。书上有详细的解释。D 的使用率是不恰当的语言表达，实际上应该是使用量的波动性减小。

36. 答案：D。

37. 答案：A。总成本的定义是持有成本加期望的断货成本。每件产品的持有成本＝20%×50＝10(美元)，100 个安全库存的持有成本是1 000美元，在这个安全库存的水平上断货有 15%的概率，断货的成本是每发生一次 500 美元(100×5)。如果企业每年订货 10 次，断货的预测数量是 1.5 次(15%×10)，因此，总的期望断货成本是750 美元(500×1.5)。总成本是每年 1 750 美元(1 000＋750)。

38. 答案：D。要熟记公式，尤其按照书上写的窍门记忆公式。

39. 答案：D。全年订货费用＝订单费用＋订单处理费用＋卸货费用＝12 000×5＋12 000×0.3＋(12 000÷2 000)×400＝66 000(美元)。

40. 答案：B。$\frac{Q}{2}$＋安全库存＝$\frac{200}{2}$＋50＝150(个)。

41. 答案：A。

长期投资管理练习题

42. 答案：C。

43. 答案：D。在初始期公司必须投资 105 000 美元。设备投资额需包括设备本身的价格 90 000 美元，以及运输成本 6 000 美元和安装成本 9 000 美元，共计 105 000 美元。此题并没有提到营运资本的准备。因此答案就是 105 000 美元。

44. 答案：C。现金流＝10 000－(10 000－75 000)×40%－40 000×(1－40%)＝12 000(美元)。注意，牢记设备出售现金流的窍门公式：卖的价钱－(卖的价钱－账面价值)×税率。另外，在计算现金流时，成本也要用税后的。

45. 答案：C。

46. 答案：C。

47. 答案：D。正常(不考虑旧设备出售)的第 10 年的增量现金流＝2 000×(500－450)×(1 40%)＝60 000(美元)，注意折旧已经是无关的了。旧设备出售的现金流＝5 000－(5 000－0)×40%＝3 000(美元)，因此答案为 60 000＋3 000＝63 000(美元)。

48. 答案：C。

49. 答案：B。在第 5 年的税后现金流会涉及以下项目。

(1) 销售完全折旧的机械的现金流收入＝20 000－(20 000－0)×30%＝14 000(美元)。

(2) 营运资本收回现金流＝50 000 美元。

(3) 重建成本支出税后现金流＝40 000×(1－30%)＝28 000(美元)。

(4) 经营现金流＝10 000×(5－2.5)×(1－30%)＋(500 000÷5)×30%＝175 000＋30 000＝47 500(美元)。

因此第 5 年净现金流入＝14 000＋50 000－28 000＋47 500＝83 500(美元)。因此选 B。切记，即使是成本支出也要乘以(1－所得税税率)。

50. 答案：D。贴现会让现金流更小。因此选 D。

51. 答案：B。

52. 答案：C。项目净现值＝15 000×3.79(年金现值系数，期数＝5，利率＝10％)－60 000＝－3 150(美元)。因为净现值小于0，所以不接受。注意，现值系数表有很多种不同的分类，一般只需查复利现值系数表和普通年金现值系数表。年金现值系数表又分普通年金现值系数表和先付年金现值系数表等。普通年金现值系数表是指收付款都在期末，而先付年金现值系数表是指收付款在期初。

53. 答案：D。在投资项目的有效期之内，在管理当局在市场状况出现变动之后，能够采取不同于规划中的管理行为以调整项目现金流量的规模和风险的时候，这就是实物期权。在现实中，人们往往用"如果发生某种情况，那么我们将有机会做某事"来描述实物期权。

54. 答案：D。对于互斥的项目，在选择投资项目时应选择 NPV 最大的项目，因此选择 A 项目。

55. 答案：D。因为不是损益表科目。

56. 答案：C。旧设备的采购成本是沉没现金流，与投资决策无关，而且在计算旧设备处理现金流时也无须使用旧设备的采购成本数据。

57. 答案：B。A 项目投资回收期＝2＋(10 000－4 000－2 000)÷5 000＝2.8(年)。B 项目投资回收期＝2＋(20 000－6 000－7 000)÷8 000＝2.85(年)。

58. 答案：B。

59. 答案：A。

60. 答案：B。

61. 答案：B。

62. 答案：B。由于3个项目相互独立，不存在互斥，因此净现值大于零的项目——项目 A 和 B 都可以成为备选项目。

63. 答案：D。对于互斥项目而言，应该选择净现值最大的项目。

64. 答案：B。年净现金流＝66 902－12 123＝54 779(美元)。250 000÷54 779＝4.563 8，查年金现值系数表，N＝12％。

65. 答案：B。

净现值＝年税后净现金流×(3年，8％年金现值系数)

－初始投资额

＝100 000×2.577 1－200 000＝57 710(美元)

66. 答案：C。

67. 答案：B。

68. 答案：A。

第 1 年，500 000 美元。现值 500 000×0.917 4＝458 700(美元)。

第 2 年，950 000 美元。现值 950 000×0.841 7＝799 615(美元)。

第 3 年，1 200 000 美元。现值 1 200 000×0.772 2＝926 640(美元)。

第 4 年，1 000 000 美元。现值1 000 000×0.708 4＝708 400(美元)。

第 5 年，350 000 美元。现值 350 000×0.649 9＝227 465(美元)。

考虑折现的投资回收期＝4＋(3 000 000－458 700－799 615－926 640－708 400)÷227 465＝4.47(年)。

69. 答案：B。假设每年的税后现金流＝Y，则净现值＝Y·3.352(5 年，15%的年金现值系数)－投资额＝105 656(美元)，因此每年税后现金流＝$\frac{105\ 656+1\ 000\ 000}{3.352}$＝329 850(美元)。

基本回收期＝1 000 000÷329 850＝3.03(年)。

折现回收期：

第 1 年，329 850 美元，现值 329 850×0.869 6＝286 837(美元)。

第 2 年，329 850 美元，现值 329 850×0.756 1＝249 399(美元)。

第 3 年，329 850 美元，现值 329 850×0.657 5＝216 876(美元)。

第 4 年，329 850 美元，现值 329 850×0.571 8＝188 606(美元)。

第 5 年，329 850 美元，现值 329 850×0.497 2＝164 001(美元)。

考虑折现的投资回收期＝4＋(1 000 000－286 837－249 399－216 876－188 606)÷164 001＝4.36(年)。

70. 答案：B。这是蒙特卡洛模拟分析法能呈现的结果，选 B。A、D 肯定是错的。C 不对，因为题中说了“经过多次计算”。

71. 答案：C。增加的流动资产是销售额的 30%，但使用流动负债可以为资产提供销售额 10%的资金。从而，原始营运资金投资等于销售额 6 000 000 美元的 20%，即 1 200 000 美元。初期现金流出总额由 8 000 000美元的新设备款加上 1 200 000 美元营运资金，总计 9 200 000 美元。项目中间不会再增加营运资本的投资，因为每年的营运资本额一样，因此各期间增加营运资本额为零。

本章综合练习题

72. 答案：D。假设次数为 Y，则 25×360＝(Y×2×0.072÷360)×360，或利用简单的公式 25×360＝Y×2×7.2%，Y＝62 500(美元)。此题的大意是零售店原来每天将款项存入当地银行，没有利息，然后当地银行再往该零售店的总公司的银行转账，财务主管想使用电汇，即当地零售店每天直接将款项汇入总公司的银行，但每笔电汇的成本是 25 美元。总公司的银行是可以产生利息的。关键词是账款收回天数缩短 2 天，这和锁箱法是一个道理。这里我们比较成本和收益。从一年角度来讲，成本是每天电汇花 25 美元，一年的成本为 360×25＝9 000（美元），而这么做的收益是每天平均多了 2 天销售额的存款，假设每笔存款的金额为 Y，一年的利息为 $2 \cdot Y \cdot 7.2\%$。

73. 答案：D。因为资本预算是指未来超过一年的投资金额。A、B、C 都有可能属于资本预算的项目，而 D 没有涉及对未来的投资，D 是属于间接成本分摊。

74. 答案：B。该项服务每年的成本为 4 000×12＝48 000（美元）。而此项服务的收益为 200 000×3×12％＝72 000（美元），因此收益为 24 000 美元。

75. 答案：B。A、C、D 表述没问题。B 的表述不正确，因为折旧费用本身不直接影响现金流。

76. 答案：B。折旧费产生后，因此费用加大，从而税前利润减少，因此应交的所得税（现金流）就减少。

77. 答案：C。此题问的是预计初始总投资额，在资本预算里的词汇涉及零年初始投资额，项目期间现金流，因此这里问的预计总投资额就是指零年的初始总投资额。零年投资额包括相关营运资本的投资，营运资本需要提前准备。例如，提前备货，备货一般会自动产生应付账款等，否则会耽误营运，此题的净营运资本投资＝3 000 000×（30％－10％）＝600 000（美元），因此答案为4 000 000＋600 000＝4 600 000（美元）。

78. 答案：A。

79. 答案：C。

80. 答案：C。企业在第 4 年可以减去 7％的资产成本 28 000 美元（7％×400 000），税的节省是 11 200 美元（40％×28 000）。这个金额的现值是 6 608 美元（11 200×0.59）。

81. 答案：C。题中并没有完全说清楚旧设备何时卖的，但推测是年初，而且如果是年末也没有答案。因此旧设备的售价是 60 000 美元，在年初产生立即到账的现金流，无须折现。而税的影响是在年末，需要折现，因此答案为：60 000－（60 000－80 000）×40％×0.88＝67 040（美元），选 C。假设旧设备也是年末卖的，则＝60 000×0.88－（60 000－80 000）×40％×0.88＝59 840（美元），无此答案。

82. 答案：B。A、D、B 都容易理解。C 的说法有问题，实际上会计回报率和投资回报率是差不多的。C 不容易判断对错，但 B 明显是对的。

83. 答案：C。相关现金流分为 3 个类别：①净初始投资；②年度(营运期)净现金流；③项目处置期现金流。没有相关现金流这个类别。

84. 答案：D。贴现率与项目的风险相关，项目的风险越大，使用的贴现率应该更高；该项目的总体风险水平将高于目前的项目，所以使用的贴现率应该高于 10%。因此选 D。

85. 答案：C。此题问的应该是此投资项目的净初始现金流，因为如果真是问的新设备的净初始现金流，则应该是 500 000 美元，但答案里无此选项。因此，此题问的应该是此投资项目的净初始现金流。

旧设备的目前账面价值＝370 000－(370 000－10 000)×16÷18＝50 000(美元)，因此初始期的净现金流计算如下。

新设备投资	500 000 美元
新增营运资本	44 000 美元
设备残值	10 000－(10 000－50 000)×40%＝26 000(美元)
净初始现金流	518 000 美元

86. 答案：D。历史成本是沉没成本，不会对资本预算决策产生影响。B、C 很容易理解。A 中新项目零年作为营运资本的现金投资会在最后一年收回。

87. 答案：C。先看看盈利指数最高的几个项目加起来能否等于资本限额。如果等于，则用此组合。如果不等于，还需看是否有其他组合没有超过资本限额而且此组合的 NPV 合计数高于刚才组合的 NPV。

88. 答案：B。

89. 答案：先前的预期回报率＝5%＋0.9×12%＝15.8%，现在的预期回报率是 10%，因此先前的预期回报率高了。因此选 B。

90. 答案：C。

91. 答案：C。折旧的现金流主要体现的是其税盾，即 1 200 000×7%×40%＝33 600(美元)，折现后为 21 504 美元(33 600×0.64)。

92. 答案：B。资产 1 月 1 日就变卖得到现金，因此不用折现，但税要年底缴纳，因此税相关的现金流需进行折现，因此，答案是：180 000－[(180 000－150 000)×40%×0.89]＝169 320(美元)。

93. 答案：D。答案＝30 000×(20－12)×(1－40%)×年金现值系数 3.04＝437 760(美元)。

94. 答案：B。注意，营运资本的影响出现在两个期间，即第 1 年和第 4 年。第 1 年应该是发生在年初，因为营运资本需提前准备，不可能到第 1 年年末才准备。第 4 年肯定是发生在年底，因此答案为 50 000－(50 000×0.64)＝18 000(美元)。

95. 答案：C。

96. 答案：C。折旧费用什么方法提取并不影响税盾以外的营运现金流，因为税盾以外的营运现金流具体收支多少和采用什么方法提取折旧没有关系。但折旧的税盾会影响现金流，加速折旧法提取的折旧费用前期大，后期小，因此相对于直线折旧法会增加折现的现金流。当然上面的结论有一个前提假设，即税务部门对这两种折旧方法都承认，如果只承认其中一种，则折现现金流是一样的。

97. 答案：D。

98. 答案：A。这里的内部折现率就是指 IRR。IRR 小于折现率时，NPV 是负数，因此倒推。

99. 答案：A。每年的折旧费＝105 000÷5＝21 000(美元)。这是因为税务部门允许企业将设备全额折旧完，没有残值，因此折旧时不需要考虑残值。另外，这里并没有提经营费用，只提到了原材料和人工成本，这应该理解为投资此新设备的增量成本，资本预算只考虑增量现金流。

收入	2 000×500
－成本	2 000×450
－折旧	21 000
＝税前利润	79 000
－税	31 600
＝税后利润	47 400
＋折旧	21 000
＝现金流	68 400(美元)

100. 答案：C。对于该经理无差别，即当两个项目的 NPV 相等时。假设 A 是 6 年期的年金现值系数，则 $25\ 000 \cdot A - 85\ 000 =$

10 000 • A −32 000，则 A = 3.533，通过查普通年金现值系数表，则折现率应该是在 16%～18%的某一点。因此选 C。

101. 答案：D。50 000÷14 000=3.571，查普通年金现值系数表，IRR 是在 12%～14%的某一点。

102. 答案：A。根据统计，有 68%的可能性，实际回报率会在平均回报率加/减 1 个标准差（SD）的范围中间，95.5%——加/减 2SD，99.7%——加/减 3SD。这些也叫置信区间。因此有 95%的概率 NPV 会在1 000−500−500=0（美元）和1 000+500+500=2 000（美元）之间，因此只有 5%的概率 NPV 小于零或者 NPV 大于2 000 美元。这两种情形各占 50%，因此 NPV 小于零的情形是 5%×50%=2.5%，因此选择 A。

触类旁通，如果此题改为：假设 NPV 的概率分布是正态的，如果预期的 NPV 是1 000 美元，标准偏差是 400 美元，项目的 NPV 等于或小于 200 美元的概率是多少？

则解答为：有 95%的概率 NPV 会在1 000−400−400=200（美元）和1 000+400+400=1 800（美元）之间，因此只有 5%的概率 NPV 小于 200 美元或者 NPV 大于 1 800 美元。这两种情形各占 50%，因此 NPV 小于 200 美元的情形是 5%×50%=2.5%。

103. 答案：B。X 项目的 NPV 是负数，则意味着项目不能被接受，此时可以推算出 X 项目的 IRR 小于折现率，或者讲折现率大于 X 项目的 IRR，即 10%，同时 Y 项目的 NPV 大于零，则意味着项目可以介绍，则推理出 Y 项目的 IRR，即 14%，大于折现率，或者讲折现率小于 14%，因此答案为 10%～14%。

104. 答案：C。−50 000−4 000+5 000−（5 000−2 000）×40%=−50 200（美元）

105. 答案：C。

106. 答案：C。

107. 答案：D。因为实际的现金流是在一年中均匀发生的，而此会计师假设是在年底发生的，时间越靠后折算出来的现金流就越低。

108. 答案：C。C 是对的，D 正好说反了，如果税务部门对两种折旧方法都承认，则使用加速折旧法会使 IRR 增加。例如，假设使用加速折旧法前 3 年的折旧税盾分别是 100K 元（K=1 000）、80K 元、60K 元，共 240K 元，如果使用直线折旧法则前 3 年的折旧税盾为每年 80K 元，共计 240K 元。假设使用 10%折现，加速折旧法 3 年的现值=

100K×0.909+80K×0.826+60K×0.751=202.04K(元),而直线折旧法3年的现值=80K×2.487=198.6K(元)。因此若计算IRR,加速折旧法必须使用比直线折旧法大的IRR才可以使得NPV=0。

109. 答案:D。

110. 答案:A。

111. 答案:B。IRR的一个假设就是每年的回报率都是一样的,但现实中,有可能没有每年都稳定、一致的回报率,这时IRR就会有问题了,当然使用NPV没问题,NPV可以每年使用不同的回报率去折现。

112. 答案:C。

113. 答案:D。

114. 答案:B。注意题的问法,没问优点或缺点,问的是特点。投资回收期法计算需要收回原来投资的年数。投资回收期法计算方便,如果小于要求的回收期,则项目被认可。但这个方法也有不少问题,例如,忽略钱的时间价值,而且它没有考虑回收期后的回报等。它忽略了整个项目的盈利性。

115. 答案:D。由于有周期性的稳定的现金流,投资回报期是将成本除以每年的现金流入,或现金节省。为了达到3年投资回报期的目标,投资产生的每年的新增净现金流入一定是150 000美元(450 000÷3)。假设每年减少多少经营成本为A,则$A\times(1-40\%)+(450\ 000\div5)\times40\%=450\ 000\div3$,其中$(450\ 000\div5)\times40\%$是折旧的税盾。$A=190\ 000$美元。

116. 答案:D。回收期=初始投资÷每年现金流或利润,而回收期的倒数=每年现金流或利润÷初始投资额,和会计回报率的公式一样。

例如,假设初始投资额是800万欧元,项目期6年,每年的未折现现金流为160万欧元,则回收期$=\frac{800\text{万}}{160\text{万}}=5$(年),其倒数为20%。而会计回报率$=\frac{160\text{万}}{800\text{万}}=20\%$。

假设初始投资额是900万欧元,项目期6年,每年的未折现现金流为300万欧元,则回收期=900万÷300万=3年,其倒数=33.33%。而会计回报率=300万÷900万=33.33%。

117. 答案:D。

118. 答案:D。相对比于直线折旧法,加速成本回收折旧法会形成折旧税盾的现金流早期大，后期小，因此会形成较大的 NPV、IRR、盈利指数和可能较短的投资回收期，以及可能较短的折现回收期。当然这建立在税务部门对上述两种折旧方法都接受的前提下，否则是不成立的。

119. 答案：C。

120. 答案：D。先看看盈利指数最高的几个项目加起来能否等于资本限额。如果等于，则用此组合。如果不等于，还需看是否有其他组合既没有超过资本限额而且 NPV 合计数高于刚才组合的 NPV 的情况。如果有，就用这个新的组合。

121. 答案：D。最终要看 NPV，虽然项目 3 的盈利指数大。

122. 答案：A。

123. 答案：D。未来的现金流包括：①每年税后的费用节约，即 85 000×(1－40%)＝5 1 000(美元)。②折旧税盾，分别如下。第 1 年：160 000×30%×40%＝19 200(美元)；第 2 年 160 000×40%×40%＝25 600(美元)；第 3 年 160 000×30%＝19 200(美元)。③项目末的设备处置现金流＝10 000－(10 000－0)×40%＝6 000(美元)。因此，每年的现金流分别为：5 1 000＋19 200＝70 200(美元)；5 1 000＋25 600＝76 600(美元)；5 1 000＋19 200＋6 000＝76 200(美元)。因此 NPV ＝ 70 200 × 0.862 ＋ 76 600 × 0.743 ＋ 76 200 × 0.641 － 160 000＝ 60 512.4 ＋ 56 913.8 ＋ 48 844.2 － 160 000＝ 6 270.4 (美元)。

124. 答案：C。未折现投资回收期计算如下。160 000－702 000－76 600＝13 200(美元)，13 200÷76 200＝0.17，因此答案为 2.17；折现投资回收期计算如下。

160 000－ 60 512.4＋56 913.8＝42 573.8(美元)，42 573.8÷48 844.2＝0.87，因此答案为 2.87。

125. 答案：D。

126. 答案：C。股票不属于有价证券的定义，因为它没有到期日。债券也不属于有价证券的定义，因为到期日很长。期权风险很大。因此选 C。实际上，商业票据在有价证券里算风险较大的，但在此题中，AAA 的商业票据算风险最小的。

127. 答案：A。

128. 答案：A。先看看盈利指数最高的几个项目加起来能否等于资本限额。如果等于，则用此组合。如果不等于，还需看是否有其他组合既没有超过资本限额且新组合的 NPV 合计数高于刚才组合的

NPV。因此先计算盈利指数。如表 A-2 所示。

表 A-2

项目	投资成本/美元	NPV/美元	盈利指数
①	500 000	40 000	1.080
②	900 000	120 000	1.133
③	1 200 000	180 000	1.150
④	1 600 000	150 000	1.094

按照盈利指数的排序，初步的选择是第②和第③个项目，但并没有使用完3 000 000美元的资本限额，因此要试算不同的项目组合，看哪种组合既不超资本限额又可以产生最大的 NPV，最终的结果是①、②、③组合。

129. 答案：D。

130. 答案：D。一般来讲，一家综合大企业会有一个平均的折现率，也叫资本成本率，但其下属不同的事业部可能会有不同的折现率，或高于平均或低于平均，因为不同的事业部业务不同、风险不同等。其中表述③没有说清楚是否是大于总体平均资本成本，但即使不是这样的情况，资本预算都必须考虑非财务要素，一些项目即使 IRR 大于资本成本也可能被否决，如环保不允许、影响社区形象等。而且题中也没有只有①、②、④的选项。

131. 答案：C。

132. 答案：D。

133. 答案：C。回购协议、债券一般都是长期的。

134. 答案：B。假设此数为 A，则 $A\times(1-40\%)+(360\ 000\div 6)\times 40\%=360\ 000\div 4$，则 $A=(90\ 000-424\ 000)\div 0.6=1\ 10\ 000$（美元）。

135. 答案：D。流动性风险是资产不能在短期内以市场价出售的可能性。如果一个资产必须以高折扣出售，它就有相当大的流动性风险。

136. 答案：D。如果证券在短期通知内可以转变成现金，那么它就是流动性的。流动性风险是资产在短期内证券不能以合理的价格被出售的风险。如果资产不是流动的，投资者将要求更高的投资回报，这个差异称为流动性溢价。

137. 答案：A。

138. 答案：B。

139. 答案：C。

①＝520－20－100×30×20％÷360－200×60×20％÷360－200×90×20％÷360＝500－1.7－6.8－10.2＝481.3(元)。

②＝630－30－100×30×20％÷360－100×60×20％÷360－200×90×20％÷360－200×120×20％÷360＝600－1.7－3.4－6.8－13.6＝574.5(元)。

③＝770－70－200×30×20％÷360－200×60×20％÷360－200×90×20％÷360－100×120×20％÷360＝700－3.4－6.8－10.2－6.8＝672.8(元)。

④＝800－100－100×30×20％÷360－200×60×20％÷360－200×90×20％÷360－300×120×$\frac{20\%}{360}$＝700－1.7－6.8－10.2－20.4＝660.9(元)。

140. 答案：A。

141. 答案：B。

142. 答案：D。

143. 答案：B。此题应该从两个方面同时考量，一个看应收账款周转率；另一个看坏账准备对应收账款的比例，它们是互相补充的。例如，有可能应收账款周转率很好，但其中坏账准备比例太高。

首先，计算应收账款周转率。

A 的应收账款周转率＝200 000÷(20 000＋10 000)＝6.67

B 的应收账款周转率＝250 000÷(22 000＋6 000)＝8.93

C 的应收账款周转率＝300 000÷(25 000＋10 000)＝8.57

B 公司应收账款周转率最高，其应收账款管理的效率最高。因此选 B。注意，此题也可以计算应收账款周转天数。

其次，计算坏账准备对应收账款的比例。

A＝10 000÷(20 000＋10 000)＝33.3％

B＝6 000÷(22 000＋6 000)＝21.4％

C＝10 000÷(25 000＋10 000)＝28.6％

B 公司的坏账比例最小，因此选 B。

144. 答案：C。

145. 答案：A。成本收益分析如下，贷款的成本是 12％，享受现金折扣的收益＝2％÷(1－2％)×[360÷(45－10)]≈21％，因此应接受。也可以从另外一个角度来分析，不享受现金折扣的成本＝2％÷(1－2％)×[360÷(45－10)]≈21％，而享受现金折扣的成本只需贷款 12%,不享受现金折扣的成本更高,因此要接受。

146. 答案:D。相对来讲,持有现金会减少回报。

147. 答案:C。C 的意思是企业应该有合理的、足够的流动资产以应对流动负债。如果 C 看不懂,可以使用排除法,A、B、D 明显是错的。技术性破产的定义是在债务到期时没有能力偿付。

148. 答案:D。用长期负债来为固定库存的设立提供融资是普通或保守的流程资金政策。积极的政策是使用短期的、成本较低的负债。如果看不懂 D,可用排除法,A、B、C 明显是正确的。

149. 答案:B。注意,这里的关键词是激进。当一个企业实行激进的营运资本政策,管理层会将营运资本的投资降到最低。因此,这个政策将投资回报最大化,但是以流动性的风险为代价。

150. 答案:D。D 的意思是用长期融资工具代替了短期融资工具,造成流动负债减少,从而增加了净营运资本。净营运资本等于流动资产减去流动负债,减少了流动负债,因而增加了营运资本。

151. 答案:C。

152. 答案:D。NPV－R＝95 000×5.65－500 000＝36 750(美元),NPV－S＝1 10 000×4.833－500 000＝31 630(美元)。

153. 答案:C。两个项目算出来净现值均为正。

零食部 NPV:[(70 000－20 000)×(1－40%)＋(150 000÷5)×40%]×3.605－150 000＝1 410(元)

汤面馆 NPV:[50 000－10 000＋(150 000÷5)×0%]×3.890－150 000＝5 600(元)

154. 答案:C。

155. 答案:D。由于销售额是27 000 000 美元,每天平均销售额是75 000 美元(27 000 000÷360)。增加的应收账款余额是 450 000 美元[(3－28)×75 000)]。由于额外的 450 000 美元的资金投到应收账款中,每年利息成本是上升 36 000 美元(8%×450 000)。因此,公司必须每年节省至少 36 000 美元来使流程的变化变得有意义。

156. 答案:D。根据货币的时间价值原理,项目结束时收回净营运资本 100 万美元的现值肯定小于 100 万美元,而且选取的折现率越大则 100 万美元的现值越小,从理论上将可以无限接近零,当然如果选取的折现率极小,则现值会无限接近 100 万美元。而初始投资净营运资本支出为 100 万美元,因此净营运资本对净现值的影响是小于零,准确地讲是在 0～－100 万美元。

157. 答案:C。要求回报率变大了,因此折现率变大了,从而

NPV将变小。此时IRR并不受影响，因为只是要求回报率变了，项目的现金流、周期等并没有变。

158. 答案：A。内部回报率的假设是每个项目的再投资回报率就是此项目的内部收益率，而净现值用公司的期望/要求回报率/公司的贴现率

159. 答案：A。

160. 答案：D。由于减少的现金流量属于回收期之后的年度，因此对于回收期没有影响。内部回报率是指让初始投资额等于未来现金流之和的折现率，此题初始额不变，但未来现金流减少，因此如果让它们仍然相等，则需要使用较低的折现率，因为较低的折现率折现的金额较大。

161. 答案：B。如表A-3所示。

表 A-3

年份	现金流入/美元	复利现值系数	现金流入现值/美元
第1年	15 000	0.909	13 635
第2年	15 000	0.826 4	12 396
第3年	15 000	0.751 3	11 270
第4年	15 000	0.683 0	10 245
第5年	15 000	0.620 9	9 314
第6年	15 000	0.564 5	8 467.5
第7年	15 000	0.513 2	7 698

加完第5年后超过了50 000美元，因此选4为整数，

$$\text{小数部分}=\frac{50\,000\text{ 美元}-\text{前 4 年现金流之和}}{\text{第 5 年的现金流}}=\frac{50\,000-13\,635-12\,396-11\,270-10\,245}{9\,314}=\frac{2\,454}{9\,314}\approx 0.26$$

因此，贴现投资回收期$=4+0.26=4.26$(年)。

162. 答案：C。

163. 答案：C。延迟实物期权往往用于未来非常不确定的情形，但此题的情形是很明确的。

164. 答案：B。注意，此题没有告诉税率，因此无须考虑税收方面的因素。每年的净现金流入$=66\,902-12\,123=\frac{54\,779.250\text{K}}{54\,779}=4.56$，查年金现值系数表在大概回报率是多少时，7年的年金现值系数$=4.56$。综上所述，正确答案为B。

165. 答案：D。

166. 答案：C。

期间增量净现金流＝(销售收入－经营费用)×(1－T)＋折旧费用×T

＝(50 000－27 000)×(1－40％)＋8 000×40％

＝17 000(美元)。

注意，第1年营运资本并没有变化。

167. 答案：B。

第4章

1. 答案：B。

2. 答案：D。

先计算期望回报率，如表A-4所示。

表A-4

经济状况	概率	回报率/％	加权平均/％
萧条	0.05	－45	－2.25
衰退	0.15	－10	－1.50
放缓	0.20	5	1.00
稳定	0.40	10	4.00
膨胀	0.15	30	4.50
显著膨胀	0.05	35	1.75
合计			7.50

再计算总加权方差，如表A-5所示。

表A-5

回报率	－	期望回报率	＝	差异	平方差		概率	＝	加权方差
－45％	－	7.5％	＝	－52.5％	27.563％	×	5％	＝	137.81
－10％	－	7.5％	＝	－17.5％	3.063％	×	15％	＝	45.94
5％	－	7.5％	＝	－2.5％	0.063％	×	20％	＝	1.25
10％	－	7.5％	＝	2.5％	0.063％	×	40％	＝	2.50
30％	－	7.5％	＝	22.5％	5.063％	×	15％	＝	75.94
35％	－	7.5％	＝	27.5％	7.563％	×	5％	＝	37.81
总加权方差									301.25

标准差是总加权平均方差的平方根，因此标准差是17.35。变异系数$=\frac{\text{标准差}}{\text{期望回报率}}=\frac{17.35}{7.5\%}=2.31$。当投资的回报率和标准差不同

时,变异系数是有用的。由于它的计算是标准差除以期望回报率,因此它衡量了单位回报率的风险。

3. 答案:D。期望回报的标准偏差越大,投资的风险就越大,大的标准偏差意味着回报的可能幅度是大的。相反,更小的标准偏差,可能的分布就更小,风险就更低。C也有些道理,但不如D更准确。

4. 答案:B。问的措辞有些问题,应该是相对于总体大盘投资。

5. 答案:C。凡是投资组合的标准差=加权平均标准差时,$R=1$,此题告知的投资组合的标准差=35%,而加权平均标准差=30%×50%(20万÷40万)+40%×50%=35%。

6. 答案:C。当投资的回报率和标准差不同时,变异系数是有用的。由于它的计算是标准差除以期望回报率,因此它衡量了单位回报率的风险。Russell的4个投资建议的变异系数计算如表A-6所示。

表 A-6

投资建议	期望回报率/%	标准差/%	变异系数
①	16	10	0.625
②	14	10	0.714
③	20	11	0.550
④	22	15	0.682

7. 答案:D。当投资的回报率和标准差不同时,变异系数是有用的。由于它的计算是标准差除以期望回报率,因此它衡量了单位回报率的风险。B的变异系数(0.09÷0.1=0.9)比A的变异系数(0.15÷0.20=0.75)更高。

第 5 章

1. 答案:A。是指四战略的其中两个,即购买股票后买看跌期权或买股票后正好和上一个相反即卖看涨期权。

2. 答案:B。因为国库券和债券一样,其价值和市场利率成相反方向的变化。

3. 答案:D。如果股票到期日价格是30美元,AA公司的卖出期权赚得10美元(40−30),买入期权将没有价值,但同时股票亏损10美元(40−30),因此,净回报为0;如果股票到期日价格是40美元,那么卖出期权和买入期权都将没有价值,而股票本身也没亏没盈,因此净回报为 0；因此两者之间净回报的差异＝0－0＝0。注意，上述情形并没有考虑买入期权和卖出期权本身的价格，如果题中有此信息，应考虑进来。

4. 答案：B。当在期货合同期内，利率下降，债券和期货合同的价格都上涨。此题应该是指卖出远期合同，卖出远期合同的当事人会因为利率下降从而产生亏损，因为国债的价格上涨了，此当事人只能以低价卖出，亏损了中间的差价。

5. 答案：B。

6. 答案：B。行权的净收益＝(行权时标的物市价－行权价)－期权价＝110－105－2＝3(美元)。

7. 答案：C。此美国企业在德国销售了 100 万欧元，一年后才可以收到 100 万欧元的现金，因为美国企业最终要将收到的欧元折合成美元，因此担心一年后欧元贬值，若贬值折扣成的美元少了，美国企业从而就亏了。因此为了防止欧元贬值，企业可以购买欧元对美元的看跌期权，或者购买欧元对美元空头/看跌期权。最重要的一点是欧元对美元，而不是美元对欧元，因此只能选 A 和 C，但其中 A 是错的，因为应该是购买看跌期权。

8. 答案：A。对冲即套期保值的意思。由于农民担心小麦价格下降，因此应通过卖出小麦期货以对冲小麦价格下降的风险；而作为面包商担心小麦价格上涨，因此应通过买入小麦期货以对冲小麦价格上涨的风险，但是对于面包商来说对冲是为了成本的考量，而非收入。

9. 答案：A。虽然都增加了 600 万元，但期权 A 的回报率＝$\frac{600\text{万}}{4\ 000\text{万}}$＝15%，而期权 B 的回报率＝$\frac{600\text{万}}{4\ 200\text{万}}$＝14.3%，因此期权 A 的价值更大。

10. 答案：B。对于美国公司来说，出售设备，有一笔关于欧元的应收账款，为了防止欧元下跌，采取套期保值，美国公司可以选择出售远期、期货和购买看跌期权。注意，普通的个人/公司可以买看涨期货或卖看跌期货，但不可以买看跌期货或卖看涨期货。而期权可以，即普通的个人/公司可以买看涨期权或看跌期权，也可以卖看涨期权或看跌期权。

11. 答案：C。当行权价低于市场价格时，看涨期权持有者应该行权，当行权价高于市场价格时，看涨期权持有者放弃行权；美国国债的市场价格是 110 美元，高于行权价，所以应该行使看涨期权；行权获得的收益＝110－105－2＝3(美元)。

12. 答案：C。注意要看仔细，不要一看 A 有道理就选 A。当标的资产的市场价格低于履约价格时看跌期权有价值。

13. 答案：C。看涨期权出售方的利润计算＝期权收入＋行权价－股票市价＝3＋60－股票市价＝0(美元)。股票市价若大于63美元，则亏了；若是63美元，则不亏不赚，选C。注意，要会计算期权出售方的利润。

14. 答案：A。为了保护价值的下降，资产的所有者可以进入做空套期保值，也就是资产价值下降，它的价值反而上升的工具。

15. 答案：B。企业应该保守的对待问题，即首先要发生汇兑损失，因此可以购入欧元换美元的看跌期权，或者是出售欧元换美元的期货合约。

16. 答案：C。行权后的所得＝110－100－2＝8(美元)。

17. 答案：A。美国进口商应购买英镑。如果美元兑英镑在90天后贬值，从远期外汇交易中得到的收益将可抵消在业务交易中支付更多美元的损失。

18. 答案：C。买入看跌期权可一定程度上防范风险。

第 6 章

1. 答案：A。兼并后，剩下的公司继续作为独立的法律实体，而没有剩下的那家公司则不再存在。此题如果文字看得不是很明白，则使用排除法，B、C、D明显不对。

2. 答案：D。水平兼并是同一市场的竞争者。

3. 答案：B。此题并没有说清楚是本公司股东还是对方公司股东。如果是指对方公司股东，显然应该选B。A、C、D如此重大事项肯定需要股东审批。如果是指本公司股东，可以用排除法，A、C、D都属于重大事项，需有股东审批。

4. 答案：A。

5. 答案：D。

6. 答案：B。分拆的这种重组的特征是建立新的和独立的实体，并将新发行的股票转移给原来公司的股东。

7. 答案：B。如果某些高管在公司被接管之后被收购企业终止雇用，金色降落伞将为他们提供大额的补偿。这些条款由董事会批准。

8. 答案：B。已经重组成功了就意味着原来的债务已经协议好了解决方案。

9. 答案：C。D不对，是因为留存收益如果不够分配股利，并不意味着无力偿还债务。

10. 答案：D。破产法的条款非常细而且复杂。如果研究透整个法律的所有细节会消耗太多的精力。大家需做一个权衡。此题可以用排除法。A、B、C 肯定不对。

11. 答案：D。现金流的停滞预示着离无力偿还债务不远了。

12. 答案：C。

13. 答案：C。企业可以选择申请破产保护、破产重组。实在不可以的最后一个选择是破产清算。A、B、D 不现实。

14. 答案：D。如果真要清算，一般来讲，企业是最后得到赔偿的，这时基本上什么都不剩了。A、B、C 都会更好。

15. 答案：B。债务人提出破产申请，以获得暂免债权人的收款努力。债权人可以提出申请，确保可以公平地分配债务人的资产。如果债权人还被允许继续他们的个人收款行为，那么这个结果就很可能无法实现了。因此暂免令阻止这些活动。

16. 答案：A。

17. 答案：D。

18. 答案：A。

19. 答案：B。

20. 答案：B。大型乳制品企业和奶牛场是上下游的关系，和杂货店也是上下游的关系。

第 7 章

1. 答案：C。美国存托凭证是投资的一种工具，但并不是支付方式。

2. 答案：C。C 应该翻译为美国存托凭证。这样美国投资人可以容易地购买身处国外的外国公司的股票。此题可以使用排除法，A、B 明显不对。D 也不对，是因为国际存托凭证是一个广义的称呼，包含美国存托凭证、欧洲存托凭证、中国存托凭证等。

3. 答案 C。C 必须建立在合法的基础上。但 A、B、D 更不对。A、D 明显不对。B 貌似对，但实际上是错误的，因为第一转移定价并不包括国外的关税，第二制定的转移价格越高，交的关税越多，实际上对公司是不利的。

4. 答案：D。

5. 答案：A。可以使用排除法，B、C、D 严重不对。

6. 答案：C。在预付款的协议下，出口商只有在收到进口商的付款时才发货。

7. 答案：A。福费廷也是一种保理。它是出口商把大额的、中长期应收账款卖给买家(金融机构)。

8. 答案：A。保理购买应收账款并承担收款的风险。跨国保理是通过跨国的保理网络完成交易的方式。

9. 答案：B。

10. 答案：B。美元对欧元贬值了。

11. 答案：A。高估的货币会导致出口商品价格提高，从某种程度上可以说代表了对出口征税。例如，假如真实的汇率是 1 美元对 5 外币，但汇率是 1 美元对 6 外币，假如一件衬衫是 30 美元，则外币价格从 20×5＝100(美元)，升到 20×6＝120(美元)，对于国外的购买者来讲商品变贵了，则相当于对出口商品征了 20％的税。当然美元升值了，意味着相应的外币贬值了，因此美国相应的进口的商品就便宜了，某种程度上可以说享受了补贴。

12. 答案：D。把 100 000 美元除以 0.65 得到投资的以加元计价的金额 153 846.15 美元。10％ 的回报将把该数额增加到 169 230.76 加元，即 153 846.15×1.1。把 169 230.76 加元转换成美元(乘以 0.7)得到 118 461.54 美元。把 118 461.54 美元除以最初投资100 000美元得到收益率为 18.46％。

13. 答案：C。出口多升值，进口多贬值。如果国家 1 的收入增加结果会导致该国消费者增加从国家 2 进口消费。一般来讲，进口国用出口国的货币结算，因此会形成对出口国的货币需求量增加，从而导致出口国货币升值，因而进口国货币贬值。

14. 答案：D。

15. 答案：C。

16. 答案：C。国际收支差额不仅包括国际贸易收支差额，即进口商品和服务减出口商品和服务之间的收支差异，还包括投资收益的收支以及狭义的资本性账户的收支差异。因此 B 不太准确，C 更全面准确。

17. 答案：D。假设是美国和中国做生意，这样更好理解。假设现在汇率是 1 美元对 6 元人民币，假设一台苹果电脑在美国卖 900 美元，中国一公司在美国购买一定数量的苹果电脑，目前该中国公司可以花 900×6＝5 400(元人民币)买一台苹果电脑。

若预期美国通胀率是 5％，则意味着美国商品要涨价 5％，即苹果电脑新的出口价格是 900×1.05＝945(美元)，则此时该中国公司需花 945×6＝5 670(元人民币)购买一台苹果电脑。若人民币对美元将要贬值 10％，则意味着美元升值 1÷(1－10％)，则意味着苹果电脑的出口价 945 美元换算成人民币为 945×6÷(1－10％)＝6 300(元人民币)，或者讲，中国公司要花 5 670÷(1－10％)＝6 300(元人民币)购买一台美国苹果电脑。因此总计算下来，该中国公司在美国进口苹果电脑的价格增加了(6 300－5 400)÷5 400＝16.67％。

18. 答案：C。有两个因素要被考虑到：①3％的通胀率；②英镑 5％的贬值。首先考虑到通胀，应立即把 3％ 加到成交价上以得到今后交易价 721 英镑。另外，因为以英镑报价，意味着未来美国企业收钱时也是得到英镑，英镑如果贬值，则收到英镑货款后在银行换成美元，此时美元的金额就会减少。假设英镑兑美元原来的汇率是 1∶A，则现在收到的英镑货款折合成美元＝721×A×(1－5％)。为了规避风险，因此英镑价格应调整至 721÷(1－5％)＝758.95 英镑。上面答案选项里没有正确的，C 是最接近的。答案 C＝700×(1＋3％)×(1＋5％)＝757(英镑)，这样的计算是不对的。

19. 答案：B。

20. 答案：D。

21. 答案：D。转移价格是企业的一个分部向另一个分部收取的价格。如果分公司买家是一家海外公司，转移价格越高，潜在的关税就越高。但是子公司的所得税会减少，因为它的采购成本更高。

22. 答案：D。注意，银行账户的借方是指钱减少，贷方指钱增加，因此只有 D 是钱减少，因为美国游客要从银行取出美元去兑换欧元。

23. 答案：A。货币升值可能会带来一系列的不利。短期内中央银行出售本国货币会增加供给，因而降低货币的价格。

24. 答案：D。预计美元对其他货币升值，意味着预计其他货币相对于美元贬值。因此外币应收账款存在风险，因为收到的外币兑换成美元后，美元金额减少，因此早收款会减少损失。美元升值对外币应付账款有利。

25. 答案：A。

第 8 章

一、选择题

1. 答案：A。

2. 答案：D。目前公司的政策对供应商来讲，供应商如果早付款的获利率＝1％÷(1－1％)×360÷(60－10)＝7.27％，如果主要利息率多于此，供应商将考虑不提前付款，而是将钱存放在银行挣利息。只有答案D是大于7.27%。

3. 答案：B。

A的收益＝12 000×(1－80%)－(1 500×80%＋2 000)×10%
＋0－100－100＝1 880(元)

B的收益＝13 000×(1－80%)－(2 000×80%＋2 300)×10%
＋0－125－125＝1 960(元)

C的收益＝14 000×(1－80%)－(3 500×80%＋2 500)×10%
＋0－300－250＝1 720(元)

D的收益＝14 000×(1－80%)－(5 000×80%＋2 500)×10%
＋500－400－350＝1 900(元)

4. 答案：D。组合理论关心的是一个投资组合的组成部分对平衡风险和组合的投资回报之间的有效性。分散化减少风险。也就是说，当海外投资与国内经营朝相反的方向移动。

5. 答案：D。

6. 答案：A。股利对于普通股股东来说并不是权利，也就是说发行普通股的公司没有义务一定要支付股利。

7. 答案：C。如果是完全负相关，只要组合的加权平均各为50%，风险变为零了，投资者亏的可能性没有了，但赚的可能性也没了，通过组合主要的目的是降低巨亏的风险。

8. 答案：A。债券利息期限结构图描述在某一时点上一组可交易债券的收益率与其剩余到期期限之间数量关系的一条曲线。反映出某一时点上(或某一天)不同期限债券的到期收益率水平。因此是长期利率与短期利率之间的关系。

9. 答案：D。

10. 答案：B。折扣额 15 000×3%＝450(元)。

实际利率＝3%÷(1－3%)×[360÷(45－7)]＝29.3%。

11. 答案：D。

股票预计报酬率＝无风险收益率＋β值×(市场报酬率－无风险报酬率)

A：预计报酬率＝6%＋1×(11%－6%)＝11%，等于实际报酬率11%。

B：预计报酬率＝6%＋1.2×(11%－6%)＝12%，小于实际报酬率12.5%。

C：预计报酬率＝6%＋0.86×(11%－6%)＝10.3%，大于实际

报酬率 8.5%。

因此 A 股票回报率既不高估也不低估,B 股票的预期回报率被低估,C 股票被高估。

12. 答案:A。$50\% \times 4\% \times (1-25\%) + 50\% \times [2\% + 1.2 \times (5\% - 2\%)] = 4.3\%$。

13. 答案:B。

14. 答案:C。

15. 答案:D。公司实际利率$=\dfrac{100\ 000 \times 10\%}{[100\ 000 \times (1-25\%)]}=13.33\%$。

16. 答案:A。

公司的加权平均资本成本$=[6\% + 1.125 \times (14\% - 6\%)] \times \dfrac{10\ 000\ 000}{10\ 000\ 000+30\ 000\ 000} + 9\% \times (1 - 40\%) \times \dfrac{30\ 000\ 000}{10\ 000\ 000+30\ 000\ 000} = 7.8\%$。

17. 答案:B。

$$股东回报率=\frac{期末股票价格-期初股票价格+每股年度股利}{期初股票价格}$$

A 股票股东回报率$=\dfrac{69-60}{60}=15\%$。

B 股票股东回报率$=\dfrac{12-10+2}{10}=40\%$。

18. 答案:A。

19. 答案:C。

20. 答案:C。做空股票值的是投资者预期某一股票未来会跌,就在当期价位高时卖出他并不拥有的股票(即借货卖出),再在股价跌到一定程度时买进股票,然后归还当时借出股票者,从而赚取价差。

21. 答案:B。公司股票收益率$=(69-60) \div 60=15\%$。B 公司股票收益率$=(12-10+2) \div 10=40\%$。

22. 答案:B。优先股资本成本$=100 \times 10\% \div 105=9.52\%$,因此加权平均资本成本$=50 \times 12\% + 20\% \times 9.52\% + 30\% \times 6\% = 9.7\%$。

23. 答案:此题 C 的可转换债券是写错了,应该是可转换优先股,此题应该选 C。

24. 答案:B。

25. 答案:A。

26. 答案:B。造成两个政策不同的所有因素均应考虑。无差异因素如现在的坏账情况是不相关的。

27. 答案：C。根据股价定价公式，A、B、D 明显不对。C 对，是因为 C 明显增加了折现现金流。股价＝折现现金流。

28. 解答：当 β 值大于 1 时，如果无风险利率下降会增大预期报酬率。具体验证如下，假设无风险利率用 A 来表示，β 值用 B 来表示，整体市场回报率用 C 来表示，预期报酬率用 D 来表示，因此 $D=A+B\cdot(C-A)$。如果无风险利率下降 $N\%$，则新的预期回报率＝$A\cdot(1-N\%)+B\cdot[C-A\cdot(1-N\%)]=A+B\cdot(C-A)+B\cdot A\cdot N\%-A\cdot N\%$。因为 B 大于 1，因此 $B\cdot A\cdot N\%-A\cdot N\%$ 的结果会大于零，因此新的预期回报率会加大。

另外可以推理，若 β 值大于 1，则若无风险利率增加，预期回报率会降低。具体验证如下：如果无风险利率增加 $N\%$，则新 $D=A\cdot(1+N\%)+B\cdot[C-A\cdot(1+N\%)]=A+B\cdot(C-A)+A\cdot N\%-B\cdot A\cdot N\%$。因为 B 大于 1，因此 $A\cdot N\%-B\cdot A\cdot N\%$ 的结果会小于零，因此新的预期回报率会降低。

同样道理，若 β 值小于 1，规律和上面正好相反。考试中，若忘记了规律的总结，可以用上面的验证方法进行判断。

另外 B、C、D 选项明显错误，其中 D 意味着 β 值变小。因此选 A。此题也可以用排除法。

29. 解析：公司从上市公司变为私有化公司，经常是指其他机构或本公司的某些管理层人员通过债务杠杆（leveraged buyout，LBO）收购市面上的股票，从而使公司退市而成为私有化公司。债务杠杆是指对上市公司进行收购的机构或一些管理层人员本身出资很少，其中大部分收购资金来源于通过对被收购的上市公司的资产进行抵押而获得的银行贷款或者发行的垃圾债券等。上述称作杠杆收购（LBO），当然杠杆收购也可以发生在非上市的公司身上。如果杠杆收购中没有其他机构参与，而只有被收购公司的一些管理层人员参与，则称作管理层收购（management buyout，MBO）。

30. 答案：D。市政债券的税后收益率＝4％。商业票据的税后收益率＝$(99-100+100\times6\%)\times\dfrac{1-25\%}{100}=3.75\%$。选 D，但 D 中的 3.25％应该是错的。

31. 答案：C。

32. 答案：首先排除 C、D，因为小麦是面包商的成本支出，不涉及收入对冲。有购买期权者就有出售期权方。一般来讲，出售期权得到收入很低，无法对未来较大额的收入进行对冲，因此 A 排除。B 是对的，因为小麦农一般是出售小麦获得收入，因此小麦农可以购买出售小麦的看跌期权以对冲未来的收入的不利的不确定性。

33. 答案：B。此题是 WACC 的倒推了，假设长期债占资本结构的比例是 Y，因此 $8\%\times(1-40\%)Y+15\%\times(1-Y\%)=10.92\%$，因此 $4.8\%Y-15\%Y=-4.08\%$，因此 $Y=40\%$，选 B。

34. 答案：C。分拆：母公司将其在子公司中所拥有的股份，按比例分配给母公司的现有股东，不涉及将部分股份卖给第三方。A、D 明显不对。符合 C 的特点，选 C。

35. 答案：D。投资有价证券主要是考虑在随时需要现金随时能变现的基础上挣得一些回报。并不需要考虑投票权，而且有投票权的一般是指股票。股票不属于有价证券。

36. 答案：D。当项目互斥的情况下，采用 NPV 选择，选择 NPV 最大的项目。

37. 答案：B。

38. 答案：C。整数应该取 4，分数$=\dfrac{30\text{万}-3\times7\text{万}-5\text{万}}{5\text{万}}=0.8$，因此答案$=4+0.8=4.8$，选 C。

39. 答案：A。此题没有给出一年多少天，按 365 天吧，$\dfrac{\text{应收账款}}{\text{每天的赊销收入}}=20$天，因此应收账款$=20\times900\text{万}\times\dfrac{0.75}{365}=369\ 863$。$\dfrac{\text{全年销货成本}}{\text{存货}}=9$，因此存货$=\dfrac{900\times(1-30\%)}{9}=70$(万美元)。因此选 A。

40. 答案：B。首先 C、D 完全不对，这和货币供给没有直接关系。讲义和一般资料上都没有叙述进口对货币升值/贬值的影响，因此可以转换成出口。美国进口等于别的国家出口给美国，别的国家出口给美国一般为了规避汇率波动的影响会要求用该出口国的货币，因此会形成美国国内对外币需求的增加，因为美国进口商需要兑换成外币以进行付款。若出口国要求使用美元结算，则会引起美国国内消耗使用美元从而可能增加对美元的需求。出口国收到美国支付的美元后，因为一般来讲需要兑换成该出口国的货币，这是因为美元在该出口国无法使用，因此在出口国会引起对出口国货币的需求。但无论怎样都不会引起出口国对美元的需求，因此 A 不对。最终选 B。

41. 答案：B。

42. 答案：D。公司重组的方式：兼并、收购、杠杆收购、剥离以及发行追踪股等，但不包括破产。从内容上理解，破产确实不能属于重组,因为破产意味着公司消失了。

43. 答案:B。锁箱净收益=机会成本节约额−锁箱费用=2 500×600×2×7%−2 500×0.28×365=210 000−255 500=−45 500(美元)。

44. 答案:A。选项 A:商业票据为永久性营运资本融资,商业票据作为短期融资方式为永久性营运资本融资,是短期融资对长期资产需求,不符合对冲。

选项 B:发行长期债券为投资国外子公司融资,长期融资满足长期投资的需求,符合对冲。

选项 C:获取信用额度为营运资本的季节性波动融资,临时获取信用额度属于短期融资行为,为了满足短期季节性波动,符合对冲。

选项 D:应付账款展期为未及时到账的应收账款融资,由于本该到期的应收账款未到账而临时延长应付账款的时间,也是一种临时资金需求,因此符合对冲。

因此选 A。

45. 答案:A。公司的股本资本成本=无风险回报率+β值×(预期市场回报率−无风险回报率)=6%+1.125×(14%−6%)=15%。公司的加权平均资本成本=$\frac{10\ 000\ 000}{10\ 000\ 000+30\ 000\ 000}\times 15\%+\frac{30\ 000\ 000}{10\ 000\ 000+30\ 000\ 000}\times 9\%\times(1-40\%)=7.8\%$。因此选 A。

46. 答案:B。应收账款周转天数=$\frac{10\text{K}}{100\text{K}\div 360}$=36(天)。存货周转天数=$\frac{360}{8}$=45(天)。应付账款周转天数=$\frac{8\text{K}}{80\text{K}\div 360}$=36(天),因此答案=36+45−36=45(天),因此选 B。

47. 答案:B。因为可能客户不再提前付款以享受现金折扣。

48. 答案:A。公司没有法律义务必须支付现金股利。

49. 答案:C。$P_0=PV\cdot I\%\cdot \text{PVIFA}(20,10\%)+PV\cdot \text{PVIF}(20,10\%)$=1 000×8%×8.514+1 000×0.149=830.12,发行1 000张债券所得=830.12×1 000=830 120(美元)。因此选 C。

50. 答案:B。

A 股票的回报率=$\frac{P_1-P_0+D}{P_0}=\frac{69-60+0}{60}=15\%$

B 股票的回报率 $=\dfrac{P_1-P_0+D}{P_0}=\dfrac{12-10+2}{10}=40\%$

公司应该出售股票 A。

51. 答案：D。使用固定股利增长模型 $V_0=\dfrac{D_1}{K_s-g}$，D_1 是当年的期望股利；K_s 是普通股的期望回报率；g 是固定(年)股利增长率。D_1 等于 2.0×1.08(美元)，也就是 2.16 美元(股利年末支付，在零时刻，去年年末支付股利，也就是今年年初的股利)。$V_0=\dfrac{D_1}{K_s-g}=\dfrac{2.16}{0.14-0.08}=36$(美元)。综上所述，选 D。

52. 答案：A。

公司第一次公开发行股票上市后，可能会继续在一级市场发行新的股票。唯一不同的是，新发行的股票不再是 IPO，而是增发或新股增发。

53. 答案：B。股权资本成本＝2%＋5%×1.2＝8%，注意 5%是市场风险溢价，而不是市场回报率。债务资本成本＝5%×(1－0.25)＝3.75%。已知负债与总资产比为 50%，所以权益占比 50%。则综合资本成本＝8%×0.5＋3.75%×0.5＝5.875%。综上所述，选 B。

54. 答案：B。

折扣金额＝15 000×3%＝450(美元)。

未利用折扣的实际年利率 $=\dfrac{3\%}{1-3\%}\times\dfrac{360}{45-7}=29.3\%$。

综上所述，选 B。

55. 答案：D。

考点：短期融资。

借款实际支付利息是1 000 000×10%＝100 000(美元)。

补偿性余额账户中已经有 100 000 美元，从贷款额中只需扣除 150 000 美元，实际取得金额是 850 000 美元。

短期贷款的有效利率 $=\dfrac{100\ 000}{850\ 000}=12\%$。

56. 答案：B。

考点：汇率。

0.24 货币 A＝1.00 货币 B 换成货币 A 的间接标价法为 1.00 货币 A＝4.17 货币 B。

0.28 货币 A=1.00 货币 B 换成货币 A 的间接标价法为 1.00 货币 A=3.57 货币 B。

1.00 货币 A 换得的货币 B 更少，所以货币 A 贬值。

$\frac{4.17-3.57}{4.17}=14.4\%$。

在计算贬值与升值的情况下，要在间接法的基础上进行计算。

57. 答案：C。蒙特卡洛分析法(Monte Carlo simulation)可以在计算的协助下让决策者获取一个投资项目可能结果完整的分布状况。综上所述，选 C。

58. 答案：C。一般情况下，在考试中如果没有特殊说明，在同时有折旧数据和年现金流的情况下，年现金流是没有包含折旧因素，因此应该额外加折旧的税盾以形成最终的年现金流。但如遇特殊情况，请灵活处理。

第 4 年增量现金流如下。

(1) 每年的增量税后现金流是 13 200 元加折旧税盾，即(39 000+1 000)×14%×40%=2 240(元)，共计=13 200+2 240=15 440(元)。

(2) 设备处置现金流。一定要看仔细，此题的折旧率加起来不是 100%，还差 10%，因此这 10%属于账面残值。因此旧设备处理现金流=7 000−[7 000−(39 000+1 000)×10%]×40%=5 800(元)。

合计=15 440+5 800=21 240(元)，因此选 C。

59. 答案：B。假设补偿性余额为 Y，因此 $\frac{100\ 000\ 000\times 0.10}{100\ 000\ 000-Y}=10.25\%$，因此 $Y=2\ 439\ 024$，选 B。

60. 答案：B。利率的期限结构(term structure of interest rate)是指不同期限资金的收益率和到期期限的关系。其中债券利息期限结构是指债券的收益率和债券期限的关系。一般来讲，到期日越长，利率或债券收益率越高。因此利率期限结构就是长期利率与短期利率之间的关系。利率期限结构图是指 X 轴是到期期限，Y 轴是利率/收益率。当然如果图示是一条和 X 轴的平行线则意味着长期利率和短期利率相同。因此选 B。

61. 答案：A。

62. 答案：B。进口增多，对外币需求增加，外币升值，本币贬值。

63. 答案：B。

64. 答案：C。假设应收账款用 Y 来代替，销售收入用 S 代替，则去年的应收账款÷每天的去年销售收入=73，可以变通为去年的应收账款=73×每天的去年销售收入；$\frac{\text{今年应收账款}}{\text{每天的去年销售收入}\times 0.8}=$

91.25，可以变通为今年的应收账款＝91.25×每天的去年销售收入×0.8。两个变动的公式相除，则今年的应收账款÷去年的应收账款＝$\frac{91.25\times0.8}{73}$＝1，因此选 C。

65. 答案：C。敏感性分析是每次只能实验一个变量，而情境分析，可以将项目预测出几种方案和结果，经常为最可能的（most likely）、悲观的和乐观的 3 种。每种方案代表一组或几组变量的特定情形。因此选 C。

66. 答案：C。

67. 答案：B。初始投资额＝450 000＋25 000＝475 000（美元）。相关数据见表 A-7。

表 A-7

年　份	0	1	2	3
初始投入/美元	－475 000			
节省的现金流/美元		175 000	175 000	175 000
税后节省/美元		105 000	105 000	105 000
折旧/美元		118 750	180 500	175 750
税率/%		25	38	37
折旧税盾/美元		47 500	72 200	70 300
税后现金流/美元		152 500	177 200	175 300
折现率/%		0.893	0.797	0.712
现值/美元		136 183	141 228	124 814
现值合计　402 225				

NPV 为 72 775.5。因此选 B。

68. 答案：B。见表 A-8。

表 A-8　　（单位：元）

序号	未折现现金流	折现现金流	累积
1	900 000	818 181	818 181
2	900 000	743 802	1 561 983
3	900 000	676 183	2 238 166

$\frac{2\ 000\ 000-1\ 561\ 983}{676\ 183}$＝0.647　贴现回收期＝2＋0.647＝2.647（年），因此选 B。

69. 答案：B。P/E＝$\frac{股票市值}{EPS}$，因此股票市值＝P/E×EPS。股

票分割后的 EPS(每股收益)$=\frac{\text{净利润}}{\text{普通股股数}}=\frac{500\ 000\text{美元}}{200\ 000\times\frac{3}{2}}=1.67$ 美元/股。股票价格=8×1.67 美元/股=13.33 美元/股,股票分割后的股票总价值$=13.33\times100\text{股}\times\frac{3}{2}=2\ 000$(美元)。因此选 B。

70. 答案:A。此处的贸易信贷是英文 trade credit 的直译,应该翻译为赊账或商业信用。A 显然没有道理,应该视具体情况而定。B 有道理,因为现金如果此时汇至总部而兑换的总部货币会减少,因为分支机构货币在贬值。C 有道理,但 C 没有说清楚,而且整个题的选项基本都有叙述的特别清楚。C 可能是指分支公司购买材料和物料时使用赊账方式。这样是有道理的,因为通过应付账款的增加释放更多的现金。D 有道理,因为这样可以避免汇率波动带来的风险。因此选 A。

71. 答案:D。见表 A-9。

表 A-9

年份	税后现金流/美元	折现率	折现现金流/美元	累积折现现金流/美元
第 1 年	180 000	0.909 1	163 636.36	163 636.36
第 2 年	210 000	0.826 4	173 553.72	337 190.08
第 3 年	190 000	0.751 3	142 749.81	479 939.89
第 4 年	170 000	0.683 0	116 112.29	596 052.18
第 5 年	150 000	0.620 9	93 138.20	689 190.38
第 6 年	100 000	0.564 5	56 447.39	745 637.77
第 7 年	20 000	0.513 2	10 263.16	755 900.94

已知初始投资 750 000 美元,可见是在第 7 年收回投资。因此选 D。

72. 答案:C。税后经营现金流=(50 000−30 000)×(1−25%)=15 000(美元),折旧产生的税盾=8 000×25%=2 000(美元),增量现金流=15 000+2 000=17 000(美元)。因此选 C。

73. 答案:C。

考点:折现回收期。

思路:注意,第 3 年年初的维修费用,相当于第 2 年年底发生的。

初始投入=240 000(美元)。

折旧费用$=\frac{240\ 000}{3}=80\ 000$(美元)。

第 1 年现金流入贴现值=(180 000×0.6+80 000×0.4)×PVIF

(12%,1)=125 020(美元)

第2年现金流入贴现值=(180 000−20 000)×0.6+80 000×0.4)×PVIF(12%,2)=102 016(美元)

第3年现金流入贴现值=(180 000×0.6+80 000×0.4)×PVIF(12%,3)=99 680(美元)

3年贴现现金流入=125 020+102 016+99 680=326 716(美元)>240 000(美元)

贴现回收期=$\left(\frac{240\ 000-125\ 020-102\ 016}{99\ 680}\right)+2=2.13$(年)。

注意:第3年年初的维修费用,也就是第2年年末的支出,所以折现期为2年。

综上所述,选C。

74. 答案:C。

75. 答案:B。回收期的缺点之一是它不考虑回收期后的现金流,它可能过度鼓励短期项目的投资,而损害长期项目的决策。回收期不是接受/拒绝项目的最佳决策标准。

综上所述,选B。

76. 答案:C。15 000×PVIFA(10%,5)−60 000=−3 135。NPV<0,不投资。

77. 答案:B。对于同一项目或者是独立项目而言,使用IRR、NPV计算出来的结果是一致的,对于互斥项目,应该使用NPV作为唯一判断依据。当项目是互斥项目时,项目B的NPV大于项目A的NPV,所以应该选择项目B。当项目不是互斥项目时,由于没有资本配额制约,两个项目的NPV,都大于零,都可以给股东带来利益,为了使股东利益最大化,两个项目都可以选择。

78. 答案:B。蒙特卡洛模拟是指同时改变一组财务变量。

79. 答案:B。

思路:注意,此题的题干有干扰信息,题中提到互斥项目的选择应该使用NPV。但后来问的时候,并没有说A、B、C项目是互斥项目。只是说一般情况下,应该选择哪个或哪些项目。

80. 解析:假设每年的折现税后现金流为Y,因此$Y\times5-100$万=105 656(美元)。因此$Y=221\ 131$,折现回收期=$\frac{100\text{万}}{221\ 131}=4.5$(年)。另外,15%,5年的年金现值系数=3.352,因此假设每年未折现的现金流为N,则$N\times3.352-100$万=105 656(美元),因此$N=329\ 850$,因

此未折现回收期$=\frac{100\text{万}}{329\ 850}=3.03$。因此此题的信息有些问题。

二、论述题

1. 解析如下。

(1) ① 营运资本=流动资产－流动负债。营运资本衡量企业的短期偿债能力。

② 营运资本=流动资产－流动负债

流动资产=现金＋存货＋应收账款

=150 000＋675 125＋6 375 140

=7 200 265(美元)

流动负债=应付账款＋短期应付票据＋递延收入＋应付工资

=875 000＋455 000＋375 000＋672 212=2 377 212(美元)

营运资本=7 200 265－2 377 212=4 823 053(美元)

(2) 病人的账单偿还不及时,致使企业出现过多金额的应收账款,占总资产的90%以上的金额(可以在资产负债表上看出),从而使得企业现金余额不足。

(3) ① 计算医院的流动比率。

流动资产=现金＋存货＋应收账款

=150 000＋675 125＋6 375 140

=7 200 265(美元)

流动负债=应付账款＋短期应付票据＋递延收入＋应付工资

=875 000＋455 000＋375 000＋672 212=2 377 212(美元)

$$\text{流动比率}=\frac{\text{流动资产}}{\text{流动负债}}=\frac{7\ 200\ 265}{2\ 377\ 212}=3.03(\text{美元})$$

② 解释流动比率如何有助于决定医院是否能获得所申请的信用额度。

流动比率显示了流动资产偿付流动负债规模的能力,该医院的流动比率达到了3.03,高于同行业的2.55,尤其该医院中不容易变现的存货占比很小,而容易变现的应收账款占很大的比例。因此表明医院有非常强的流动性和偿付短期负债的能力,这样会帮助医院获得信用额度。

(4) ① 应收账款让售:企业通过出售应收账款来提前获取资金,应收账款的收购方(保理方)直接从出售方的客户处收取货款。

② a. 有追索权的应收账款出售:在有追索权情况下,出售方需要在债务人违约的情况下向保理方支付相应的款项。

b. 无追索权的应收账款出售：出售方不承担任何收账的风险及其信贷的损失，所以在形式和实质上都是一种彻底出售资产的行为。

③ 优点：及时获得资金，满足资金需求；外包收款职能可以帮助企业精简机构。

缺点：因为第三方去客户收款，可能会影响和客户的关系；保理的成本可能会较高。

(5) ① 使用零余额账户、汇票支付等延缓现金支出。

② 合理的延长应付账款天数。

③ 使用现金折扣，促使客户提前付款。

2. 解析如下。

(1) 项目 A

第 0 年　　　－2 000 000 美元

第 1 年至第 5 年

营业收入　1 000 000 美元

营业成本　－400 000 美元

税前盈利　600 000 美元

所得税费用(税率 30%)　－180 000 美元

净收益　420 000 美元

加折旧税盾　$+\frac{2\ 000\ 000}{5}\times 30\%$

每年税后现金流量　540 000 美元

项目 B

第 0 年　　　－5 000 000 美元

第 1 年至第 5 年

营业收入　2 000 000 美元

营业成本　－800 000 美元

税前盈利　1 200 000 美元

所得税费用(税率 30%)　－360 000 美元

净收益　840 000 美元

加折旧税盾　$+\frac{5\ 000\ 000}{5}\times 30\%$

每年税后现金流量　1 140 000 美元

(2) 项目 A 的净现值＝－2 000 000＋540 000×(3.889 7，5 年，9%的年金现值系数)＝＋100 438(美元)

项目 B 的净现值＝－5 000 000＋1 140 000×(3.889 7，5 年，9%的年

金现值系数)=−565 742(美元)

(3) 略。

(4) 略。

3. 解析如下。

(1) A. 项目 A 的 NPV=100 000×PVIFA(12%, 10)−500 000=100 000×5.65−500 000=65 000(美元)

项目 B 的 NPV =100 000×PVIFA(12%, 5)−380 000

=100 000×3.604−380 000=−19 600(美元)

B. B公司应接受项目 A,因为项目 A 的 NPV>0,项目 B 的 NPV<0。

(2) 项目 A 的回收期=$\frac{500\ 000\text{美元}}{100\ 000\text{美元}}$=5 年>4 年

项目 B 的回收期=$\frac{380\ 000\text{美元}}{100\ 000\text{美元}}$=3.8 年<4 年

所以,如果企业只能接受回收期为 4 年的项目,那么 BD 公司应该投资项目 B。当然企业一般还要同时考量项目的 NPV 是否大于零。

(3) 略。

(4) 题中说企业没有筹资成本的具体含义不是很明确,可能性有以下两种。

可能性一,是指企业发放债券利息,但假设没有发生其他的债券发行相关的融资成本。此题中并没有说明是年付息一次,还是半年付息一次,具体看题中的信息。假设是年付息一次,则一张债券的融资金额=1 000×8%×8.514(10%,20 年的年金现值系数)+1 000×0.149=830.12(美元),因此 1 000 张债券共可筹集金额=830.12×1 000=830 120(美元)。

可能性二,是指既没有发行相关成本也不支付利息,就相当于零息债券。一张零息债券的价格等于未来本金的现值,那么债券价格=1 000×PVIF(10%,20)=1 000×0.149=149(美元)。

发行 1 000 张债券的所得=149×1 000=149 000(美元)

(5) 扩张期权,当企业的外部条件对其扩大产能有利时,该企业可以行使扩张期权即在原有的基础上扩大产能,进而获得更高的项目价值;因为项目 A 将提高 BD 公司的制造能力,以便根据需要生产更多玩具。

(6) 略。

附录 B

金融英语、国际贸易英语及财务英语

英 译 汉

A

accelerated depreciation 加速折旧
accountant 会计人员、会计师
accounting 会计(学)
accounting rate of return 会计报酬率
accounts payable(A/P) 应付账款
accounts receivable(A/R) 应收账款
accrued expenses 预提费用
accumulated depreciation 累计折旧
acid-test ratio 酸性实验比率(又称速动比率)
acquisition 收购
actuary 精算师
additional paid-in capital 额外实收资本
advance payments to suppliers 预付账款
after market 后市
agency costs 代理成本
agency theory 代理理论
aging schedule 账龄表
allowance for doubtful accounts (又称 Allowance for uncollectible accounts) 坏账准备
American Depository Receipt(ADR) 美国存托凭证①
American option 美式期权
amortization 摊销
angel investor 天使投资者
annual rate 年率
annual report 年报
annualized rate 年化率
annuity due 预付年金
annuity factor 年金系数
annuity 年金
anti-takeover 反收购
anti-trust 反垄断
appreciation 升值
arbitrage pricing theory(APT) 套利定价理论
arbitrage 套利
Articles of Association(AOA) 公司章程
asked price(offered price) 卖方报价/出售价
asset management 资产管理
asset-backed security(ABS) 资产担保证券/资产支持证券
assets 资产
at-the-money option 平值期权
auction 拍卖
audit 审计
audit report 审计报告
auditor 审计员/审计师
authorized capital 核定股本/核定资本
available-for-sale financial assets 可供出售金融资产
available-for-sale securities 可供出售证券
avoidable costs 可避免成本

B

bad detbs 坏账

① 也有资料翻译为美国存款凭据(不符合本义,容易产生误导)。

balance of payments deficit 国际收支逆差/国际收支赤字
balance of payments surplus 国际收支顺差/国际收支盈余
balance of payments 国际收支差额①
balance of trade 国际贸易差额
balance sheet 资产负债表
balanced scorecard(BSC) 平衡计分卡
bank loans 银行贷款
bank reconciliation 银行账款调节表
banker's acceptance(BA) 银行承兑汇票
bankruptcy costs 破产成本
basket of currencies 一篮子货币
basis point(BP) 基点
bear market 熊市/空头市场
behavioral finance 行为金融学
best-efforts underwriting 最佳努力承销
beta β 系数
bid market 买方过剩市场
bid price 买方出价
bid-ask quote 买卖方报价
bill of lading 提单
bill of exchange 汇票
binomial option pricing model 二项式期权定价模型
Black and Scholes model 布莱克—斯克尔斯期权定价模型
blue-chip stock 蓝筹股
board of directors 董事会
bond rating 债券评级
bond 债券
bonds payable 应付债券
book value 账面价值
break-even analysis 盈亏分析
broad money 广义货币
bubble economy 泡沫经济
budget deficit 预算赤字
budget surplus 预算盈余
bull market 牛市
business cycle 经济周期
butterfly spread 蝶式买卖
buyback 回购
buyer's market 买方市场

C

call option 看涨期权
callable bond(等同于 redeemable bond) 可赎回债券
cap/ceiling 最高限额/上限
capital 资本
capital account 资本账户
capital adequacy ratio(CAR) 资本充足率
capital asset pricing model(CAPM) 资本资产定价模型
capital budgeting 资本预算
capital expenditure(capex) 资本支出
capital gains 资本利得
capital intensive 资本密集
capital lease obligation 资本性租赁负债
capital lease 资本性租赁
capital market 资本市场
capital rationing 资本限额
capital reserves 资本公积
capital structure 资本结构
carrying costs of inventory 存货持有成本
cartel 卡特尔

① 也有资料上翻译为国际支付差额(不恰当,难理解)。

carve-out 分拆上市/股权切离
cash 现金
cash and cash equivalents 现金及现金等价物
cash budget 现金预算
cash conversion cycle 现金周转周期
cash flow 现金流量
cash flow statement 现金流量表
cash flows from financing activities 融资现金流
cash flows from investing activities 投资现金流
cash flows from operating activities 经营现金流
cash in bank 银行存款
cash inflows 流入现金
cash on hand 库存现金
cash outflows 流出现金
cash ratios 现金比率
cause-and-effect relationship 因果关系
certainty equivalent 确定等值
certificate of deposit(CD) 存单
certified public accountant(CPA) 注册会计师
Chapter 11 联邦破产法第十一章
Chapter 7 联邦破产法第七章
characteristics line 特征线
chartered financial analyst(CFA) 特许金融分析师
check/cheque 支票
clearing bank 结算银行
clearing fee 结算费
clearing house 结算所
close position 平仓
collateral 抵押品/担保品
commercial banks 商业银行
commercial paper 商业票据
commitment fee 承诺费
committed costs 约束性成本,不可撤销成本,承诺成本
commodities future 商品期货
common stock 普通股
common stockholders 普通股股东
common-size balance sheet 比率式资产负债表
common-size financial statements 比率式财务报表
common-size income statement 比率式利润表/比率式损益表
company 公司
compensating balance 补偿性余额
compound interest 复利
conglomerate 集团/联合大企业
consolidated financial statements 合并财务报表
consumer price index(CPI)消费价格指数
continuous improvement 持续改进
contribution margin 边际毛利①
controllable costs 可控成本
controller (等同于 chief accounting officer) 会计总监,首席会计官,此职位主要负责一个企业的会计(核算)工作,但并不参与财

① 译为边际毛利,可以更好地区分于完全成本法损益表的(普通)毛利(gross margin),而且边际毛利更能反映本意。也有资料翻译为边际贡献(并没有体现毛利或利润,较难让人联想到毛利或利润)、贡献利润(不太能反映本意)和贡献收益(不太能反映本意)。

务管理等其他财务部的工作[1]

convergence 趋同

conversion premium 转换溢价

conversion price 转换价格

conversion ratio 转换比率

convertible bond 可转换债券

convertible preferred stock 可转换优先股

corporate bond 公司债券

corporate costs 总部成本[2]

corporate finance 财务管理[3]

corporate governance 公司治理

corporate tax 公司税

corporation 公司,一般是指大公司、集团公司

correlation coefficient 相关系数

cost benefit analysis 成本收益分析

cost benefit principle 成本收益原则

cost of capital 资本成本

cost of funds 资金成本

cost of goods sold 销货成本[4]

cost of sales(等同于 cost of goods sold)销货成本[5]

cost reduction 缩减成本

cost-volume-profit analysis(CVP) 本量利分析

coupon 息票/票面利率

covariance 协方差

covenant 契约

credit line 信贷额度

credit rating 信用评级

credit risk 信用风险

credit terms 信用条款

cum all 附各项权利

cum dividend 含息/附有股息

cum rights 含权

cumulative dividends 可累积股利

cumulative preferred stock 可累积优先股

current account 经常性账户

current assets 流动资产

current liabilities 流动负债

current maturities of long term liabilities 长期负债一年内到期部分

current price 现价

current ratio 流动比率

current yield 当期收益率

customer profitability analysis 客户盈利分析

cyclical industry 周期性行业

cyclical stock 周期性股票

D

days payable outstanding(DPO)应付账款周转天数

---

① 此职位在国内企业很少设置。在欧美大公司财务部下面主要分会计部,其负责人称为 controller;财务管理部或资金部,英文是 treasury department 等。也有资料将 controller 翻译为主计长(实际工作中并没有主计长这种称谓,也没有类似的称谓)、总会计师(实际工作中总会计师的职位相当于首席财务官,要高于 controller)。

② 它反映的是公司总部的成本。也有资料翻译为公司成本(不太能反映本意)。

③ 它的另外一种英文是 financial management,即财务管理的意思,财务管理非常吻合涉及的内容。有些资料上翻译为:

- 公司财务(不太恰当,不太能反映实际内容,没有突出动态的财务管理)。
- 公司金融(不能反映实际内容)。
- 公司理财(不太恰当,容易使理财的内容混淆)。

④ 也有资料翻译为销售成本(容易和销售费用混淆)。

⑤ 也有资料翻译为销售成本(容易和销售费用混淆)。

days sales outstanding(DSO)应收账款周转天数

debenture 信用债券/债券（在美国一般是指信用债券，即没有抵押物，而在英国 debenture 往往有抵押担保）

debit card 借记卡

debt to equity ratio 负债权益率[①]

debt to asset ratio 负债资产率[②]

debt to capital ratio 负债融资率，即在总融资里，负债融资的比率，公式为：负债融资率=总负债÷(总负债+权益)

debt ratio 负债融资率或负债资产率[③]

debtor 应收账款（英国的叫法，美国叫 accounts receivable）

decision tree 决策树

declaration date (dividends)股息宣布日

default 违约

deferred revenue(又称 unearned revenue) 预收账款

deferred tax assets 递延所得税资产

deferred tax liability 递延所得税负债

deficit 赤字

deflation 通货紧缩/通缩

degree of operating leverage(DOL)经营杠杆系数

deleverage 去杠杆化

delisting 摘牌/停止上市

delivery note 交货单

demand deposit 活期存款

depletion 折耗

depreciation 折旧

depreciation tax shield 折旧税盾

depression(economy)经济萧条

derivative 衍生工具/衍生品

devaluation 贬值

differential costs 差量成本

diluted earnings per share(DEPS)摊薄每股收益/稀释每股收益

dilution 稀释

direct costs 直接成本

direct lease 直接租赁

discount factor 折现系数/贴现系数

discount rate 折现率/贴现率

discount 折现/贴现

discounted cash flow 折现现金流/贴现现金流

discounted payback period 折现回收期

discretionary costs 酌定成本[④]

dispatch note 发运单

disposable income 可支配收入

diversifiable risk 可分散风险

dividend discount model 股息折现模型/股息贴现模型

dividend payout ratio 股息支付率

dividend policy 股息政策

dividend reinvestment plan(DRIP)股息再投资计划

dividend yield 股息收益率

---

① 有些资料翻译为权益负债率(容易误导为权益除以负债)。

② 有些资料翻译为资产负债率(容易误导为资产除以负债)。

③ 负债融资率=总负债÷(总负债+权益)，也有资料翻译为负债率(容易引起费时思考)，或负债资本率(资本此词太宽泛，有好几个定义)。

④ 英文的本意是指可人为地将一些成本/费用放到以后期间发生。也有资料翻译为任意成本(不太能反映本意)、任意支配成本(不太能反映本意)。

dividend 股息/股利/红利

dividends payable 应付股利

dow Jones Industrial Average 道琼斯平均工业指数

downgrade 下调评级

dual listing 两地上市/双重上市/双重挂牌

due diligence 尽职调查

dumping 倾销

duration 久期

dutch auction 荷兰式拍卖

E

earnings before interest and tax(EBIT)息税前利润

earnings before interest, tax, depreciation and amortization(EBITDA)息、税、折旧、摊销前利润

earnings per share(EPS)每股收益/每股盈利

earnings statement(等同于 P/L) 损益表

earnings yield 股票收益率[①]

EBIT(earnings before interest and tax)息税前利润

EBITDA (earnings before interest, tax, depreciation and amortization)息、税、折旧、摊销前利润

e-commerce 电子商务

economic order quantity(EOQ)经济订货量

economic value added(EVA)经济增加值[②]

economics of scale 规模经济

economics 经济学

efficient market hypothesis 有效市场假设/理论

efficient market 有效市场

emerging market 新兴市场

employee stock ownership plan(ESOP)员工持股计划

enterprise value(EV)企业价值

EOQ(economic order quantity) 经济订货量

EPS(Earnings per share)每股收益/每股盈利

equity carve-out 股权切离/分拆上市

equity 权益

ESOP(employee stock ownership plan)员工持股计划

Eurodollar deposit 欧洲美元存款

Eurodollars 欧洲美元

european option 欧式期权

ex dividend 无股息的/除息

ex rights 除权

ex 无权获得

exchange gain or loss 汇兑损益

exchange rate risk 汇率风险

exchange rate 汇率

exercise price(strike price)行权价格/履约价格

exercise date 行权日

expected return 预期回报

expenditure 支出

expenses 费用

external audit 外部审计

external financing needs 额外融资需求

extraordinary items 非常项目

ex-warrant 除证

① 股票收益率=每股收益÷每股市价。也有人翻译为收益率或盈利收益(不太能反映本意,容易和其他的收益率混淆)。

② 也有资料翻译为经济附加值("附加"一词不太恰当,不太能反映实际内容)。

F

face value 面值

factor 保理商/保付代理商

factoring 保理/保付代理

fair value 公允价值

federal funds 联邦基金

Federal Reserve Board 美国联邦储备委员会(即美国的中央银行),简称美联储

financial accounting 财务会计(学)

financial accounting standards board(FASB)(美国)财务会计准则委员会

financial assets 金融资产

financial derivatives 金融衍生工具/金融衍生品

financial expenses 财务费用(在欧美会计里一般没有此会计科目)

financial institution 金融机构

financial intermediary 金融中介

financial lease 融资租赁

financial management 财务管理(等同于corporate finance)

financial markets 金融市场

financial statements 财务报表

finished goods 产成品/成品

finished goods inventory 产成品存货/成品存货

fiscal policy 财政政策

fixed assets (等同于 property, plant and equipment, PPE)固定资产

fixed assets turnover 固定资产周转率

fixed costs 固定成本

fixed exchange rates 固定汇率制

flexible budget 弹性预算

floating exchange rates 浮动汇率制

floor 交易大厅、最低额

flotation costs 发行成本

foreign bond 外国债券

foreign direct investment (FDI) 国外直接投资

foreign exchange(forex)外汇

foreign exchange swap 外汇互换/外汇掉期

foreign exchange futures 外汇期货

foreign exchange market 外汇市场

forfaiting 福费廷

forward contract 远期合约

free cash flow 自由现金流

free on board shipping point/F. O. B shipping point 离岸价/起运点交货价

free on board destination point/F. O. B destination point 到岸价/目的地交货价

free trade zone 自由贸易区

frictional unemployment 摩擦性失业

fund 基金

fundamental analysis 基本面分析

future value 终值/未来值

futures contract 期货合约

futures 期货

G

gains 利得

GAAP (generally accepted accounting principles)通用会计准则

GDP(Gross domestic product)国内生产总值

GDP per head 人均国内生产总值

gearing 杠杆比率(相当于 leverage)

general & administrative(G & A)expenses 管理费用

generally accepted accounting principles (GAAP) 通用会计准则
go long 做多(动词)
go public 上市(动词)
goal congruence 目标一致性
going concern concept 持续经营概念
going long 做多(名词)
going public 上市(名词)
golden parachute 黄金降落伞
goods in transit 在途货物
goods received note(GRN)收货单
goodwill 商誉
grace period 宽限期
greenmail 绿票讹诈/溢价回购
greenshoe option 绿鞋条款/增售条款
gross domestic product(GDP)国内生产总值
gross margin 毛利(等同于 gross profit)
gross national product 国民生产总值
gross profit 毛利(等同于 gross margin)
growth fund 成长型基金
growth stock 成长型股票

H

Hang Seng Index 恒生指数(香港)
hard currency 硬通货/硬货币
hedge fund 对冲基金
hedge 对冲/套期保值/避险
held-to-maturity financial assets 持有到期型金融资产
held-to-maturity securities 持有到期型证券
hire purchase 分期付款购买
historical cost 历史成本
holding company 控股公司/母公司
holding period return rate 持有期回报率
horizontal merger 横向兼并
hot money 热钱
hot stock 热门股票
hurdle rate 最低预期收益率/要求回报率
hybrid security 混合型证券
hyperinflation 恶性通货膨胀

I

IFRS (international financial reporting standards)国际会计准则
income bond 收益债券
income statement 利润表/损益表
income tax expenses 所得税税费
incremental cash flows 增量现金流
incremental costs 增量成本
incremental revenue 增量收入
indenture 债券契约
index fund 指数基金
indirect costs 间接成本
inflation 通货膨胀
initial margin 初始保证金
initial outlay 初始投资
initial public offering(IPO)首次公开招股/首次股票公开发行
inland revenue 英国税务局
insider information 内幕消息
insider trading 内幕交易
insolvent 无力偿还债务
institutional investor 机构投资者
intangible assets 无形资产
interest expenses 利息费用
interest rate 利率
interest rate futures 利率期货
interest rate parity 利率平价理论
interest rate risk 利率风险
interest rate swap 利率互换/利率掉期

interim report 中期报告
intermediate product 中间产品
internal audit 内部审计
internal control 内部控制
internal rate of return(IRR)内部回报率[①]
internal revenue service(IRS)(美国)税务局
international monetary fund(IMF)国际货币基金组织
international trade 国际贸易
international finance 国际理财
in-the-money option 价内期权/实值期权
intrinsic value 内在价值
inventory days of supply(IDS)存货周转天数
inventory turnover 存货周转率
inventory 存货
inventory valuation 存货估值
investment 投资
investment center 投资中心
investment bank 投资银行
investment-grade bond 投资级别债券
investor relations 投资者关系
invoice 发票
IPO(initial public offering)首次公开招股/首次公开发行
issue date 发行日期
issue price 发行价

J

joint venture 合资企业
junior securities 次级证券
junk bond 垃圾债券
just in time(JIT) 适时制[②]

K

Kanban system 看板系统

L

labor intensive 劳动密集型
last-in,first-out(LIFO)method 后进先出法
laundering 洗钱
lead time 周期(即一段时间)[③]
lead underwriter 主承销商
lease 租赁
lessee 承租人
lessor 出租人
letter of credit(L/C)信用证
letter of intent(LOI)意向书
letter stock 非注册股票/信函股票
leverage 杠杆比率
leveraged buyout(LBO)杠杆式收购
leveraged lease 杠杆租赁
liabilities 负债
lien 扣押权、留置权
life cycle budgeting 生命周期预算
life cycle costing 生命周期成本法
life insurance 人寿保险
limited liability company 有限责任公司
line of credit 信贷额度
linear programming 线性规划
liquidating dividend 清算股利
liquidation 清算
liquidity 流动性
liquidity risk 流动性风险

① 有些书籍、资料翻译为内部收益率、内涵收益率、内涵报酬率、内涵回报率等,本书统一译为内部回报率。
② 也有资料翻译成及时生产制或准时生产制(不太能反映实际内容)。
③ 也有资料翻译为前置期或提前期(无法反映原意而且较晦涩难懂)。

listed company 上市公司
listed stock 上市股票
listing requirements 上市要求
lockbox system 锁箱系统
locked in costs 锁定成本
lock-up period 股份禁售期
London interbank offered rate(LIBOR)伦敦银行同业拆借利率
long hedge 多头套期保值/多头对冲
long term assets 长期资产
long term equity investment 长期股权投资
long term investment 长期投资
long term liabilities 长期负债
long term notes payable 长期应付票据
long 多头/看涨
loss 亏损

M

M0 流通中的现金
M1 狭义货币
M2 广义货币
M & A(merger & acquisition)并购
macro-economics 宏观经济学
management buyout(MBO)管理层收购
management by exception 例外管理
manufacturing costs 生产成本
manufacturing lead time (also called manufacturing cycle time) 生产周期①
margin call 追加保证金通知
margin 保证金
marginal cost 边际成本
marginal tax rate 边际税率
markdown 降价/减价
mark to market 盯市
market capitalization 市值/市场总值
market clearing 市场出清②
market economy 市场经济
market risk(systematic risk)系统风险
market value added(MVA)市场增加值
marketable securities 速现证券③
markup 加价
maturity 到期
merchandise inventory 商品存货
merger 合并/兼并
micro-economics 微观经济学
minority interest 少数股东权益
modified accelerated cost recovery system (MACRS)修订的加速成本回收折旧方法
modified internal rate of return 修订的内部回报率
monetary policy 货币政策
money market fund 货币市场基金
money market 货币市场
money supply 货币供应量
monopoly 垄断
Monte Carlo simulation 蒙特卡洛模拟分析
mortgage bond 抵押债券
mortgage-backed security(MBS)抵押贷款证券化
multinational corporations(MNC)跨国公司
municipal bond 市政债券

---

① 也有资料翻译成生产前置期或生产提前期(不太能反映实际内容,而且较晦涩难懂)。
② 市场出清是指调节市场供需实现平衡,一般来讲商品价格会自动调节供需从而形成市场出清。
③ 即企业在需要现金时可以迅速将其以合理价格变现的证券,也有资料上翻译为有价证券(无法反映其本意),可销售证券(无法反映其本意)。

mutual fund 共同基金

mutually exclusive projects 互斥项目

N

National Association of Securities Dealers' Automated Quotations System (NASDAQ) 纳斯达克

negotiable certificate of deposit 可转让定期存单

net assets 净资产(等同于所有者权益)

net fixed assets 固定资产净额

net income 净利润①

net present value(NPV)净现值

net realizable value(NRV) 可实现净值

net working capital 净营运资本

New York Stock Exchange(NYSE)纽约证券交易所

nominal interest rate 名义利率

non controllable costs 不可控成本

non-operating revenue/expenditure 营业外收支

notes payable 应付票据

notes receivable 应收票据

NPV(net present value)净现值

O

off-balance-sheet financing (资产负债)表外融资

offshore fund 离岸基金

oligopoly 寡头垄断

operating cash flows 经营现金流

operating expenses 经营费用

operating income 经营利润②

operating lease 经营租赁

operating leverage 经营杠杆

opportunity costs 机会成本

option 期权

Organization of Petroleum Exporting Countries (OPEC)欧佩克组织

other comprehensive income 其他全含所得

out-of-the-money option 价外期权/虚值期权

outperform 跑赢大市/表现超越大市

outsourcing 外包

overdraft 透支

overnight(O/N)隔夜

oversubscribed 超额认购

over-the-counter(OTC)场外交易

P

paid-in capital 实收资本/实缴资本

paper profit 账面利润

par value 面值

payback period 回收期

payout ratio 派息率

pension fund 养老基金/退休基金

personal income 个人收入(注意不要翻译成个人利润)

pervasive standard 通用性标准③

planned economy 计划经济

poison pill 毒丸行动/毒丸策略

---

① 也有资料翻译成净收入(不太能反映实际内容)或净收益(大家都已习惯而且认可利润的称呼了,再有其他的称谓容易形成误解和干扰)。

② 也有资料翻译为营运收入(容易和销售收入混淆,产生误导)。

③ 也有资料翻译成弥散性标准(措辞不太恰当)。

portfolio management 投资组合管理

position 头寸

postaudit 事后审计

precious metal 贵金属

preferred stock 优先股股本

prepaid expenses 待摊费用

present value 现值

pre-tax income 税前利润

price/book ratio 市净率/市账率

price/earnings(P/E)ratio 市盈率

primary market 一级市场[①]

principle 本金

private equity fund 私募股权基金

private placement 私募

pro forma(=projected)预期的

product line 产品线[②]

product profitability analysis 产品盈利分析

production line 生产线

profit and loss statement(P/L) 损益表

promissory note 本票

property dividend 财产股利

property, plant and equipment(PPE) 固定资产[③]

prospectus 招股说明书

provision for fixed assets impairment 固定资产减值准备

provision for inventory devaluation 存货跌价准备

proxy 委托书

public placement 公募

Public-Private Partnership(PPP)政府和社会资本合作模式/公私合作模式

pull production system 拉动式生产

purchasing lead time 采购周期[④]

Purchasing Managers' Index(PMI)采购经理人指数

purchasing power parity theory 购买力平价理论

purchasing power 购买力

push production system 推动式生产

put option 看跌期权

put-call parity 买卖权平价

Q

qualitative factors 定性因素

quantitative factors 定量因素

quick ratio(acid test ratio)速动比率

R

rate of return 回报率

ratio analysis 比率分析

raw materials inventory 原材料存货

real interest rate 实际利率

realized gain 已实现盈利

realized loss 已实现亏损

real-time data 实时数据

recession 经济衰退

record date 登记日

red herring 初步公开招股说明书

---

① 也有资料翻译为初级市场，容易让人误解为高级市场的反义词。

② 每条产品线就相当于一类/种产品，因此多条产品线就相当于多类/种产品。有些资料经常不恰当地翻译成生产线——生产线的英文是 production line。

③ PPE 和固定资产同义，只是名称不一样。如果直译，建议翻译为不动产和设备，此翻译较准确地概括了原始英文涵盖的内容。

④ 也有资料翻译成采购前置期或采购提前期(不太能反映实际内容，而且词语较晦涩难懂)。

redeemable bond(等同于 callable bond)可赎回债券

rediscount 再贴现

registration statement (申请上市的)注册登记表

regression analysis 回归分析

reinsurance 再保险

reinvestment risk 再投资风险

relevant costs 相关成本

relevant range 相关范围

replacement cost 重置成本

repo(repurchase agreement)回购协议

repurchase agreement (RP, repo, buy-back) 回购协议

required rate of return 要求回报率

research and development(R & D)expenses 研发费用

residual income 剩余收益

responsibility accounting 责任会计(制度)

responsibility centers 责任中心

restructuring 重组

retained earnings 留存收益

return on assets(ROA)资产回报率

return on common equity(ROCE)普通股股本回报率

return on equity(ROE)权益回报率

return on investment(ROI)投资回报率

return on net assets 净资产回报率

return on sales(ROS)销售回报率

reverse stock split 并股/股票合并

revolving line of credit 循环信贷额度

rights issue 认股权发行

risk adjusted discount rate 风险调整贴现率/风险调整折现率

risk free rate of return 无风险回报率

risk management 风险管理

risk premium 风险溢价

risk return tradeoff 风险与回报权衡

risk 风险

road show 路演

ROCE(return on common equity)普通股股本回报率

roller date 展期日

rollover 展期

S

safety stock 安全库存

sale and lease-back 售后回租

sales discount 销售折扣 (销售收入的备抵科目)

sales return and allowance 销售退回与折让 (销售收入的备抵科目)

sales revenue (等同于 sales)销售收入

salvage value 残值

Sarbanes-Oxley Act(SOX)萨宾法案/萨班斯法案

savings rate 储蓄率

scenario analysis 方案分析①

seasoned issue 增发

secondary market 二级市场

Securities and Exchange Commission(SEC) 美国证券交易委员会

securities 证券

security market line(SML)证券市场线

securitization 证券化

seller's market 卖方市场

---

① 也有资料翻译为情境分析(不太合适)、远景方案分析(字数太多,而且不太符合本意)。

selling expenses 销售费用
sell-or-process-further decisions 销售还是进一步加工决策
sensitivity analysis 敏感性分析
serial bonds 分期偿还债券/序列债券
share repurchase 股票回购
shareholder wealth maximization 股东财富最大化
shareholder 股东
shark repellant 驱鲨策略
shelf registration 储备发行注册①
shell company 空壳公司
short hedge 空头对冲/空头套期保值
short sell 做空(动词)
short term bank loan 短期借款
short term investment 短期投资
sight draft 即期汇票
simple interest 单利
simulation analysis 模拟分析
sinking fund 偿债基金②
soft currency 软货币
soft landing(经济)软着陆
solvent 有偿债能力的
speculation 投机
speculator 投机者
spin-off 分拆
split-up 分解
spot market 现货市场
spot price 即期价格
staggered board 错开到期董事会制③
stagflation 滞涨
stakeholder 利益相关者
Standard & Poor's 标准普尔
standard deviation 标准差
statement of cash flows 现金流量表
statement of earnings (等同于 P/L,earnings statement)损益表
statement of financial position (等同于 balance sheet) 资产负债表
stock dividend 股票股利/股票股息
stock exchange 证券交易所
stock index futures 股指期货
stock index 股指/股票指数
stock market 股票市场
stock split 拆股/股票拆细
stockholders' equity 股东权益
stock-take 存货盘点(名词)
stop loss 止损
straddle 跨式期权组合
straight bond 普通债券④
straight line depreciation 直线折旧法
strategic business unit(SBU)战略业务单元
strategic investor 战略投资者
strike price 履约价
structural unemployment 结构性失业
subordinated debt 次级债务
subscribe 认购
subsidiary 子公司
sunk costs 沉没成本
supply chain 供应链
surplus reserves 盈余公积
suspension 停牌/暂停交易

---

① 也有资料翻译为暂搁注册(容易误导)。
② 也有资料上翻译为沉淀资金(不太能反映本意)。
③ 也有资料翻译为飘摇的董事会(不能反映本意)、分期分级董事会(不太好理解)。
④ 也有资料翻译为直接债权(不能反映原意),纯粹债券(措辞不准确)。

sustainable growth rate 可持续增长率

swap 互换/掉期

systematic risk 系统风险

T

take a position 建立头寸

target costing 目标成本法

tax avoidance 避税

tax bracket 税档/税级/税阶

tax credit 税收减免

tax deductible 可抵税的

tax deduction 抵税

tax evasion 逃税

tax heaven 避税港/避税地

tax holidays 减免税期

tax shield 税盾

taxes payable 应付税金

technical analysis 技术分析

tender offer 收购要约

term loan 定期贷款

term structure of interest rates 利率期限结构

terminal value 期末价值/最终价值

time deposit 定期存款

time draft 远期汇票

time value of money 货币的时间价值

times-interest-earned ratio 利息保障倍数

tombstone 证券发行公告

total assets 总资产

total current assets 总流动资产

total current liabilities 总流动负债

total long term liabilities 总长期负债

total noncurrent assets 总非流动资产

total owners' equity 总所有者权益

total quality management(TQM) 全面质量管理

total stockholders' equity 总股东权益

tracking stock 追踪股票

trade barrier 贸易壁垒

trade credit 赊账交易①

trade deficit 贸易逆差/贸易赤字

trade surplus 贸易顺差/贸易盈余

trading financial assets 交易型金融资产

trading securities 交易型证券

trading volume 交易量

transaction costs 交易成本

transfer price 转移价格

treasury bill 短期国库券/短期国债②

treasury bond 政府长期债券

treasury department 财务管理部(简称财管部)③

treasury note 政府中期债券

treasury securities 国库券/国债

treasury stock 库藏股/库存股

trend line 趋势线

turnover 营业额

U

unavoidable costs 不可避免成本

---

① 实际上就相当于应付账款。也有资料翻译为商业信用(不太能反映实际意思,而且容易误导成其他意义),贸易信用(容易引起误导)。

② 也有资料翻译为国库券(不太恰当,国库券是短期国库券和政府债券等的总称)。

③ 也有资料翻译成资金部(不太能反映全意),司库(较晦涩难懂)。

underlying 标的
underlying assets 标的资产
underlying security 标的证券
underperform 表现逊于大盘/表现落后大市
undersubscribed 认购不足
undervalued 价值被低估
underwriter 承销商
underwriting spread 承销差价
underwriting 承销
undistributed profit 未分配利润
unrealized gain/loss 未实现收益/损益
unsecured loan 无抵押贷款
unsystematic risk 非系统风险
useful life 使用年限

V

valuation 估值
value added tax(VAT)增值税
value at risk(VAR)在险价值/风险价值
value chain 价值链
value chain analysis 价值链分析
vanilla bond 常规债券
variable costs 变动成本
variable interest rate 变动利率
venture capital 风险投资/风投
volatility 波动

W

Warrant 认股权证
Warren Buffett 沃伦·巴菲特
wealth management 财富管理
weighted-average cost of capital(WACC)加权平均资本成本
white knight 白衣骑士
wholly owned subsidiary 全资子公司
withholding tax 代扣代缴税
work in process(WIP)inventory 在产品存货
work in progress construction 在建工程
working capital 营运资本/营运资金
World Trade Organization(WTO)世界贸易组织
yankee bond 扬基债券
yield 收益率
yield to maturity (YTM)到期收益率
zero-coupon bond 零息债券
zero sum game 零和游戏

汉 译 英

A

安全库存 safety stock

B

白衣骑士 white knight
保理商/保付代理商 factor
保理/保付代理 factoring
保证金 margin
β 系数 beta coefficient
本量利分析 cost-volume-profit analysis (CVP)
本金 principle
本票 promissory note

比率分析 ratio analysis
比率式财务报表 common-size financial statements
比率式损益表 common-size income statements
比率式资产负债表 common-size balance sheet
避税 tax avoidance
避税港/避税地 tax heaven
边际成本 marginal cost
边际贡献/边际毛利 contribution margin
边际税率 marginal tax rate
贬值 devaluation
变动成本 variable costs
变动利率 variable interest rate
标的 underlying
标的证券 underlying security
标的资产 underlying assets
标准差 standard deviation
标准普尔 Standard & Poor's
表外融资 off-balance-sheet financing
表现逊于大盘/表现落后大市 underperform
并购 merger & acquisition(M & A)
并股/股票合并 reverse stock split
波动 volatility
补偿性余额 compensating balance
不可避免成本 unavoidable costs
不可控成本 non controllable costs
布莱克—斯克尔斯期权定价模型 Black and Scholes model

C

财产股利 property dividend
财富管理 wealth management
采购周期 purchasing lead time
财务报表 financial statements
财务费用 financial expenses
财务管理 financial management（等同于 corporate finance)
财务管理部 treasury department
财务会计(学)financial accounting
财政政策 fiscal policy
采购经理人指数 Purchasing Managers' Index(PMI)
残值 salvage value
差量成本 differential costs
拆股/股票拆细 stock split
产成品/成品 finished goods
产成品存货/成品存货 finished goods inventory
产品线 product line
长期负债 long term liabilities
长期负债一年内到期部分 current maturities of long term liabilities
长期股权投资 long term equity investment
长期投资 long term investment
长期应付票据 long term notes payable
长期资产 long term assets
常规债券 vanilla bond
偿债基金 sinking fund
场外交易 over-the-counter(OTC)trade
超额认购 oversubscribed
沉没成本 sunk costs
成本收益分析 cost benefit analysis
成本收益原则 cost benefit principle
成长型股票 growth stock
成长型基金 growth fund
承诺费 commitment fee
承销 underwriting
承销差价 underwriting spread

承销商 underwriter
承租人 lessee
持续改进 continuous improvement
持有到期型金融资产 held-to-maturity financial assets
持有到期型证券 held-to-maturity securities
持有期回报率 holding period return rate
赤字 deficit
出租人 lessor
初步公开招股说明书 red herring
初始保证金 initial margin
初始投资 initial outlay
除权 ex rights
除证 ex-warrant
储备发行注册 shelf registration
储蓄率 savings rate
次级债务 subordinated debt
次级证券 junior securities
存货 inventory
存货持有成本 carrying costs of inventory
存货跌价准备 provision for inventory devaluation
存货周转率 inventory turnover
存货周转天数 inventory days of supply (IDS)
存款证 certificate of deposit(CD)
错开到期董事会制 staggered board

D

代扣代缴税 withholding tax
代理成本 agency costs
代理理论 agency theory
待摊费用 prepaid expenses
担保品 collateral
单利 simple interest
当期收益率 current yield
到岸价/目的地交货价 free on board destination point/F. O. B destination point
到期 maturity
到期收益率 yield to maturity (YTM)
道琼斯平均工业指数 Dow Jones industrial average
登记日 record date
抵税 tax deduction
抵押品 collateral
抵押债券 mortgage bond
递延所得税负债 deferred tax liability
递延所得税资产 deferred tax assets
电子商务 e-commerce
掉期 swap
蝶式买卖 butterfly spread
盯市 mark to market
定量因素 quantitative factors
定期存款 time deposit
定期贷款 term loan
定性因素 qualitative factors
董事会 board of directors
毒丸行动/毒丸策略 poison pill
短期国库券 treasury bill
短期借款 short-term borrowing
短期投资 short term investment
对冲 hedging
对冲基金 hedge fund
多头/看涨 long
多头套期保值/多头对冲 long hedge

E

额外融资需求 external financing needs
额外实收资本 additional paid-in capital
恶性通货膨胀 hyperinflation

二级市场 secondary market
二项式期权定价模型 binomial option pricing model

F

发行成本 flotation costs
发行价 issue price
发行日期 issue date
反垄断 anti-trust
反收购 anti-takeover
方案分析 scenario analysis
非常项目 extraordinary items
非系统风险 unsystematic risk
费用 expenses
分拆上市 carve-out
分解 split-up
分期偿还债券 serial bonds
分期付款购买 hire purchase
风险 risk
风险管理 risk management
风险价值 value at risk(VAR)
风险调整贴现率/风险调整折现率 risk adjusted discount rate
风险投资/风投 venture capital
风险溢价 risk premium
风险与回报权衡 risk return tradeoff
浮动汇率制 floating exchange rates system
福费廷 forfaiting
负债 liabilities
负债权益率 debt to equity ratio
负债融资率 debt to capital ratio
负债资产率 debt to asset ratio
附各项权利 cum all
复利 compound interest

G

杠杆比率 gearing (相当于 leverage)
杠杆比率 leverage
杠杆式收购 leveraged buyout(LBO)
杠杆租赁 leveraged lease
隔夜 overnight(O/N)
个人收入 personal income
公募 public placement
公司税 corporate tax
公司债券 corporate bond
公司章程 articles of association(AOA)
公司治理 corporate governance
公允价值 fair value
共同基金 mutual fund
供应链 supply chain
购买力 purchasing power
购买力平价理论 purchasing power parity theory
估值 valuation
股东 shareholder
股东财富最大化 shareholder wealth maximization
股东权益 stockholders' equity
股份禁售期 lock-up period
股利 dividend
股票股利/股票股息 stock dividend
股票回购 share repurchase
股票市场 stock market
股票收益率 earnings yield
股权切离 carve-out
股权切离/分拆上市 equity carve-out
股息 dividend
股息收益率 dividend yield
股息宣布日 dividend declaration date
股息再投资计划 dividend reinvestment plan (DRIP)

股息折现模型/股息贴现模型 dividend discount model
股息政策 dividend policy
股息支付率 dividend payout ratio
股指/股票指数 stock index
股指期货 stock index futures
固定成本 fixed costs
固定汇率制 fixed exchange rates system
固定资产 fixed assets（也可称作 property，plant and equipment，PPE）
固定资产减值准备 provision for fixed assets impairment
固定资产净额 net fixed assets
寡头垄断 oligopoly
管理层收购 management buyout（MBO）
管理费用 general & administrative（G & A）expenses
广义货币 broad money
规模经济 economics of scale
贵金属 precious metal
国际货币基金组织 international monetary fund（IMF）
国际理财 international finance
国际会计准则 IFRS（international financial reporting standards）
国际贸易 international trade
国际贸易差额 balance of trade
国际贸易差额/国际贸易收支差额 trade balance（相当于 balance of trade）
国际收支差额 balance of payments
国际收支逆差 balance of payments deficit
国际收支顺差 balance of payments surplus
国库券 treasury security
国民生产总值 gross national product（GNP）
国内生产总值 gross domestic product（GDP）
国外直接投资 foreign direct investment（FDI）
国债 treasury security

H

含权 cum rights
含股息/附有股息 cum dividend
行权价格/履约价格 exercise price（strike price）
行权日 exercise date
行为金融学 behavioral finance
合并/兼并 merger
合资企业 joint venture
荷兰式拍卖 dutch auction
核定股本/核定资本 authorized capital
恒生指数（香港）Hang Seng Index
横向兼并/横向合并 horizontal merger
红利 dividend
宏观经济学 macro-economics
后市 after market
互斥项目 mutually exclusive projects
互换 swap
坏账准备 allowance for doubtful accounts
黄金降落伞 golden parachute
回报率 rate of return
回购协议 repurchase agreement
回归分析 regression analysis
回收期 payback period
汇兑损益 exchange gains or losses
汇率 exchange rate
汇率风险 exchange rate risk
汇票 bill of exchange
混合型证券 hybrid security
活期存款 demand deposit
货币的时间价值 time value of money
货币供应量 money supply

货币市场 money market
货币市场基金 money market fund
货币政策 monetary policy

J

机构投资者 institutional investor
机会成本 opportunity costs
基本面分析 fundamental analysis
基点 basis point(BP)
基金 fund
即期汇票 sight draft
即期价格 spot price
集团 corporation
计划经济 planned economy
技术分析 technical analysis
加价 markup
加权平均资本成本 weighted-average cost of capital(WACC)
加速折旧 accelerated depreciation
价内期权 in-the-money option
价外期权 out-of-the-money option
价值被低估 undervalued
价值链 value chain
价值链分析 value chain analysis
间接报价 indirect quotation
间接成本 indirect costs
减免税期 tax holidays
建立头寸 take a position
交易成本 transaction costs
交易大厅 floor
交易量 trading volume
交易型金融资产 trading financial assets
交易型证券 trading securities
结构性失业 structural unemployment
结算费 clearing fee
结算所 clearing house
结算银行 clearing bank
借记卡 debit card
金融机构 financial institution
金融市场 financial markets
金融衍生工具/金融衍生品 financial derivatives
金融中介 financial intermediary
金融资产 financial assets
尽职调查 due diligence
经常性账户 current account
经济衰退/经济萧条 recession
经济学 economics
经济增加值 economic value added(EVA)
经济周期 business cycle
经营费用 operating expenses
经营利润 operating income
经营现金流 cash flows from operating activities
经营现金流 operating cash flows
经营杠杆 operating leverage
经营杠杆系数 degree of operating leverage (DOL)
经营性租赁 operating lease
精算师 actuary
净利润 net income
净现值 net present value(NPV)
净营运资本 net working capital
净资产 net assets
久期 duration
决策树 decision tree

K

卡特尔 cartel
看板系统 Kanban system
看跌期权 put option

看涨期权 call option
可避免成本 avoidable costs
可持续增长率 sustainable growth rate
可抵税的 tax deductible
可分散风险 diversifiable risk
可供出售金融资产 available-for-sale financial assets
可供出售证券 available-for-sale securities
可控成本 controllable costs
可累积股利 cumulative dividends
可累积优先股 cumulative preferred stock
可实现净值 net realizable value(NRV)
可赎回债券 callable bond/redeemable bond
可支配收入 disposable income
可转换优先股 convertible preferred stock
可转换债券 convertible bond
可转让定期存单 negotiable certificate of deposit
空壳公司 shell company
空头对冲/空头套期保值 short hedge
控股公司 holding company
库藏股或库存股 treasury stock
库存现金 cash on hand
跨国公司 multinational corporations(MNC)
跨式期权组合 straddle
会计(学) accounting
会计人员、会计师 accountant
会计总监或首席会计官 controller
宽限期 grace period
亏损 loss

L

垃圾债券 junk bond
拉动式生产 pull production system
蓝筹股 blue-chip stock
累计折旧 accumulated depreciation
离岸价/起运点交货价 free on board shipping point/F. O. B shipping point
离岸基金 offshore fund
利得 gains
历史成本 historical cost
利率 interest rate
利率风险 interest rate risk
利率互换/利率掉期 interest rate swap
利率平价理论 interest rate parity
利率期货 interest rate futures
利率期限结构 term structure of interest rates
利润 profit
利润表 income statement
利息保障倍数 times-interest-earned ratio
利息费用 interest expenses
利益相关者 stakeholder
例外管理 management by exception
联邦基金 federal funds
两地上市 dual listing
零和游戏 zero sum game
零息债券 zero-coupon bond
留存收益 retained earnings
留置权 lien
流出现金流 cash outflows
流动比率 current ratio
流动负债 current liabilities
流动性 liquidity
流动性风险 liquidity risk
流动资产 current assets
流入现金流 cash inflows
垄断 monopoly
路演 road show
伦敦银行同业拆借利率 London interbank offered rate(LIBOR)

履约价 strike price
绿票讹诈/溢价回购 greenmail
绿鞋条款/增售条款 greenshoe option

M

买方出价 bid price
买方市场 buyer's market
买卖方报价 bid-ask quote
买卖权平价 put-call parity
卖方报价/出售价 asked price(offered price)
卖方市场 seller's market
毛利 gross margin(等同于 gross profit)
贸易壁垒 trade barrier
贸易逆差/贸易赤字 trade deficit
贸易顺差/贸易盈余 trade surplus
每股收益/每股盈利 earnings per share (EPS)
美国存托凭证 American Depository Receipt (ADR)
美国短期国库券 US treasury bill
美国税务局 US internal revenue service(IRS)
美国国库券 US treasury securities
美国联邦储备委员会(即美国的中央银行),简称美联储 federal reserve Board
美国财务会计准则委员会 financial accounting standards board(FASB)
联邦破产法第七章 chapter 7
联邦破产法第十一章 chapter 11
美国证券交易委员会 Securities and Exchange Commission(SEC)
美国政府长期债券 US Treasury bond
美国政府中期债券 US Treasury note
美式期权 American option
蒙特卡洛模拟分析 Monte Carlo simulation analysis
面值 face value
面值(股票)par value
敏感性分析 sensitivity analysis
名义利率 nominal interest rate
模拟分析 simulation analysis
摩擦性失业 frictional unemployment
目标成本法 target costing

N

纳斯达克 National Association of Securities Dealers' Automated Quotations System (NASDAQ)
内部回报率/内部收益率/内含报酬率 internal rate of return(IRR)
内幕交易 insider trading
内幕消息 insider information
内在价值 intrinsic value
年报 annual report
年金 annuity
年金系数 annuity factor
年率 annual rate
年化率 annualized rate
牛市 bull market
纽约证券交易所 New York Stock Exchange (NYSE)

O

欧佩克组织 Organization of Petroleum Exporting Countries(OPEC)
欧式期权 european option
欧洲美元 Eurodollars
欧洲美元存款 Eurodollar deposit

P

拍卖 auction

派息比率 dividend payout ratio

跑赢大市/表现超越大市 outperform

泡沫经济 bubble economy

平仓 close position

平衡计分卡 balanced scorecard(BSC)

平值期权 at-the-money option

破产 bankruptcy

破产成本 bankruptcy costs

普通股 common stock

普通股股东 common stockholders

普通债券 straight bond

Q

期货 futures

期货合约 futures contract

期末价值/最终价值 terminal value

期权 option

其他全含所得 other comprehensive income

企业价值 enterprise value(EV)

契约 covenant

倾销 dumping

清算 liquidation

清算股利 liquidating dividend

驱鲨策略 shark repellant

趋势线 trend line

趋同 convergence

去杠杆化 deleverage

权益 equity

全面质量管理 total quality management (TQM)

全资子公司 wholly owned subsidiary

权益回报率 return on equity(ROE)

确定等值 certainty equivalent

R

热门股票 hot stock

热钱 hot money

人均国内生产总值 GDP per head

人寿保险 life insurance

认购 subscribe

认购不足 undersubscribed

认股权证 warrant

融资现金流 cash flows from financing activities

融资性租赁 financial lease

软货币 soft currency

软着陆(经济)soft landing

S

萨宾法案/萨班斯法案 Sarbanes-Oxley Act (SOX)

商品存货 merchandise inventory

商品期货 commodities futures

商业票据 commercial paper

商业银行 commercial banks

商誉 goodwill

上市 going public

上市公司 listed company

上市股票 listed stock

上市要求 listing requirements

少数股东权益 minority interest

赊账交易 trade credit

升值 appreciation

生产成本 manufacturing costs/production costs

生产线 production line

生产周期 manufacturing lead time(also called manufacturing cycle time)

生命周期成本法 life cycle costing

生命周期预算 life cycle budgeting

审计 audit
审计报告 audit report
审计员/审计师 auditor
剩余收益 residual income
市场出清 market clearing
实际利率 real interest rate
实时数据 real-time data
实收资本/实缴资本 paid-in capital
实值期权 in-the-money option
使用年限 useful life
世界贸易组织 World Trade Organization (WTO)
市场经济 market economy
市场增加值 market value added(MVA)
市净率/市账率 price/book ratio
市盈率 price/earnings(P/E)ratio
市政债券 municipal bond
市值/市场总值 market capitalization
事后审计 postaudit
适时(生产/存货)制 just in time system (JIT)
收购 acquisition
收购要约 tender offer
收益率 yield
收益债券 income bond
首次公开招股/首次公开股票发行 initial public offering(IPO)
售后回租 sale and lease-back
税档/税级/税阶 tax bracket
税盾 tax shield
税前利润 pre-tax income
税收减免 tax credit
私募 private placement
私募股权基金 private equity fund
速动比率 quick ratio
酸性(实验)比率 acid-test ratio
损益表 profit and loss statement(P/L)/ Income statement
缩减成本 cost reduction
所得税税费 income tax expenses
锁定成本 locked in costs
锁箱系统 lockbox system

T

摊薄每股收益/摊薄每股盈利 diluted earnings per share(DEPS)
摊销 amortization
逃税 tax evasion
套利 arbitrage
套利定价理论 arbitrage pricing theory(APT)
套期保值 hedging
特许金融分析师 chartered financial analyst (CFA)
特征线 characteristics line
天使投资者 angel investor
贴现 discount
贴现率 discount rate
贴现系数 discount factor
贴现现金流 discounted cash flow
停牌/暂停交易 suspension
通货紧缩/通缩 deflation
通货膨胀 inflation
通用会计准则 generally accepted accounting principles(GAAP)
通用性标准 pervasive standard
头寸 position
投机 speculation
投机者 speculator
投资回报率 return on investment(ROI)
投资级别债券 investment-grade bond

投资现金流 cash flows from investing activities
投资银行 investment bank
投资者关系 investor relations
投资组合管理 portfolio management
透支 overdraft
推动式生产 push production system

W

外包 outsourcing
外国债券 foreign bond
外汇 foreign exchange(forex)
外汇互换/外汇掉期 foreign exchange swap
外汇期货 foreign exchange futures
外汇市场 foreign exchange market
微观经济学 micro-economics
违约 default
委托书 proxy
未分配利润 undistributed profit
未来值 future value
未实现损益 unrealized gain/loss
沃伦·巴菲特 Warren Buffett
无抵押贷款 unsecured loan
无风险回报率 risk free rate of return
无股息的/除息 ex dividend
无力偿还债务的 insolvent
无权获得 ex
无形资产 intangible assets

X

息票/票面利率 coupon
息税前利润 earnings before interest and tax (EBIT)
稀释 dilution
稀释每股收益/稀释每股盈利 diluted earnings per share(DEPS)
洗钱 laundering
系统风险 market risk/systematic risk
下调评级 downgrade
现货市场 spot market
现价 current price
现金比率 cash ratios
现金及现金等价物 cash and cash equivalents
现金流量表 statement of cash flows(SCF)
现金预算 cash budget
现金折扣 cash discount
现金周转周期 cash conversion cycle
现值 present value
线性规划 linear programming
相关成本 relevant costs
相关范围 relevant range
相关系数 correlation coefficient
消费价格指数 consumer price index(CPI)
销货成本/销售成本 cost of goods sold
销售费用 selling expenses
销售还是进一步加工决策 sell-or-process-further decisions
销售回报率/销售收益率 return on sales (ROS)
销售收入 sales revenue (等同于 sales)
销售退回与折让(销售收入的备抵科目)sales return and allowance
销售折扣 (销售收入的备抵科目)sales discount
协方差 covariance
新兴市场 emerging market
信贷额度 credit line/line of credit
信函股票 letter stock
信用风险 credit risk
信用评级 credit rating
信用条款 credit terms
信用证 letter of credit(L/C)
信用债券 debenture

熊市/空头市场 bear market
息、税、折旧、摊销前利润 earnings before interest, tax, depreciation and amortization (EBITDA)
修订的加速成本回收折旧方法 modified accelerated cost recovery system(MACRS)
修订的内部回报率/修订的内部收益率/修订的内含报酬率 modified internal rate of return
虚值期权 out-of-the-money option
序列债券 serial bonds
循环信贷额度 revolving line of credit

Y

研发费用 research and development(R & D)expenses
衍生工具/衍生品 derivative
扬基债券 yankee bond
养老基金/退休基金 pension fund
要求回报率 required rate of return (RRR)
一级市场 primary market
一篮子货币 basket of currencies
已实现损益 realized gain/loss
意向书 letter of intent(LOI)
银行承兑汇票 banker's acceptance
银行存款 cash in bank
银行贷款 bank loans
英国税务局 britain inland revenue
盈亏平衡点 break-even point
盈亏分析 break-even analysis
盈余公积 surplus reserves
营业外收支 non-operating revenue/expenditure
营运资本 working capital
应付股利 dividends payable
应付票据 notes payable
应付税金 taxes payable
应付债券 bonds payable
应付账款 accounts payable(A/P)
应付账款周转天数 days payable outstanding (DPO)
应收票据 notes receivable
应收账款 accounts receivable(A/R)
应收账款周转天数 days sales outstanding (DSO)
硬通货/硬货币 hard currency
优先股 preferred stock
有偿债能力的 solvent
有价证券 marketable securities
有限责任公司 limited liability company
有效市场 efficient market
有效市场假设/理论 efficient market hypothesis
预付年金 annuity due
预付账款 prepayments
预期回报 expected return
预收账款 deferred revenue(又称 unearned revenue)
预算赤字 budget deficit
预算盈余 budget surplus
预提费用 accrued expenses
员工持股计划 employee stock ownership plan(ESOP)
原材料存货 raw materials inventory
远期合约 forward contract
远期汇票 time draft

Z

再保险 reinsurance
再贴现 rediscount
再投资风险 reinvestment risk

在产品存货 work in process(WIP)inventory
在建工程 work in progress construction
在途货物 goods in transit
责任会计(制度)responsibility accounting
责任中心 responsibility centers
增发 seasoned issue
增量成本 incremental costs
增量收入 incremental revenue
增量现金流 incremental cash flows
增值税 value added tax(VAT)
摘牌/停止上市 delisting
债券 bond
债券评级 bond rating
债券契约 indenture
展期 rollover
战略投资者 strategic investor
战略业务单元 strategic business unit(SBU)
账龄表 aging schedule
账面价值 book value
账面利润 paper profit
招股说明书 prospectus
折耗 depletion
折旧 depreciation
折旧税盾 depreciation tax shield
折现 discount
折现回收期 discounted payback period
折现率 discount rate
折现系数 discount factor
折现现金流 discounted cash flow
证券 securities
证券发行公告 tombstone
证券化 securitization
证券交易所 stock exchange
证券市场线 security market line(SML)
政府和社会资本合作模式/公私合作模式 public-private partnership(PPP)
直接成本 direct costs
直接租赁 direct lease
直线折旧法 straight line depreciation
止损 stop loss
指数基金 index fund
滞涨 stagflation
中期报告 interim report
终值 future value
重置成本 replacement cost
重组 restructuring
周期性股票 cyclical stock
周期性行业 cyclical industry
主承销商 lead underwriter
注册登记表 registration statement
注册会计师 certified public accountant (CPA)
转换比率 conversion ratio
转换价格 conversion price
转换溢价 conversion premium
转移价格 transfer price
追踪股票 tracking stock
酌定成本 discretionary costs
主营业务收入 revenue from main operating activities
主营业务成本 costs of main operating activities
资本成本 cost of capital
资本充足率 capital adequacy ratio(CAR)
资本公积 capital reserves
资本结构 capital structure
资本利得 capital gains
资本密集型 capital intensive
资本市场 capital market
资本限额 capital rationing
资本性租赁 capital lease

资本性租赁负债 capital lease obligation
资本预算 capital budgeting
资本账户 capital account
资本支出 capital expenditure(capex)
资本资产定价模型 capital asset pricing model(CAPM)
资产 assets
资产担保证券/资产支持证券 asset-backed security(ABS)
资产负债表 balance sheet/statement of financial position
资产管理 asset management
资产回报率 return on assets(ROA)
资金成本 cost of funds
子公司 subsidiary company
自由贸易区 free trade zone
自由现金流 free cash flow
总非流动资产 total noncurrent assets
总股东权益 total stockholders' equity
总流动负债 total current liabilities
总流动资产 total current assets
总所有者权益 total owners' equity
总长期负债 total long term liabilities
总资产 total assets
租赁 lease
最高限额/上限 cap/ceiling
最佳努力承销 best-efforts underwriting
做多 go long
做空 short sell